中国第一本有关转让定价操作实务的书籍

高顿财务培训系列丛书

高顿财务培训
GOLDEN FINANCE
系统财务培训提供商

Grant Thornton
致同

转让定价基础理论与实务操作

（第二版）

周自吉　著

中国财政经济出版社

图书在版编目（CIP）数据

转让定价基础理论与实务操作 / 周自吉著．—2 版．—北京：中国财政经济出版社，2014. 3

ISBN 978 - 7 - 5095 - 5086 - 1

Ⅰ．①转…　Ⅱ．①周…　Ⅲ．①转让价格 - 税收管理　Ⅳ．①F810. 423

中国版本图书馆 CIP 数据核字（2014）第 024541 号

责任编辑：刘五书　张怡然　　　　责任校对：胡永立

封面设计：朱　江　　　　　　　　版式设计：兰　波

中国财政经济出版社出版

URL：http：//www. cfeph. cn

E - mail：cfeph@ cfeph. cn

社址：北京市海淀区阜成路甲 28 号　邮政编码：100142

发行处电话：88190406　财经书店电话：64033436

北京富生印刷厂印刷　　各地新华书店经销

787 ×960 毫米　16 开　20. 25 印张　321 000 字

2014 年 4 月第 2 版　2014 年 4 月北京第 1 次印刷

印数：1—3 000　定价：48. 00 元

ISBN 978 - 7 - 5095 - 5086 - 1/F · 4124

（图书出现印装问题，本社负责调换）

本社质量投诉电话：010 - 88190744

反盗版举报热线：88190492、88190446

序 ■■■

地球是圆的。自17世纪麦哲伦的环球航行第一次证明地球是球形的以来，世界贸易格局不断演进，国与国的贸易活动日趋频繁。随着通讯与交通的不断发展，人们的生活方式、移动速度和交流途径正在发生根本的变化，球形地球之上的世界正在变得扁平。“世界是平的”，纽约时报专栏作家托马斯·弗雷德曼（Thomas L. Friedman）5年前鲜明地总结了这一现状，其著作《世界是平的》在全球范围获得了广泛的认同。就在现今这个扁平的地球村里，专业化、分工化正成为主流发展趋势，重新塑造着世界经济的格局和企业发展的方式。关联企业之间的交易往来和其定价原则，即转让定价，也越来越在国际贸易中发挥重要作用。

中国自1998年颁布第一个系统规范的转让定价法规以来，转让定价在中国的实践已有十余年。本书作者周自吉女士是中国最早一代在事务所从事转让定价工作的专职人员，她亲身经历了转让定价的立法和实践在中国不断发展完善的过程。这个过程是从十多年前一个概念在所得税税法中第一次被提及，到一部涵盖申报、同期资料、稽查、预约定价、资本弱化和成本分摊的综合性转让定价法规正式颁布；从对转让定价几乎一无所知，到今天庞大的反避税体系，为数众多的稽查案例和单边、双边以及多边预约定价安排；从选择一个合适的词汇翻译转让定价基本原则“Arm's Length Principle”，到现在探索前沿的转让定价理念如退出支付、选址节约等等。转让定价，随着中国经济在世界经济格局中的角色日益重要也越来越成为在华企业和税务机关关注的重点。

高顿财务培训系列丛书有幸邀请到 Grant Thornton 致同的合伙人周自吉

女士编写转让定价一书，同时也感谢周女士所在事务所的税务和转让定价团队的协助及贡献。本书着重实务操作，通过深入浅出的理论知识和富有指导性的实践案例，让你在阅读中达到融会贯通的效果。此书也与高顿财务培训的转让定价课程相辅相成。转让定价之于财务人员，并非洪水猛兽，而是经营的必然环节，只要善于管理，一样可以运筹帷幄。

本书的顺利出版得到了诸多人士的帮助与指导，在此表示感谢。

高顿财务培训

目　录

第一章 绪论

第一节 转让定价的起源

转让定价是世界上最重要的税务问题之一，因为大量的国际贸易是由跨国企业通过位于不同国家的关联公司进行的，而此类跨国关联交易的定价对于税收在各国之间的分配有着巨大的影响。尽管大多数跨国企业的母公司仍然处于发达国家，但是近年来发展中国家，特别是亚洲地区发展中国家的企业也开始大举进军国外市场。从大型集团的商业运作来看，母公司通常在不同的国家或地区拥有子公司（可能以中间控股公司的形式），将集团研发与服务功能以及集团无形资产集中于某些中心，而将生产、装配与销售职能按需要置于不同的国家。

从中国的角度来看，加入 WTO 后，随着跨国企业向我国国内市场的陆续涌入，以及国内企业把营运地点逐渐扩展到全球范围，转让定价问题也必定会受到国内企业以及税务机关越来越多的关注和重视。

一、转让定价概念的起源

根据美国学者罗伯特·G. 埃克尔斯（Robert G. Eccles）的观点，转让定价的概念至少可以追溯到 1883 年。涉及转让定价概念的文献最早出现于 1901 年，美国学者哈理·西奇威克（Henry Sidgwick）在《政治经济学原理》（The Principles of Political Economy）一书中研究原材料产品的交换理论时，认为生产者可能会消费自己生产的产品，即在集团内部企业进行产品的购销流转。但是当时的经济发展还比较落后，工业组织结构比较传统，这种行为在大多数行业中都是极少发生的。

直至 19 世纪末 20 世纪初，伴随着科学技术的快速发展、信息革命、企业规模与经营范围的扩大以及组织管理结构的优化，转让定价的概念开始得到运用与不断发展。该时期在资本主义经济的推动下，许多垄断企业为占领更大的市场，纷纷扩大经营范围与产品类别，不断渗透至产业链的各个环节。与此同时，企业开始演变出不同的组织管理结构，跨国公司的组织结构形式也逐渐从金字塔式的等级制向网络化发展，将研发、生产、销售等环节根据不同的区位优势分布于全球各地，把所有分支机构整合成统一的一体化经营网络。为了发挥各组织单位的优势并调动其积极性，将经营单位（分部）作为利润中心，使其对自身的经营业绩承担责任，各分部之间就形成了既相互独立又密切联系的关系。由于利润中心的形成，各分部在相互购买、销售或与公司总部发生业务往来时，就必然需要以相应的价格来明确记载内部交易，以此作为衡量业绩的基础，于是便产生了转让定价。

二、转让定价产生的客观必然性以及理论基础

从上述转让定价产生的过程中我们可以发现，转让定价是经济发展的必然产物，随着各国商业运作的发展而发展，对跨国企业以及相关国家的经济利益均有着重大影响，它的诞生与存在有着客观必然性与合理性。

追溯转让定价产生的必然性，我们首先可以看到转让定价是企业内部交易的结果。而论及内部交易的形成，不少学者已对其进行研究并提出了被普遍认可的理论。早在 1937 年，英国学者罗纳德·科斯（R. H. Coase）最先

在《企业的性质》（The Nature of the Firm）一文中基于其产权经济学理论提出了内部交易原理。科斯认为，市场的不完全性将导致企业的外部交易成本大大增加，该种外部交易成本包括信息收集费用、信息不对称导致的决策错误成本以及签订合同前后发生的各种成本费用等。为了减少这些成本，企业便开始倾向于利用内部交易，从而产生了市场交易"内部化"。1976 年，英国学者巴克利（Peter J. Buckley）和卡森（Mark C. Casson）在《跨国公司的未来》（The Future of the Multinational Enterprises）一书中运用交易成本理论和垄断优势理论，正式提出了内部化理论。此后，加拿大学者拉格曼（Alan M. Rugman）在 1981 年出版的《跨国公司的内幕》和 1982 年的《跨国公司新理论》的两部论作中对内部化理论作了进一步的研究。

这些理论的提出标志着内部交易在企业中得到越来越多的应用，也不断促进了转让定价的发展。基于经济环境与各种理论，导致内部交易形成的几大决定性因素可以总结如下：

1. 市场的不完全性

市场拥有不完全性的这一特征已作为一种客观现实被大众普遍接受。这种不完全性影响着各种经济决策，学者们在基于市场环境研究各种经济问题时，往往会将市场的不完全性考虑在内。前述巴克利和卡森于 1976 年提出的内部化理论（又称市场不完善论）总结市场的不完全性主要体现在：

- 不完全竞争市场的存在，如垄断市场使某些市场议价难以进行；
- 不存在按不同地区、不同消费者而实行差别定价的中间产品市场；
- 信息不对称；
- 政府干预等。

而依据 1960 年美国学者斯蒂芬·海默（Stephen Hymer）在麻省理工学院完成的博士论文《国内企业的国际化经营：对外直接投资的研究》（The International Operations of National Firms：A Study of Direct Foreign Investment）中提出的垄断优势理论，这种不完全性主要产生于四个方面：

- 产品市场不完全，主要由产品差异性、商标、独特的市场优势或价格联盟等因素形成；
- 生产要素市场不完全，主要由特殊的管理技能、资本市场的便利程度及受专利制度保护的技术差异等原因导致；

- 规模经济形成的市场不完全；
- 政府有关税收、关税、利率和汇率等政策原因导致的市场不完全。

由于市场的客观不完全性，相对于内部交易来说，企业通过外部市场规律来进行议价与交易就会产生更大的交易成本甚至无效成本，从而不能保证企业实现利润的最大化。这构成了内部化理论的原理。可以说，市场的不完全性是内部交易产生的客观环境因素。同时从上述市场不完全性的第四点成因来看，内部交易以及转让定价产生的原因之一也是为了在一定程度上解决各国政府在税收等方面的政策不同所导致的国际市场不完全性，从而使企业整体的税负以及其他相关成本实现最小化。相对地，各国政府也日益关注转让定价对本国税收收入的影响。

2. 企业对规模效应的追求

从微观经济学的角度来看，当企业长期平均总成本随着产量增加而减少，即边际成本递减时，就会存在规模经济（也称规模效应），并产生规模经济效益。按照成本与产量的关系，企业成本可以分为固定成本与变动成本。其中固定成本一般于生产初期一次性投入，当扩大生产规模后，分摊于每个产品上的固定成本随着产量增加相应减少，从而总体产品单位成本降低，产生一定的规模收益。在市场中具有一定影响力的企业通常会为了追求规模效应而不断扩大企业生产经营规模，以获得规模收益。当企业规模达到一定程度时，鉴于市场的压力，企业也会在节约成本以及扩大产品市场竞争力的驱使下逐渐扩大经营范围，横向增加产品多样性，纵向增加企业在产业链中的参与程度。而经营范围的扩张使得企业内部能够产生交易的可能性增大，从而为内部交易的产生奠定了企业规模的基础。

3. 企业组织结构的发展

传统的组织结构呈正金字塔形，是工业时代的产物。该种组织结构下，企业的管理控制权高度集中于集团总部或母公司。随着企业规模的扩大，产业组织理论的发展，企业的组织结构得到不断发展，出现了多元化的组织结构，并分散管理控制权，形成利润中心以刺激各分部的生产发展。常见的组织结构形式有：直线职能制（U 型结构）、事业部制（M 型结构）、矩阵制、多维制、超事业部制、控股公司制（H 型结构）、模拟分散管理制等等。企业组织结构网络化与控制权逐渐分散化的发展趋势使得企业内部形成了独立的交易主体，这也是内部交易形成的必要前提。

三、转让定价的定义

与转让定价相关的术语及其概念主要有以下几种：

1. 转让价格（Transfer Price）

转让价格主要作为名词来理解，从财务管理的角度来看，美国学者查尔斯·T. 亨格伦（Charles T. Horngren）与盖里·L. 桑顿（Gary L. Sundem）的经典教材《管理会计》将转让价格定义为企业组织中一个分部针对其向同一组织中另一个分部提供产品或服务收取的价格。国内也有相似的定义，例如"所谓转让价格，又称内部价格，指跨国公司进行内部交易所采用的价格"①；"转让价格，也称划拨价格、调拨价格、转移价格，是指跨国公司内部母公司与子公司之间、子公司与子公司之间进行商品和劳务交换时所执行的内部贸易价格"②。

2. 转让定价（Transfer Pricing）

转让定价主要作为动词，或作为一个定价的过程来理解。学术定义可以表述为：转让定价是从税法和经济角度出发的术语，指关联企业之间根据独立交易原则（Arm's Length Principle，该术语的具体定义将于本书第三章详细阐述）进行货物、服务和无形资产等交易的价格制定行为。该行为主要发生于同一企业不同分支机构之间，而这些分支机构构成了独立实体，并可能处于不同的国家或地区。美国学者罗伊·罗哈吉（Roy Rohatgi）等人认为："转让定价是一个经济术语，指关联方之间进行内部交易的估价过程。"③

同时，经济合作与发展组织（Organization for Economic Co-operation and Development，以下简称"OECD"）④ 1995 年发表的《跨国企业与税务机关转让定价指南》（Transfer Pricing Guidelines for Multinational Enterprises and Tax Administrations，以下简称《OECD 转让定价指南》）中指出转让定价是一个中性词，"不应将转让定价直接与逃税及避税相联系，尽管有时候转让

---

① 刘剑文：《国际所得税法研究》，中国政法大学出版社 2000 年版，第 159 页。

② 王松年：《国际会计前沿》，上海财经大学出版社 2001 年版，第 505 页。

③ 罗伊·罗哈吉著，林海宁、范文祥译：《国际税收基础》，北京大学出版社 2006 年版，第 449 页。

④ OECD 是由市场经济国家组成的政府间国际经济组织，目前 OECD 的成员国已达到 34 个。本书后续章节将对该组织进行更详细的介绍。

定价政策可以用于这两方面”①。

3. 滥用转让定价（Transfer Pricing Manipulation）

该词主要是指企业不依据独立交易原则，利用内部交易的转让定价不合理地操纵集团内各关联公司的利润，将利润转移至税率低的国家或地区，以达到避税的目的。

4. 本书定义

本书中的转让定价是指关联公司之间内部交易进行估价的一系列活动，以及最终达成的结果，包括转让价格。

四、转让定价税制的起源

1915 年，第一部转让定价法规在英国颁布。该法规颁布于第一次世界大战期间，参战国家迫于庞大的军费开支压力，纷纷扩大税收。为了保证可以获得足额的税收，防止跨国企业通过转让定价蓄意将利润转移到国外税率相对较低的地方，英国率先颁布管理转让定价的法规，禁止各类公司通过高估或低估跨国关联交易的价格，把利润转移到国外的关联公司，否则税务机关有权对不合理的价格进行调整。

1917 年，美国也紧随其后颁布了转让定价法规，准许美国国税局（Internal Revenue Service）在关联公司间分配所得额和扣除额，并要求国内关联公司填报合并纳税申报表。但是，当时美国的跨国经济活动还比较少，而美国各州之间公司所得税税率并不相同，因此税务机关主要运用该法规来解决国内关联企业间跨州交易的利润转移问题。

第二节 转让定价在全球贸易中的发展

顺应事物的发展规律，转让定价也经历了从简单到复杂的发展过程，自 1915 年英国率先颁布转让定价法规以来，转让定价税收法规已有 90 余年的

---

① 《OECD 转让定价指南》第一章 1.2。

历史。同时，随着国际贸易和跨国公司对外直接投资活动以及各国经济文化交流的日益频繁，西方发达国家不断完善其转让定价税制，执法也日趋严格。发展中国家大多也从20世纪50年代起陆续正式推行转让定价法规。

一、转让定价的萌芽时期

自英国和美国各自颁布第一部转让定价法规后，严重的经济危机和第二次世界大战阻碍了跨国经济活动的发展，使得转让定价税制刚刚产生即陷入了几乎发展停滞的状态。直至20世纪50年代，随着经济的复苏，对外投资活动又逐渐兴起，转让定价问题又开始成为各国政府关注的焦点。英国与美国颁布的第一部转让定价法规都只是非常粗略地限制利用转让定价转移利润，仅仅给予相关部门一定的权力来制止该种行为，并没有制定详细的转让定价方法与指导原则。许多国家开始意识到只有制定一整套详细的转让定价法规才能有效应对跨国公司不合理的转让定价行为。

在这个时期，美国最先开始通过立法采取措施，1921年《国内税收法典》(Internal Revenue Code）规定美国国税局有权决定关联企业之间发生的利得、折旧以及各种扣除或资本分配项目是否应该填写合并纳税申报表。其后，美国于1928年对1921年的《国内税收法典》又进行了扩充，第45节要求纳税人准确地反映收入，并且扩大了美国国税局的权力，使其在判定国内或国外关联公司的“实际纳税义务”时可以重新确定企业的收入。1954年美国第二部《国内税收法典》482号文（Sec. 482 Regulations）中规定税务部门可以在国内关联企业之间或关联企业进行的交易活动之间分配部分利润、扣除额、贷款额或税收减免额。美国于1968年开始制定详细的实施规则，由此确立了美国对跨国关联企业间转让定价调整的法律制度。

美国在转让定价税制与管理方面的举措受到了其他发达国家的关注，这些发达国家纷纷效仿美国，颁布法规扩大相关部门对不合理转让定价的调整权力，并制定具体的实施细则。英国于1970年修订的《收入及公司税务法》(Income and Corporation Taxes Act 1970）第485节就规定：“买卖双方在进行资产交易时，如果存在控制与受控制关系，或者均被第三方共同控制，而其交易价格不同于按独立交易原则所确定的价格，即不同于独立企业之间的交易价格，则应根据独立交易原则来重新计算纳税人的应税所得。”上述规定借鉴了美国《国内税收法典》482号文中的独立交易原则。

二、转让定价的不断完善时期

自1921年开始讨论是否应该填写合并纳税申报表并实施转让定价立法措施起，美国的转让定价体制几经改革，并在20世纪80年代至20世纪末这段时间内逐步完善，走向成熟。1986年《美国财政条例》（US Treasury Regulations）补充了“无形资产转让或许可”方面的内容；1988年无形资产转让或许可章节被进一步解释与修改；1992年发表的《关于482号文管理和应用的研究报告》，提出转让定价法规与国外税法相同条款以及国内非税收法规之间的协调，并鼓励使用预约定价安排；1994年《国内税收法典》482号文的最终法规公布，其中提出三条强制性指导原则（即独立交易原则、最优方法原则与可比性原则）；1995年费用分配被重新规定；1996年颁布预约定价程序和转让定价处罚条款以及《国内税收法典》482号文的实施细则；1999年推出新转让定价审计准则，对国际税收稽查人员提供了规范化的审计程序。该段时期美国形成了以《国内税收法典》482号文及实施细则为核心的系统化的转让定价法律体系。贯彻482号文的基本原则是独立交易原则，辅以最优方法原则、可比性原则、真实利率和安全港规则以及劳务的转让定价原则等，进一步体现出独立交易原则的宗旨。

随着美国转让定价税制的发展完善以及各国不断颁布实施本国的转让定价法规，国际上对于统一转让定价原则、协调各国转让定价法规的需求越发明显，于是OECD顺应各国的呼声开始致力于转让定价法规的发展与完善。该时期OECD对转让定价相关问题的重要研究成果集中体现在以下三个研究报告中：①1979年发表的《转让定价与跨国企业》（Transfer Pricing and Multinational Enterprises），为发达国家之间以及发达国家与发展中国家之间的关联交易提供了一个普遍适用的标准；②1984年发表的《转让定价与跨国企业：三个税收问题》（Transfer Pricing and Multinational Enterprises: Three Issues on Taxation），主要针对转让定价调整过程中可能产生的双重征税问题进行讨论，并提出两种解决办法，即相应调整和相互协商程序；③前文已提及的1995年发表的《OECD转让定价指南》，被认为是OECD关于转让定价问题的最后研究成果，有“最后准则”之称，其对前两个报告作了更为详细与完整的修改，并且确立独立交易原则为核心原则。

OECD发表的一系列转让定价研究报告主要借鉴了美国《国内税收法

典》482号文中的宗旨，且在此基础上拓宽研究领域，提供了如何在现实复杂的环境中运用转让定价原理，将转让定价相关解决方法的应用范围扩大到发达国家之间、发达国家与发展中国家之间以及非OECD成员国处理转让定价问题时如何与该指南统一。

此外，其他国家也在不断加强制定本国的转让定价法规，而且区域不再局限于西方发达国家。加拿大1987年颁布了《国际转让定价信息公告》(International Transfer Pricing Information Circular)，并于1999年进行补充。墨西哥1997年颁布了专项条例，肯定了传统交易法的法定地位。亚洲地区，日本在1986年3月也正式颁布了转让定价法规，延续了OECD 1979年《转让定价与跨国企业》与1968年美国《国内税收法典》482号文中的条款原则，并于1988年在《特别税收措施法》(Special Taxation Measures Law)中提出“与国外关联企业业务往来之有关的税收特例”。1990年韩国正式颁布了详细的转让定价准则，1995年实施税收国际协调法规，并于1998年修订。继日本和韩国之后，中国也成为亚洲地区较早实行详细转让定价法规的国家之一，于1998年4月颁布了《国家税务总局关于印发〈关联企业间业务往来税务管理规程〉的通知》(国税发【1998】59号)，规定了各级主管税务机关的专职机构或专职人员对关联企业间在有形财产的购销和使用、无形财产的转让和使用、提供劳务、融通资金等业务往来中不按独立企业间业务往来收取或支付价款、费用而减少应税收入或应纳税所得额的，有权依法进行调查、审计并实施税收调整的工作。

三、转让定价的突破创新时期

20世纪末，全球经济发展更为迅猛，国际的经济活动与交流也不断加强，逐渐显示出经济全球化与一体化的趋势。在该经济形势下，跨国公司的对外投资自然也急剧扩张，并且投资领域更加多样化，从而面临更多更复杂的转让定价问题。这使得跨国企业与相关机构（如税务局与海关等）关于转让定价问题的矛盾冲突逐渐增多，与转让定价相关的案例层出不穷，同时也经常发生税务机关对跨国企业进行转让定价调整及处罚的案例。

在日益增大的转让定价矛盾冲突的压力下，跨国企业也相应地越来越关注转让定价问题，尽量避免税务机关的调查与调整，并期望能够存在统一标准以减少与税务机关的分歧。与此同时，各国税务机关也在不断致力于转让定价法规的完善，加强转让定价税制管理，以减少跨国企业将利润不合理地从本国转移至其他低税率国家的行为，维护本国的税收利益。

在这样的背景下，税收征纳双方的关系日益紧张，然而双方关系的紧张并不能达到双赢的效果，反而可能影响经济发展以及各国政府利益。为实现征纳双方和谐发展，众多国家都开始在转让定价管理上进行突破创新，如制定预约定价安排的相关规定，引入新的转让定价调整方法等。此外，各国政府不仅改善本国的转让定价税制，还加强国际税收交流以协调各方利益，签订双边或多边税收协定，以避免双重征税，鼓励跨国企业对外投资，并维护各国税收收益。此外，OECD 也针对实践中发现的问题研究新的解决方案，于 2010 年 7 月通过了修订版的《OECD 转让定价指南》（以下简称《2010 年 OECD 转让定价指南修订版》），该修订版对 1995 年版的《OECD 转让定价指南》中的前三章，即独立交易原则、传统交易方法、其他方法三章进行了较大修订，并新增了关于业务重组的章节。

四、转让定价的未来发展趋势

通过对转让定价不同发展时期的回顾以及当前转让定价发展的状况，我们可以预测国际转让定价未来的发展趋势大致呈现以下几个特点：

1. 未来将会有更多国家制定并完善转让定价法规

目前世界上已有超过 50 个国家和地区制定了转让定价法律制度，并在改革进度上呈现出更快的发展速度。另有一些国家虽然没有专门的转让定价法规，但大多已制定专门的反避税规则，或者由税务机关在征管实践中参照使用《OECD 转让定价指南》。例如，巴西在 1996 年 12 月第一次确立了转让定价法规后，于 1997 年 4 月和 1999 年 8 月又作了重要修改，2009 年 12 月在政府公报上公布了第 472 号临时措施，提出了“资本弱化规定”；我国在国税发【1998】59 号后，几经发展于 2009 年 1 月发布了《国家税务总局关于印发〈特别纳税调整实施办法（试行）〉的通知》（国税发【2009】2 号，以下简称“2 号文”）；马来西亚于 1999 年 10 月公布了修改转让定价申报的立法草案，并于 2003 年正式公布转让定价准则等。这些国家大多是经济发展较快、吸引外资较多的发展中国家。根据调查，从 2006 年 1 月起，有超过 30 个国家公布了新的或补充的转让定价法规。这些国家包括澳大利亚、印度、日本、韩国、中国、新加坡、越南、加拿大、美国、墨西哥、法国、德国、意大利、英国等。我们预期这种发展速度将持续加快，转让定价将得到越来越多国家的重视，在全球范围内得到不断普及和完善。

2. 《OECD 转让定价指南》与美国《国内税收法典》482 号文的转让定价原则仍将在一定程度上指引着其他国家转让定价法规今后发展的方向

到目前为止，世界上制定转让定价法规的国家大多都借鉴了《OECD 转让定价指南》中的转让定价原则，即独立交易原则等，特别是在上述转让定价完善时期中制定转让定价法规的国家，如前述的加拿大、墨西哥，另外还有西班牙、瑞典、新西兰、比利时、委内瑞拉、俄罗斯、智利等国。我国转让定价税制也很大程度参考借鉴了《OECD 转让定价指南》的内容框架与基本原则。可以预见，《OECD 转让定价指南》所确立的转让定价原则将继续主导国际上转让定价税制的发展方向。

3. 转让定价税制的实践操作性会更强

随着各国转让定价法规的推行，各国对转让定价方面的管理经验会不断增多，继而补充详细的规定，或修订原有法规中不完善与实践性不强之处。无论各国如何修订转让定价法规，随着实践经验的积累，转让定价法规必然会朝着更具有操作性的方向发展。

4. 预约定价安排将继续成为各国研究的重心，预计将会达成越来越多的单边、双边以及多边预约定价安排

预约定价安排主要是为了提高转让定价审查的效率，减少税务机关与纳税人之间的信息不对称现象，使纳税人事先对将要采取行动所导致的法律后果获得最大限度上的确定性。世界上第一部预约定价安排法规于 1991 年由美国国税局颁布。此后，OECD 成员国纷纷紧随其后颁布预约定价安排的法规，并且得到实际应用。近年来，预约定价安排在发展中国家也逐渐被采用，出现了许多成功案例，目前中国已签订了多例成功的预约定价安排。

第三节 转让定价在中国的发展

自 20 世纪 90 年代初至今的将近 20 年间，我国对跨国企业转让定价法

律法规的制定经历了由试点到立法、由局部实践到全面实施的渐进过程。

与发达国家相比，我国的转让定价立法起步较晚，从20世纪90年代才开始陆续出台一系列与转让定价相关的法律法规。我国最早的转让定价正式管理条款出现于1991年4月全国人民代表大会通过的《中华人民共和国外商投资企业和外国企业所得税法》（主席令【1991】第45号，以下简称《外商税法》），其中第十三条规定税务机关有权调整不合理的关联业务导致的所得额减少。同年6月通过的《中华人民共和国外商投资企业和外国企业所得税法实施细则》（国务院令【1991】第85号，以下简称《外商税法细则》）明确了相关名词的定义与标准以及转让价格的调整方法。1992—2007年，国家税务总局颁布了一系列与转让定价有关的法规，其中比较重要的有：1992年10月颁布的《国家税务局关于关联企业间业务往来税务管理实施办法》（国税发【1992】237号）；1998年4月颁布的国税发【1998】59号，并在2004年10月得到了修订，颁布了《国家税务总局关于修订〈关联企业间业务往来税务管理规程〉的通知》（国税发【2004】143号）；2004年9月颁布的《国家税务总局关于印发〈关联企业间业务往来预约定价实施规则〉（试行）的通知》（国税发【2004】118号）；2007年3月第十届全国人民代表大会第五次会议通过的《中华人民共和国企业所得税法》（主席令【2007】第63号，以下简称《所得税法》）中的第六章特别纳税调整等。

2009年我国颁布了最具里程碑意义的一部法规，前文已提及，即2009年1月9日国家税务总局发布的2号文。2号文对《所得税法》中的第六章做了更详细的补充，已成为我国转让定价的核心法规，也是我国目前为止最为完整的转让定价法规，借鉴了国际上被普遍接受的转让定价原理，并且基本包含了与转让定价相关的所有方面，为我国转让定价逐步走向成熟奠定了良好的基础。

2号文发布之后，国家税务总局又相继颁布了一些法规来不断加强转让定价管理。这些法规共同形成了涵盖各个法律级次在内的反避税法律框架和管理指南，为税务机关执法和纳税人合规提供了法律依据。

上述提及的法规，本书后面的章节将作进一步介绍。

总体来看，我国转让定价立法还是遵循了国际上一致认可的独立交易原则，沿袭国际上普遍使用的几种转让定价方法。在不断完善法规的同时，我国转让定价的实践经验也得到了积累，根据《国家税务总局关于2011年反避税工作情况的通报》（国税函【2012】111号），“2011年，全国全年反避税调查立案248件，结案207件，调整补税24亿元。平均个案补税金额1180万元，补税金额超亿元的案件8个，超千万元的案件129个。国家税务总局定点联系企业调查立案38户，结案27户，补税2.5亿元。”以及“向我国申请双边预约定价安排和转让定价相应调整双边磋商的企业超过120户，涉及15个发达国家。我们与日本、韩国、美国、新加坡、丹麦、挪威、瑞典等7个国家就29个案件进行了10次双边磋商，双方达成一致案件7件，正式签署5件，通过双边磋商实现税收增收7亿元，为跨国公司消除国际双重税收负担约32亿元。”据最新统计，2012年，全国反避税调查立案233件，结案175件，平均个案补税金额2620万元，其中补税金额超亿元案件9个。这些工作成果都表明我国转让定价虽然起步较晚，但是发展迅速，各级政府与税务机关也对转让定价高度重视。

第二章

转让定价法规

第一节 OECD 转让定价的相关规定

一、OECD 简介

经济合作与发展组织（OECD）是由 30 多个市场经济国家组成的政府间国际经济组织。OECD 成立于 1961 年，其历史可以追溯到第二次世界大战后重建欧洲经济的马歇尔计划。OECD 各市场经济国家的结盟旨在共同应对全球化带来的经济、社会和政府治理等方面的挑战，并把握全球化带来的机遇。

一直以来，OECD 致力于促进成员国的持续经济增长、就业及生活水平的提高，同时保持财政的稳定，以此对世界经济的发展作出贡献；帮助成员国和其他国家在经济发展进程中保持健康的经济增长步伐；在多边、平等的基础上促进世界贸易的发展。

OECD 的职能主要是研究分析和预测世界经济的发展走向，协调成员国关系，促进成员国合作。OECD 为各国政府提供了一个探讨、发展和完善经济及社会政策的平台，并帮助各国政府进行政策实践的比较，寻求问题的最终解决方案。

目前 OECD 的成员国已达到 34 个，包括澳大利亚、奥地利、比利时、加拿大、德国、日本、韩国、瑞士、英国、美国等国家。

二、OECD 对国际税收的规范

对于解决和指导国际税收问题，OECD 是国际税法领域中非常重要的一个国际组织。OECD 一直以来致力于促进国际税收原则的建立，跟踪国际税收改革，并鼓励各国紧密关注和规范反避税活动。

早在 1963 年 OECD 就颁布了《关于避免对所得和资本双重征税的协定范本》（Model Convention for the Avoidance of Double Taxation with Respect to Taxes on Income and on Capital）草案（以下简称《1963 年 OECD 协定范本草案》），主要用于指导 OECD 成员国签订相互间的税收协定。该草案的第九条对关联企业的认定作出了原则性规定，该条规定：一个企业直接或间接对另一个企业管理、控制或投资时，该企业就可被认为与另一企业具有关联关系；或两个企业均直接或间接被同一方（包括第三方企业、组织或个人）管理、控制或投资时，这两个企业就被认定为关联企业①。在上述任何一种情况下，如果两个企业之间的商业或财务关系不同于独立企业之间的关系，那么，本应由其中一个企业取得，但由于这些情况而没有取得的利润，应该计入该企业的利润，并据以征税。这里简单提出的独立交易原则，可以看做是 OECD 转让定价准则的雏形。

《1963 年 OECD 协定范本草案》的主要目的在于避免和消除双重征税，以及避免和防止税收歧视和防止跨国偷漏税。该草案主要立足于发达国家的情况，对发展中国家的税收权益考虑不够。因此，那时发展中国家在签订双边税收协定时较多地参照联合国所颁布的《关于发达国家与发展中国家间避免双重征税的协定范本》（Model Double Taxation Convention between Devel-

---

① 《1963 年 OECD 协定范本草案》：第三章第九条。

opment and Developed Countries，简称《联合国范本》)。

随着各国税收制度的变化以及国际税收关系的扩大，OECD 于 1977 年正式颁布了首次修订后的《关于避免对所得和资本双重征税的协定范本》(以下简称《1977 年 OECD 协定范本》) 以及相关注释本。除了《1963 年 OECD 协定范本草案》中的独立交易原则之外，新版本第九条第二款首次提出了相应调整原则，即当企业一方根据独立交易原则进行价格调整时，另一方企业要作出相应调整以避免双重征税①。在确定调整时，企业双方主管当局在必要时应相互协商。通过相互协商程序，税务机关可以采取非对抗的行动来解决问题，并能找到符合各方利益的解决方法。

《1977 年 OECD 协定范本》中的独立交易原则和相应调整原则得到发达国家和发展中国家的普遍赞同，OECD 成员国之间、OECD 成员国与非成员国之间签订的双边避免双重征税的协定中，都普遍采用了这两项原则。自《1977 年 OECD 协定范本》正式颁布以来，OECD 对该范本和注释进行周期性的修订和更新。30 多年来，OECD 根据国际经济形势发展的要求，总结了各国的实践经验，同时进行了大量的调查研究。OECD 关于税收协议范本的条文和注释对于消除国际双重征税，加强国家间的税务协作，起到了指导作用，得到了世界舆论的肯定。

三、OECD 视野下的转让定价

20 世纪 70 年代末到 80 年代，OECD 对经济活动的国际化趋势作出了进一步反应，对转让定价立法与管理实践进行了深入研究，并于 1979 年发表了《转让定价与跨国企业》报告。该报告以独立交易原则为核心，对确定有形资产、劳务、融资及无形资产等方面独立交易价格的方法提出了详细的指导原则。同时，该报告推荐可比非受控价格法、再销售价格法和成本加成法作为确定独立交易价格的常用方法，当这些方法不适用时，也可采用其他方法。1979 年《转让定价与跨国企业》不但适用于发达国家之间的转让定价问题，同时还适用于发达国家与发展中国家之间的转让定价问题。该报告的影响力相当广泛，报告中所提及的转让定价方法和规则也成了国际上通行的惯例。

---

① 《1977 年 OECD 协定范本》：第三章第九条。

自1979年《转让定价与跨国企业》报告公布之后，各国政府和跨国企业结合自身情况提出了很多意见。OECD财政事务委员会在综合考虑各国政府和跨国公司的意见之后，于1984年发表了《转让定价与跨国企业：三个税收问题》报告，作为1979年《转让定价与跨国企业》的补充。该报告包括《转让定价、相应调整和相互协商程序》（Transfer Pricing, Corresponding Adjustments and Mutual Agreement Procedures）、《跨国银行征税问题》（Taxation of Multinational Banking Enterprises）及《集中管理与劳务费用的分摊》（Allocation of Central Management and Service Costs）。《转让定价与跨国企业：三个税收问题》重申了跨国企业内部转让定价应符合独立交易原则，并指出：减少转让定价调整引起的双重征税的责任首先在于跨国企业本身，企业在任何情况下，都应使其内部交易价格符合独立交易原则。

1979年《转让定价与跨国企业》公布之后，OECD财政委员会对其进行了多次修订。1992年12月，OECD要求其下属的跨国企业税收工作小组对该报告进行修改补充，并于1995年正式公布了补充修订的新指导方针《OECD转让定价指南》。该指南代表了OECD所有成员国在关于如何确定跨境转让定价方面的共识。1995年的《OECD转让定价指南》涉及独立交易原则、转让定价方法、证明文件、无形资产、集团内劳务以及成本分摊协议等方面的内容，并再次明确了独立交易原则是转让定价税制的核心原则。

根据1995年版《OECD转让定价指南》，独立交易原则是指完全独立的无关联关系的企业或个人，依据市场条件下所采用的计价标准或价格进行业务往来。在判断企业与其关联方之间的业务往来是否符合独立交易原则时，强调将关联交易定价或利润水平与可比情形下不存在关联关系的交易定价和利润水平进行比较，如果存在差异，就说明因为关联关系的存在而导致企业没有遵循公平市场交易原则和商业常规，从而违背了独立交易原则。独立交易原则已被大多数国家接受和采纳，成为各国税务机关处理企业之间转让定价行为的指导性原则。税务机关判定跨国公司集团内部关联企业之间的内部业务往来是否存在避税行为，其基本依据是各关联交易是否按照非关联企业之间的独立交易原则来进行。

1995—2000年间，OECD不断地对1995年版《OECD转让定价指南》进行更新。1996年4月，该指南新增了两个独立章节分别对无形资产和劳务进行阐述；1997年8月，新增了成本分摊协议一章；1998年2月，新增了 OECD 转让定价指南监控程序及商业性组织参与的引导，相关内容以附录的形式加入该指南中；另外，OECD 于 1999 年 10 月公布了对 1995 年《OECD 转让定价指南》的修订方案，该修订也是以附录的形式出现的，提供了按照相互协商程序签订预约定价安排的指导原则。

近年来，为了适应日趋变化的国际经济形势，OECD 财政事务委员会一直致力于修订税收协定范本及转让定价指南相关内容。经过大量的征求意见和研究讨论，OECD 于 2010 年 7 月正式批准了《OECD 税收协定范本》（OECD Model Tax Convention）的修订版和 1995 年《OECD 转让定价指南》的修订版。《2010 年 OECD 转让定价指南修订版》对 1995 年版进行了首次较大范围的修订。《2010 年 OECD 转让定价指南修订版》中第一章至第三章就如何在特殊情况下选择最合适的转让定价方法进行了更新，同时针对在实际操作中如何使用交易净利润法和利润分割法进行了更为详细的阐述和指导。另外，新指南还新增了第九章关于商业重组中所涉及的转让定价具体条款，并强调企业重组应按照市场原则进行，即重组交易应符合独立交易原则。本书以下章节中所引用的 OECD 相关内容均基于《OECD 转让定价指南》和《2010 年 OECD 转让定价指南修订版》。

《OECD 转让定价指南》的相关规定并不具有法律约束力，但各国在制定转让定价方针时一般均会遵循该指南，并尽可能与其保持一致，以减少争议。现在，OECD 对转让定价指导方针的研究已超越了传统的有形资产、无形资产以及劳务的转让范围，涉及全球金融交易、电子商务等新兴贸易手段的转让定价问题。

2013 年 7 月 19 日，OECD 公布了就有关税基侵蚀和利润转移（Base Erosion and Profit Shifting，以下简称"BEPS"）问题开展多边合作的行动计划。OECD 在莫斯科召开的二十国集团财长会议上宣布了该 BEPS 行动计划，这标志着世界各国开始共同致力于推进国际税收体系的现代化进程。该行动计划提出了 15 项具体行动方案，并附上了每个方案完成的时间表。15 项方案包括：应对数字经济和电子商务带来的税务挑战、消除混合型投资工具和法律实体带来的税务影响、强化受控外国企业管理、限制通过利息扣除及其他财务支付产生的税基侵蚀、通过提高税务安排的透明性及关注税务安排的实质性来有效地对抗逃税避税行为、防止滥用协定、防止在没有法律依据的情况下规避常设机构、确保转让定价安排与价值创造相匹配——无形资产、确保转让定价安排与价值创造相匹配——风险与资本、确保转让定价安排与价值创造相匹配——其他高风险交易、建立收集和分析税基侵蚀和利润转移相关数据和制定应对方案的机制、要求纳税人披露其激进税务筹划安排、重审转让定价同期资料、提高争议解决机制的有效性、建立多边机制。

第二节 部分重要国家的转让定价立法

各国对跨国公司转让定价进行法律规制的国内立法集中体现为其制定的转让定价税制。所谓转让定价税制，是指一国按照一定的原则，通过法律形式规定的对转让定价进行管理的制度、方法及措施等。很多国家有着较为完善的转让定价法规，并且根据经济发展和实际操作经验及时修订和更新。据不完全统计，目前全世界已有超过 50 个国家和地区制定了转让定价税制或相关规定，其中发达国家占大多数，并以美国、澳大利亚、英国、日本的立法较为完备。下面我们将对美国、澳大利亚、英国以及日本的转让定价法规进行简要的阐述。

一、美国转让定价法规制度

美国于 1917 年开始实施转让定价制度。在立法上，美国转让定价税收法律制度比较健全和完善，主要体现在其《国内税收法典》482 号文，该文对关联企业的认定和转让定价调整方法等作了详细规定，并提出三条基本指导原则，即独立交易原则、最优方法原则以及可比性原则。

1. 基本原则

美国税法一贯主张转让定价的评估和调整都必须遵循独立交易原则。美国《国内税收法典》482 号文确认了将独立交易原则作为转让定价调整的基础，并要求企业选择最合适的转让定价方法来评估其关联交易是否符合独立交易原则。

2. 转让定价方法

关于转让定价方法，美国《国内税收法典》482 号文列出了与《OECD

转让定价指南》相一致的转让定价方法。对于有形资产交易，纳税人可以从以下五种转让定价方法中选择一种使用：可比非受控价格法、再销售价格法、成本加成法、利润分割法和可比利润法（该方法类似于《OECD 转让定价指南》中的交易净利润法）。对于无形资产交易，纳税人可以从以下三种特定的方法选择一种使用：可比非受控交易法（该方法类似于可比非受控价格法）、利润分割法和可比利润法。对于劳务交易，纳税人可以运用的定价方法为劳务成本法、可比非受控服务价格法、劳务毛利率法、劳务成本加成法、成本加成法、利润分割法及其他合理方法。

美国国税局要求企业在选择转让定价方法时，应采用最优方法原则，即在经营活动情况和事实既定的条件下，企业应选择可以对独立交易结果提供最佳判断的转让定价方法。

3. 同期资料

目前，美国并没有法定的转让定价同期资料准备要求。一旦税务局对纳税人施以转让定价调查时，纳税人必须在税务局提出要求起 30 日内递交转让定价同期资料。

4. 预约定价安排

美国国税局设有独立的预约定价安排项目组专门负责和国内外相关税局进行单边、双边及多边预约定价安排。自 1991 年开启预约定价安排以来，美国国税局不断更新自己的预约定价税收程序，最终形成《税收程序 2004—40》（Revenue Procedure 2004—40）。2006 年又颁布了《税收程序 2006—9》（Revenue Procedure 2006—9），该法规在预约定价安排申请费用、预约定价安排申请时限、资料报送要求以及预约定价安排签订后的隐藏交易问题处理等方面对原有法规都予以完善。

二、澳大利亚的转让定价法规制度

澳大利亚的转让定价法规主要基于《OECD 转让定价指南》。最初的转让定价法规包含在 1936 年颁布的《所得税评估法》（Income Tax Assessment Act）的第三章第十三节和《全面避免双重征税协议》（Double Tax Treaties and Taxation Rulings）中的关联企业法规条款中。澳大利亚在转让定价税收法律制度的实践中紧跟《OECD 转让定价指南》，但澳大利亚国税局（Australian Taxation Office）为转让定价规定了详细和广泛的税收法规和条例，这些法规和条例有的首先以法令草案的形式颁布，试行几年后才形成正式的法令。目前，关于转让定价所正式生效的税收条例（Tax Ruling）有：1992年1月开始实施的TR92/11——贷款与信贷；1994年5月开始实施的TR94/14——澳大利亚转让定价法令的基本运作概念；1995年6月开始实施的TR95/23——预约定价安排；1997年12月开始实施的TR97/20——定价方法；1998年年中开始实施的TR98/11——转让定价同期资料；1998年11月开始实施的TR98/16——转让定价的违规处罚；1999年1月开始实施的TR99/1—集团内服务提供；1999年6月开始实施的TR99——相应调整；2000年11月开始实施的TR2000/16——避免双重征税及相互磋商程序；2001年10月开始实施的TR2001/11——常设机构等。

另外，澳大利亚国税局于2010年6月又颁布了关于商业重组中所涉及的转让定价税务裁决草案；于2010年10月颁布了TR2010/7，针对关联企业间资金融通所涉及的转让定价和资本弱化问题提出了更为具体的指引。2012年11月22日，澳大利亚政府宣布将对转让定价法规作出一些修订，并公布了一份备忘录，解释其理由和修订方向。2013年6月25日，澳大利亚众议院和联邦参议院通过了一项新法案，其目的是打击税基侵蚀和利润转移。得到总督批准后，新法案于2013年7月1日生效。上述正式法令和草案共同形成了澳大利亚完善的转让定价税制。

1. 基本原则

澳大利亚的转让定价税收法律制度遵循《OECD转让定价指南》，以独立交易原则作为衡量关联交易合规性的标准。根据此原则，澳大利亚国税局要求从外部、程序和绩效三个方面来考察和评估企业关联交易行为是否符合独立交易原则。外部考察主要涉及关联交易参与者的市场条件，如价格、收入划分等；程序评估主要考察协议的价格是如何达成的，谈判过程是否符合程序的规定；绩效主要考察公司实体全面的经济绩效，包括预期收益等。

2. 转让定价方法

澳大利亚转让定价法规所列示的转让定价方法与《OECD转让定价指南》相一致，分别为可比非受控价格法、再销售价格法、成本加成法、利润分割法和交易净利润法。澳大利亚国税局要求关联方之间的每项交易，应选用最合适的转让定价方法。

3. 同期资料

澳大利亚转让定价法规没有强制要求企业准备同期资料，但其税法TR98/11对纳税人准备同期资料的步骤给予了说明和指导。此外，针对中小企业（年收入额小于亿澳元[①]），澳大利亚国税局于2004年颁布了简化的转让定价同期资料准备要求，但实际应用不多。

虽然目前并没有法定的转让定价文档准备要求，但是澳大利亚国税局高度建议企业准备和保存同期资料，包括交易类型和金额、定价过程、资产及风险分析及所采用的转让定价方法等。一般情况下，企业在收到要求提交同期资料通知后才需递交相关资料。

4. 预约定价安排

澳大利亚税收条例TR95/23是其预约定价安排的法律基础。一直以来，澳大利亚国税局积极推行预约定价安排。在预约定价安排下，纳税人可以获得更大的法律确定性。

三、英国的转让定价法规制度

英国的转让定价法规包含在1988年《收入及公司税务法》（Income and Corporation Taxes Act 1988）第28AA条中。2004年，英国《财政法》（Finance Act）在其转让定价立法中引入了资本弱化税制，并对受同一公司控股的英国本土企业间关联交易所涉及的转让定价税制提出了一定法律要求。由此可以看出，英国皇家税务及海关总署（Her Majesty's Revenue and Customs）对关联企业间的交易不再仅仅局限于跨境交易。2005年，英国《财政法》2号文对《收入及公司税务法》第28AA条进行了修订，此次修订主要针对关联企业间资金融通所涉及的转让定价问题进行了一定的更新。

1. 基本原则

英国《收入及公司税务法》第28AA条明确指出两点，一是要求纳税人在评估自身应纳税所得时应严格遵循独立交易原则；二是明确表示英国转让定价法规基本遵循了《OECD转让定价指南》中相关指导方针。

2. 转让定价方法

英国皇家税务及海关总署要求关联方交易都应选用最合适的转让定价方

---

① 1亿澳元大约相当于5.5亿元人民币，该条件不适用于任何上市公司集团子公司以及部分跨国私人集团。

法。英国转让定价税收法律制度中没有规定符合独立交易原则的转让定价方法的使用顺序，也就是说只要企业的关联交易符合独立交易原则，使用任何合适的方法英国皇家税务及海关总署都会予以认可。但在实际操作中，比起交易利润法（如交易净利润法），英国皇家税务及海关总署更偏向于使用传统交易法来评估企业关联交易是否符合独立交易原则。

3. 同期资料

英国皇家税务及海关总署所发布的《2003 先期预算报告》（Pre - budget Report 2003）对纳税人准备同期资料的步骤给予了相关的说明和指导。根据相关规定，企业应按纳税年度准备和保存其关联交易的同期资料。一旦税局要求，企业必须在要求之日起 30 日内提供转让定价同期资料。

4. 预约定价安排

英国 1999 年《财政法》第 85—87 节对预约定价安排作出了相关规定。实践中，英国皇家税务及海关总署要求按照双边税收协定中的相互协商条款处理预约定价安排。

四、日本的转让定价法规制度

日本相关转让定价法规主要集中于《特别税收措施法》（Special Taxation Measures Law）第 66—4 条及实施条例中。值得注意的是，日本的转让定价法规仅适用于同外国关联公司的交易。此外，日本国税厅（National Tax Agency）在 2006 年对其相关转让定价法规进行了修订，修订内容主要针对有关无形资产交易和成本分摊协议，扩大了无形资产的外延，明确了成本分摊中的一些计算比例。2010 年 3 月，日本国税厅正式提出了《特别税收措施法》中有关转让定价文件要求的修正案，该修正案主要针对涉及日本公司的跨国企业关联交易提出了最新的转让定价同期资料文档要求。

1. 基本原则

日本的转让定价税制也基本依据《OECD 转让定价指南》，坚持以独立交易原则作为确定转让定价的标准，并以此作为对关联企业利润进行调整的客观依据。根据这一原则，关联企业各经济实体之间的交易往来，都应按照独立市场交易价格进行。

2. 转让定价方法

日本转让定价税制中的方法基本与《OECD 转让定价指南》一致。一般情况下，相比交易利润法，日本当局更强调使用传统交易法。税务当局要求可比非受控价格法、再销售价格法、成本加成法应作为首要选择方法，当传统交易法不适用时，再考虑使用其他方法（如利润分割法、交易净利润法）。

3. 同期资料

日本目前并没有对转让定价同期资料的准备制定强制性要求。但一旦税务机关要求，企业需及时提交同期资料文档。值得注意的是，日本税务机关特别要求受到转让定价调查的企业应及时向税务机关提供转让定价同期资料。

4. 预约定价安排

日本最早是以《传阅通告》的形式将事先确认制度（Pre-confirmation system）纳入转让定价立法框架中。根据这种制度，纳税人自愿向税务当局提交确定独立交易价格的建议方法以备复查和确认。1999 年 10 月，日本国税厅颁发了关于预约定价安排的正式通告——《关于认定关联企业间价格的算定方法》，该通告认可相互协商程序下的预约定价，并使现行的预约定价实践更为正式和规范。2001 年，日本颁发了《关于转让定价操作局长指引》（后称《转让定价管理指南》）和《关于相互协商程序的局长指引》（后称《相互协商程序管理指南》），进一步完善了其预约定价安排和相互磋商程序的税制。

五、其他一些国家或地区转让定价法规制度

除了上述国家之外，世界上还有很多国家和地区采取了相应的反避税措施，先后制定了转让定价税制。下面我们将对加拿大、德国、中国台湾、新加坡、中国香港、爱尔兰等国家及地区相关的转让定价政策进行简要的描述。

1. 加拿大

加拿大转让定价税制主要遵循《OECD 转让定价指南》，即以独立交易原则作为核心原则。加拿大转让定价法规主要体现在其《所得税法》（Income Tax Act）第 247 章以及其《信息公告 87—2R》（Information Circular 87—2R）中。其《所得税法》第 247 章对同期资料文档要求、转让定价方法、转让定价调查等方面作出了一系列规定。另外，加拿大国税局（Canadian Revenue Agency）在其所颁布的《信息公告 87—2R》中对转让定价方法的运用规定了具体的适用情形和运用方式。

2. 德国

德国拥有较为完善和详尽的转让定价法规，并基本遵循了独立交易原则。德国转让定价具体的法规集中体现在其《对外税法》(Foreign Tax Act)的第一章中。自2008年1月1日起，该章添加了一些新的关于跨境转让企业及其职能的规定，此举从企业重组和资产转移的角度完善了德国转让定价制度。2010年10月，德国正式发布了关于企业重组相关条例的实施细则。德国其他有关转让定价的法规还包括在其《企业所得税法》(German Corporation Tax Act)第八章、《税收通则》(German General Tax Code)第90.3节、《所得税法指令》(German Income Tax Act)第4.1节等相关法规中。

3. 中国台湾

中国台湾转让定价法规最早源自1971年修正增订之《所得税法》第43—1节。该条款规定企业关联交易定价需符合独立交易原则，包括境内和境外交易。中国台湾“财政部”于2004年12月31日颁布了《营利事业所得税不合常规转让定价查核准则》，该准则明确了关联交易定义、合理的转让定价方法、转让定价原则以及相关信息及文档披露的有关要求。

4. 新加坡

新加坡的《所得税法》(Income Tax Act)第33节和第53—2A节中有关转让定价税务管理的一些规定。此外，2006年2月新加坡国税局(Inland Revenue Authority of Singapore)颁布了第一个转让定价准则，该准则对独立交易原则、文件管理、定价策略、预约定价安排、管理程序等都作出了详细规定。新加坡国税局又于2009年在其《所得税法》中新增了34D节，提出了跨国企业关联交易必须遵循独立交易原则。一旦发现企业关联交易不符合独立交易原则，新加坡国税局有权对其进行调整。

5. 中国香港

中国香港于2009年12月就转让定价方法和相关问题颁布《税务条例释义及执行指引第46号》(以下简称“DIPN 46”)，该指引是对《国内税务条例》(Inland Revenue Ordinance)相关条例的重申和补充。DIPN 46强调了独立交易原则，并完善了重要的转让定价相关概念。2012年3月，中国香港发布了《税务条例释义及执行指引第48号——预约定价协议》(以下简称“DIPN 48”)。该指引标志着中国香港预约定价安排机制正式启动。

6. 爱尔兰

爱尔兰于 2010 年 2 月在其《Taxes Consolidation Act 1997》第 835A—835H 章中首次正式引入了转让定价法规，并于 2011 年 1 月 1 日开始生效。

第三节 中国转让定价法规概览

一、中国转让定价法规发展历史

相对于发达国家而言，中国对转让定价的理论研究及税制建设虽然起步较晚，但也经历了 20 多年的发展。按照时间线索，中国转让定价发展过程可以分为理论探索阶段和立法完善阶段。

1. 理论探索阶段

第一阶段为理论探索阶段。中国对转让定价的法律规制实践从 1987 年开始，在深圳进行区域性试点。当时，作为经济特区的深圳以其优惠的税收政策和宽松的投资环境成为外商投资较早而且较集中的地区。当时由于税法的不完善、征管手段的落后以及税务人员经验的欠缺，大量外资企业通过转让定价等手段将利润转移到国外，造成了中国税收收入的大量流失。有鉴于此，深圳市政府于 1987 年 11 月颁布了《深圳特区外商投资企业与关联公司交易业务税务管理的暂行办法》，该暂行办法的颁布和实施对预防和消除深圳市外商投资企业中普遍存在的利用转让定价转移利润的问题起到了一定的规制作用，开创了中国转让定价法规的先河。

2. 立法完善阶段

第二阶段为立法逐步完善阶段，主要表现为广泛地借鉴 OECD 的研究成果和国外发达国家的先进经验，努力完善相关的法律法规。1991 年 4 月，全国人民代表大会通过了《中华人民共和国外商投资企业所得税法》。该法第十三条专门对关联企业的业务往来规定了税务处理原则，即“外商投资企业或者外国企业在中国境内设立的从事生产、经营的机构、场所与其关联企业之间的业务往来，应当按照独立企业之间的业务往来收取或者支付价款、费用。不按照独立企业之间的业务往来收取或者支付价款、费用，而减少其应纳税的所得额的，税务机关有权进行合理调整。”这一规定使中国对跨国企业运用转让定价避税的管理和控制有了法律依据，并标志着中国在涉外税收管理中开始实施转让定价税制。1991年6月，国务院又公布了《外商投资企业所得税法实施细则》，对关联企业的税务处理作出了具体规定，明确了关联企业业务来往的认定标准、资料提供的要求，并对不按独立企业之间的业务来往作价的关联购销业务、融通资金、提供劳务、转让财产、支付管理费等业务提出了转让价格的调整方法。

在此之后，国家税务局1992年9月公布了《中华人民共和国税收征收管理法》，其中第二十四条规定：“企业或者外国企业在中国境内设立的从事生产、经营的机构、场所与其关联企业之间的业务往来，应当按照独立企业之间的业务往来收取或者支付价款、费用；不按照独立企业之间的业务往来收取或者支付价款、费用，而减少其应纳税的收入或者所得额的，税务机关有权进行合理调整。”这项转让定价调整的具体条款把调整的主体范围从外商投资企业和外国企业扩大到国有企业、集体企业等所有国内企业。

除了立法之外，国家税务局还制定了相应的管理规程来指导转让定价税制的实施。1992年10月根据《中华人民共和国外商投资企业所得税法》及其《外商投资企业所得税法实施细则》的有关规定，国家税务局颁布了国税发【1992】237号，重申了关联企业的认定标准、转让定价调整等方面，另外其第三条还规定：“在纳税年度内企业与其关联企业间有业务往来的，应在向当地税务机关报送年度所得税申报表的同时，附送《外商投资企业和外国企业与其关联企业业务往来情况年度申报表》。”

1998年年初，国家税务总局以国税发【1998】25号的形式发布了《国家税务总局关于进一步加强转让定价税收管理工作的通知》，这是国家税务总局发布的有关转让定价税务问题中唯一包含了“转让定价税收管理”一词的文件；1998年4月23日国家税务总局又根据《中华人民共和国外商投资企业所得税法》及其《外商投资企业所得税法实施细则》，以及《中华人民共和国税收征收管理法》及其实施细则的有关条款，考虑到与各国签订的双边税收协定的有关规定，并通过借鉴国际通常做法以及结合多年来的转让定价税制实践工作经验，发布了国税发【1998】59号。国税发【1998】

59 号是第一部专门针对转让定价制定的详细法规，主要包括关联企业间关联关系的认定以及业务往来的申报、关联企业间业务往来交易额的认定、调查审计对象的选择、调查审计的实施、调整方法的选用、税收调整的实施、复议和诉讼、跟踪管理以及附则等共计十二章五十二条。国税发【1998】59 号还附有关联企业业务往来情况年度申报表、关联企业业务往来调查表、调查记录以及税收调整等一整套完整、全面、系统的工作程序报告表。此外，国税发【1998】59 号第七章第二十八条第四款“其他合理方法”中规定：“经企业申请，主管税务机关批准，也可采用预约定价方法。”这项关于预约定价安排的规定，首次在中国税法上提出了预约定价安排制度，首次允许在转让定价工作中应用预约定价方法进行调整，为中国运用单边预约定价安排提供了法律上的依据。国税发【1998】59 号的颁布促使中国转让定价税制进一步走向规范化和程序化，同时也大大充实了中国转让定价税制的内容。

2001 年 4 月 28 日，第九届全国人民代表大会常务委员会第二十一次会议对《中华人民共和国税收征收管理法》（以下简称《征管法》）进行了修订。2002 年 9 月 7 日国务院根据修订后的《征管法》颁布《中华人民共和国税收征收管理法实施细则》（以下简称《征管法实施细则》）。该《征管法实施细则》规定，有下列关系之一的公司、企业和其他经济组织，即《征管法》所称的关联企业：“（一）在资金、经营、购销等方面，存在直接或者间接的拥有或者控制关系；（二）直接或者间接地同为第三者所拥有或者控制；（三）在利益上具有相关联的其他关系。纳税人有义务就其与关联企业之间的业务往来，向当地税务机关提供有关的价格、费用标准等资料。”《征管法实施细则》第五十四条还规定，纳税人与其关联企业之间的业务往来有下列情形之一的，税务机关可以调整其应纳税额：“（一）购销业务未按照独立企业之间的业务往来作价；（二）融通资金所支付或者收取的利息超过或者低于没有关联关系的企业之间所能同意的数额，或者利率超过或者低于同类业务的正常利率；（三）提供劳务，未按照独立企业之间业务往来收取或者支付劳务费用；（四）转让财产、提供财产使用权等业务往来，未按照独立企业之间业务往来作价或者收取、支付费用；（五）未按照独立企业之间业务往来作价的其他情形。”对于调整关联企业应纳税额的具体措施，《征管法实施细则》提供了四种计算方法，即按照独立企业之间进行的相同或者类似业务活动的价格；按照再销售给无关联关系的第三者的价格所应取得的收入和利润水平；按照成本加合理的费用和利润；按照其他合理的方法。

对于外资企业对其所投资的子公司提供服务有关税务处理问题，国家税务总局于 2002 年 9 月发布了《国家税务总局关于外商投资性公司对其子公司提供服务有关税务处理问题的通知》（国税发【2002】128 号）。该文要求外商投资性公司向其子公司提供各项服务应按独立企业之间的业务往来收取价款或费用，并明确提出了分摊方法。

2004 年 9 月，为规范关联企业间业务往来预约定价的税收管理程序，国家税务总局颁发了国税发【2004】118 号。国税发【2004】118 号是中国关于预约定价安排实施程序的第一部详细而明确的法律规定，其内容主要包括预约定价的预备会谈、正式申请、审核与评估、磋商、签订安排、监控执行等详细规定。国税发【2004】118 号的颁布标志着中国初步建立了有关预约定价安排的税收立法体系。

2004 年 10 月，国家税务总局根据《征管法》及《征管法实施细则》有关条款的规定，对国税发【1998】59 号的相关条款及表单进行了初步修订，并以《国家税务总局关于修订〈关联企业间业务往来税务管理规程〉的通知》的形式颁布实施（国税发【2004】143 号文）。随后，2005 年 7 月颁布了《国家税务总局关于中国居民（国民）申请启动税务相互协商程序暂行办法》（国税发【2005】115 号），该文明确了相互协商程序适用于双边预约定价安排。这些新法规的颁布对关联企业的税收征管又作了专门规定，还增加了关于预约定价安排制度以及税务相互协商程序的规定，从而使中国的转让定价税制更加完善。

为了规范对单一生产功能外商投资企业和外国企业转让定价调查工作，国家税务总局于 2007 年 2 月 28 日颁布了《国家税务总局关于调查承担单一生产功能外商投资企业和外国企业纳税情况的通知》（国税函【2007】236 号）。该文强调了合约制造企业必须保持同其职能和风险相称的合理利润水平，并提出“按照转让定价的国际通行原则，只承担单一生产功能的企业通常应保持一定的利润率水平，原则上不应该出现亏损。”

随着中国经济的高速发展，税制改革的步伐不断加快，2007 年 3 月 16 日，第十届全国人民代表大会第五次会议通过了《所得税法》，并于 2008

年1月1日开始生效。其中，第六章专门规定了“特别纳税调整”，主要针对于转让定价和一般反避税行为。其中，在调整外资企业与其关联企业内部交易价格、核定利润、征收所得税方面，《所得税法》采纳了国际上普遍采用的独立交易原则，“以相互独立的彼此没有关联的企业，在公开市场相似的条件下，且在相同或类似的交易中所达成的价格，来衡量转移价格是否合理。”《所得税法》完善了原来的转让定价和预约定价法律法规，加强了转让定价调查范围和力度。中国第一次形成了较全面的反避税法规，为今后打击各种避税行为提供了法律依据。同年12月国务院又通过了《中华人民共和国企业所得税法实施条例》（以下简称《所得税法实施条例》）。

继2007年《所得税法》及其实施条例的颁布，就转让定价相关问题，国家税务总局又相继发布了《国家税务总局关于加强转让定价调查分析的通知》（国税函【2007】363号）、《国家税务总局关于母子公司间提供服务支付费用有关企业所得税处理问题的通知》（国税发【2008】86号）、《关于印发〈中华人民共和国企业年度关联业务往来报告表〉的通知》（国税发【2008】114号）等一系列文件。国税函【2007】363号为了规范各地转让定价案件的调查分析、提高调查质量，强调了接受转让定价调查的企业递交《企业功能风险分析表》和《企业关联交易财务分析表》的必要性。国税发【2008】86号明确要求母公司为其子公司提供各种服务而发生的费用，应按照独立交易原则来确定服务价格。若母子公司未按照独立企业之间的业务往来收取价款的，税务机关有权予以调整。此外，国税发【2008】86号文同时规定，若母公司向多家子公司提供同类项服务，母公司可以根据提供服务所实际发生的成本费用，按照独立交易原则加成合理利润作为向子公司收取的总服务费。在此情况下，总服务费应当在接受服务的子公司之间合理分摊。国税发【2008】86号文同时引用了《所得税法》第四十一条中有关成本分摊协议的规定作为服务费合理分摊的基础。国税发【2008】114号规定企业向税务机关报送年度企业所得税纳税申报表时，应附送企业年度关联业务往来报告表。

2009年1月9日，国家税务总局发布了国税发【2009】2号，这是中国自1998年发布第一部转让定价法规——国税发【1998】59号以来，最为重要的一部转让定价“法典”。从税务角度而言，关联交易的核心问题便是转让定价的合理性。2号文的出台使得中国企业在转让定价操作的各个方面均有法可循。2 号文几乎涵盖了转让定价的所有方面。它所含的 13 章 118 条对年度关联申报、同期资料、调查与调整、预约定价安排、成本分摊协议、受控外国企业、资本弱化、一般反避税与转让定价处罚等均作出了详细的法律规定。经过多年的实践和对国际经验的借鉴，中国在 2 号文中首次提出成本分摊协议、资本弱化、受控外国企业以及一般反避税等规定。

2 号文在内容上整合了旧所得税法体系下颁布的转让定价法规，并同时废止了国税发【1998】59 号、国税发【2004】143 号和国税发【2004】118 号等文件。2 号文的发布被视为中国转让定价法规历史上的一座里程碑，为中国转让定价法规的进一步深入和完善构建了坚实的法律基础。2 号文的发布无疑使中国转让定价的总体法律框架在复杂度与严密度上有了很大的提升，更为接近美国、日本、澳大利亚、欧盟等在转让定价方面较为成熟的国家和地区的水平。

二、其他法规的发布

随着 2 号文的发布，国家税务总局又陆续颁布了一些与转让定价和反避税有关的法规来加强中国转让定价管理。

根据 2 号文的规定，中国居民企业股东能够提供资料证明其控制的外国企业属于设立在国家税务总局指定的非低税率国家（地区）的，可免于将外国企业不作分配或减少分配的利润视同股息分配额，计入中国居民企业股东的当期所得。2009 年 1 月，国家税务总局发布了《国家税务总局关于简化判定中国居民股东控制外国企业所在国实际税负的通知》(国税函【2009】37 号)，对上述“非低税率国家（地区）”作出了进一步明确规定，此类国家包括美国、英国、法国、德国、日本、意大利、加拿大、澳大利亚、印度、南非、新西兰和挪威。如企业能够提供资料并证明其控制的外国企业设立在上述国家，则可免于将该外国企业不作分配或者减少分配的利润视同股息分配额，计入中国居民企业的当期所得。

2009 年 4 月，国家税务总局先后发布了《国家税务总局关于加强转让定价跟踪管理有关问题的通知》（国税函【2009】188 号）及《国家税务总局关于加强税种征管促进堵漏征收的若干意见》（国税发【2009】85 号）。国税函【2009】188 号是国家税务总局首次就转让定价跟踪管理问题专门发文，并明确要求加强转让定价追踪管理监控机制。另外，国税函【2009】

188 号还特别要求各地税局在跟踪管理年度提出谈签预约定价安排申请的企业，规避其在跟踪管理年度内利润下滑的情况。而国税发【2009】85 号要求各地税局深入开展反避税调查，加强对关联申报信息的审核和分析，加强对制衣制鞋、电子和通讯设备制造、电脑代工等行业的调查结案工作，并要求各地加强对反避税调查调整企业的跟踪管理，从而巩固和扩大反避税工作成果，维护中国的税收权益。

另外，国家税务总局于 2009 年 7 月 6 日发布了《国家税务总局关于强化跨境关联交易监控和调查的通知》（国税函【2009】363 号），扩展了具有准备同期资料法定义务的企业。该文规定："跨国企业在中国境内设立的承担单一生产（来料加工或进料加工）、分销或合约研发等有限功能和风险的企业，不应承担金融危机的市场和决策等风险，按照功能风险与利润相配比的转让定价原则，应保持合理的利润水平。上述承担有限功能和风险的企业如出现亏损，无论是否达到准备同期资料的标准，均应在亏损发生年度准备同期资料及其他相关资料。"国税函【2009】363 号的发布表明，中国税务机关对于跨境关联交易的管理力度正进一步加强，中国转让定价调查也将愈加严厉，各类企业被施以调查的可能性不断加大。

2009 年 10 月，国家税务总局发布了《国家税务总局关于如何理解和认定税收协定中"受益所有人"的通知》（国税函【2009】601 号）。该文对税收协定中"受益所有人"作出了更为详细和严格的规定，其规定"'受益所有人'是指对所得或所得据以产生的权利或财产具有所有权和支配权的人。'受益所有人'一般从事实质性的经营活动，可以是个人、公司或其他任何团体。代理人、导管公司等不属于'受益所有人'"。可以看出，国税函【2009】601 号根据实质重于形式的原则强调了受益所有人必须从事实质性经营活动，对于某些拟享受协定优惠但仅持有投资，不从事制造、经销或服务等实际活动的控股公司而言，这将构成很大的挑战。

2009 年 12 月，国家税务总局发布了《国家税务总局关于加强非居民企业股权转让所得企业所得税管理的通知》（国税函【2009】698 号），对非居民企业股权转让所得的企业所得税管理作出了进一步的规定。该文强调了非居民企业对上述所得依法申报的义务及中国税务机关的管辖权，明确了如何计算应税所得，同时也规定非居民就间接转让股权提供相应信息及文件的义务。在非居民企业通过转让一家非居民中间控股公司的股权而间接转让其中国居民公司股权的情形下，如果该中间控股公司的存在仅仅为规避纳税义务而缺乏商业实质，国税函【2009】698 号重申了中国税务机关运用一般反避税原则来否定该中间控股公司的存在的权力。

2010 年 7 月，国家税务总局发布了《国家税务总局关于开展同期资料检查的通知》（国税函【2010】323 号），要求各地方税务机关对纳税人 2008 年和 2009 年转让定价同期资料准备的情况开展全国性的抽查工作。税务当局从宏观和微观两个层面强调了税务机关统计分析的重点，对企业准备的同期资料提出了更高的要求。

2012 年 2 月，国家税务总局发布了《特别纳税调整内部工作规程（试行）》的通知（国税发【2012】13 号）。国家税务总局根据有关规定，并结合我国转让定价管理、预约定价安排管理、成本分摊协议管理、受控外国企业管理、资本弱化管理以及一般反避税管理等特别纳税调整工作实践，制定此规章用来规范和约束在转让定价工作中的机构设置、基础管理、案件管理、单边预约定价的组织谈签和预约定价安排执行等。

2012 年 2 月，国家税务总局发布了《特别纳税调整重大案件会审工作规程（试行）》的通知（国税发【2012】16 号）。该文是基于国家税务总局为了提高特别纳税调整重大案件的调查质量，加强执法监督，并根据有关规定制定的。省税务机关认为案件复杂的，可提请确认为特别纳税调整重大案件，具体包括：企业注册资本在 1 亿元人民币以上，且调查年度年均主营业务收入在 10 亿元人民币以上的案件；全国行业联查或集团联查的案件；其他由税务总局确定的案件。各地税务机关将特别纳税调整重大案件审议后的不予调整意见或初步调整方案报请税务总局组织的案件会审小组进行会同审议工作。

2012 年 10 月，国家税务总局在联合国最新公布的英文版《发展中国家转让定价操作手册》讨论稿（以下简称“《联合国手册讨论稿》”）中发表了《中国实践篇》，公开表明中国在转让定价管理实践中遇到的问题与中国税务机关的观点，并分享了中国在解决这些问题方面的实际经验。该报告分为八个章节，提出的看法主要围绕着发展中国家缺乏可靠的可比公司、地域性优势、无形资产、实际问题和解决方法、传统交易净利润法的替代方法及其他的经验和建议。

近年来一系列转让定价法规的颁布，标志着中国转让定价法规正和国际准则以及先进国家的立法接轨。这些法规共同形成了涵盖各个法律级次在内的反避税法律框架和管理指南，为税务机关执法和纳税人合规提供了法律依据。

表2－1总结了1991年至2013年期间，我国颁布的与转让定价有关的重要法规以及相关文件。

表2－1　1991—2013年重要的转让定价法规以及相关文件

颁布时间	法规名称与文号
1991年4月	《中华人民共和国外商投资企业和外国企业所得税法》（主席令【1991】第045号）
1991年6月	《中华人民共和国外商投资企业和外国企业所得税法实施细则》》（国务院令【1991】第085号）
1992年9月	《中华人民共和国税收征收管理法》（主席令【1992】第60号）
1992年10月	《国家税务局关于关联企业间业务往来税务管理实施办法》（国税发【1992】237号）
1998年2月	《国家税务总局关于进一步加强转让定价税收管理工作的通知》（国税发【1998】25号）
1998年4月	《国家税务总局关于印发〈关联企业间业务往来税务管理规程〉的通知》（国税发【1998】59号）
2001年4月	《中华人民共和国税收征收管理法》（主席令【2001】第049号）
2002年9月	《中华人民共和国税收征收管理法实施细则》（国务院令【2002】362号）
2002年9月	《国家税务总局关于外商投资性公司对其子公司提供服务有关税务处理问题的通知》（国税发【2002】128号）
2004年9月	《国家税务总局关于关联企业间业务往来预约定价实施规则（试行）》（国税发【2004】118号）
2004年10月	《国家税务总局关于修订〈关联企业间业务往来税务管理规程〉（试行）的通知》（国税发【2004】143号）
2005年7月	《国家税务总局关于中国居民（国民）申请启动税务相互协商程序暂行办法》（国税发【2005】115号）
2007年2月	《国家税务总局关于调查承担单一生产功能外商投资企业和外国企业纳税情况的通知》（国税函【2007】236号）
2007年3月	《中华人民共和国企业所得税法》（主席令【2007】第63号）

续表

颁布时间	法规名称与文号
2007 年 3 月	《国家税务总局关于加强转让定价调查分析的通知》（国税函【2007】363 号）
2007 年 12 月	《中华人民共和国企业所得税法实施条例》（国务院令【2007】第 512 号）
2008 年 8 月	《国家税务总局关于母子公司间提供服务支付费用有关企业所得税处理问题的通知》（国税发【2008】86 号）
2008 年 12 月	《关于印发〈中华人民共和国企业年度关联业务往来报告表〉的通知》（国税发【2008】114 号）
2009 年 1 月	《国家税务总局关于印发〈特别纳税调整实施办法（试行）〉的通知》（国税发【2009】2 号）
2009 年 1 月	《国家税务总局关于简化判定中国居民股东控制外国企业所在国实际税负的通知》（国税函【2009】37 号）
2009 年 4 月	《国家税务总局关于加强转让定价跟踪管理有关问题的通知》（国税函【2009】188 号）
2009 年 4 月	《国家税务总局关于加强税种征管促进堵漏征收的若干意见》（国税发【2009】85 号）
2009 年 7 月	《国家税务总局关于强化跨境关联交易监控和调查的通知》（国税函【2009】363 号）
2009 年 10 月	《国家税务总局关于如何理解和认定税收协定中"受益所有人"的通知》（国税函【2009】601 号）
2009 年 12 月	《国家税务总局关于加强非居民企业股权转让所得企业所得税管理的通知》（国税函【2009】698 号）
2010 年 1 月	《国家税务总局关于税收协定有关条款执行问题的通知》（国税函【2010】46 号）
2010 年 6 月	《关于进一步做好"走出去"企业税收服务与管理工作的意见》（国税发【2010】59 号）
2010 年 7 月	《国家税务总局关于开展同期资料检查的通知》（国税函【2010】323 号）
2010 年 12 月	国家税务总局发布首份中国预约定价安排年度报告，即《中国预约定价安排年度报告（2009）》
2011 年 3 月	《国家税务总局关于执行中英等双边税收协定技术服务费条款有关问题的公告》（国家税务总局公告 2011 年第 19 号）
2012 年 2 月	《国家税务总局关于印发〈特别纳税调整内部工作规程（试行）〉的通知》（国税发【2012】13 号）

续表

颁布时间	法规名称与文号
2012年3月	《关于印发〈特别纳税调整重大案件会审工作规程【试行】〉的通知》（国税发【2012】16号）
2012年4月	《国家税务总局关于加强国际税收管理体系建设的意见》（国税发【2012】41号）
2012年4月	《中国预约定价安排年度报告（2010）》
2012年10月	国家税务总局在《联合国手册讨论稿》中发表《中国实践篇》
2012年12月	《中国预约定价安排年度报告（2011）》
2013年8月	《中国预约定价安排年度报告（2012）》

第四节 中国转让定价税制特点——实质重于形式

反避税与合理维护本国的税收利益是世界各国制定转让定价法规的主要动因之一，“实质重于形式”是各国制定反避税规则的重要原则。实质重于形式原则是指企业应当按照交易或事项的经济实质进行会计核算，而不应当仅仅按照它们的法律形式作为会计核算的依据。这一原则运用在对避税问题的处理上，意味着那些符合法律要求，但却没有充分商业理由的公司和交易，将不被承认。

就中国转让定价法规而言，实质重于形式原则主要体现在关联关系的认定、关联交易金额的认定、抵消交易、关联债权投资以及企业股权转让等方面。

一、关联关系的认定

中国对关联企业的认定标准过去在立法上一直不够明晰。2号文对关联企业的界定作出了具体的解释，明确规定关联企业的认定以控股比例为主要标准，同时兼顾企业间实际控制程度，特别注意运用实质重于形式原则来对关联关系进行判断，并要求在转让定价评估中，综合地考虑纳税人各方面的商业因素，如营销策略、行业状况、供应链管理等。同时，对关联关系的主体范围由仅限于企业与企业之间，拓展到包括自然人或个体。就控股比例而言，一方直接或间接持有另一方的股份总和达到25%以上，或者双方直接或间接同为第三方所持有的股份达到25%以上，则被认定为关联企业。其中，若一方通过中间方对另一方间接持有股份，只要一方对中间方持股比例达到25%以上，则一方对另一方的持股比例按照中间方对另一方的持股比例计算。

二、关联交易金额的认定

实质重于形式原则也体现在中国税务机关对关联交易金额的认定上。企业在判断自身是否有义务准备同期资料时，不应过多地依赖公司账载的关联交易额是否达到2亿元或4000万元，而忽视了2号文中的一个重要信息，即是否达到同期资料准备门槛是依据税务机关以独立交易原则所确定的实际关联交易金额，而非企业的账载金额。也就是说，靠人为调控转让定价使账载关联交易金额低于同期资料门槛，非但不能逃脱同期资料的准备义务，还会给企业带来转让定价调查风险。

三、抵消交易的处理

如果企业与其关联方在收取价款与支付价款的交易中存在相互抵消的，税务机关原则上根据实质重于形式原则对抵消交易进行还原，并在做可比性分析与纳税调整时分别考虑还原后的两笔交易，确定相关的所得税及流转税调整。

四、关联债权投资金额的确定

《所得税法》第46条规定：“企业从其关联方接受的债权性投资与权益性投资的比例超过规定标准而发生的利息支出，不得在计算应纳税所得额时扣除。”其中，关联债资比例是指企业从其全部关联方接受的债权性投资占企业接受的权益性投资的比例。关联债权性投资包括关联方以各种形式提供担保的债权性投资。值得注意的是，其他间接从关联方获得的具有负债实质的投资，如长期未支付的应付账款，根据实质重于形式原则，可能被视为关联债权性投资。

五、企业股权转让

国家税务总局于2009年12月颁发的国税函【2009】698号旨在加强对非居民企业股权直接或间接转让所得企业所得税的管理。国税函【2009】698号明确了实质重于形式原则将运用于非居民企业间接股权转让交易产生的资本利得，并重申对于非居民企业设立的不具有合理的商业目的、有意规避企业所得税纳税义务的中间实体，国家税务总局有权依据一般反避税原则否定其存在。换言之，如果中国税务机关认定非居民企业通过滥用组织形式等安排（如特殊目的公司）规避企业所得税纳税义务，可以根据实质重于形式原则，否定境外中间控股公司（如特殊目的公司）的存在。

此外，实质重于形式原则在中国反避税领域操作体现在本书第十二章一般反避税中将有进一步介绍。

中国的转让定价税制虽然起步较晚，但经过多年的实践，已获得了很大发展。近年来转让定价法规相继颁布，使得中国的转让定价税制趋于成熟与完善，中国现行转让定价税制已逐步与国际惯例接轨。

第三章

转让定价基础理论

第一节 基本概念

一、关联方的定义

转让定价研究的是关联企业间交易的价格制定问题。如绪论部分所述，企业内部交易成本可能远远小于外部市场交易，因此交易内部化是必然趋势。这种内部化也催生了转让定价这一概念。从宏观上讲，这种企业内部化交易的双方即是关联方的雏形。

从法律层面上来讲，世界各国或国际组织对关联方的具体定义存在一定的差异，但其核心判定依据仍保持一致。该定义一般围绕着两家企业是否存在控制关系，包括资金控制、人员控制或具体的运营控制。

1.《1977 年 OECD 协定范本》中的规定

《1977年OECD协定范本》第九条指出：当两个企业满足以下任一条件时，可被认定为关联企业。

- 一个企业直接或间接对另一个企业进行管理、控制或投资时；
- 两个企业均直接或间接被同一方（包括第三方企业、组织或个人）管理、控制或投资时（即这两个企业处于同一控制下）。

2. 中国的规定

中国《所得税法实施条例》对关联方和关联关系作出了如下的定义：

- 在资金、经营、购销等方面存在直接或者间接的控制关系；
- 直接或者间接地同为第三者控制；
- 在利益上具有相关联的其他关系。①

在此框架下，2号文对关联方提出了更为明晰的八条判定标准②。只要满足以下八条中的任意一条，便构成了中国法律意义上的关联方或关联关系。

- 25%以上的股权控制：一方直接或间接持有另一方的股份总和达到25%以上，或者双方直接或间接同为第三方所持有的股份达到25%以上。同时值得注意的是，若一方通过中间方对另一方间接持有股份，只要一方对中间方持股比例达到25%以上，则一方对另一方的持股比例按照中间方对另一方的持股比例计算。
- 50%以上借贷资金或担保借贷资金总额的10%以上：一方与另一方（独立金融机构除外）之间借贷资金占一方实收资本50%以上，或者一方借贷资金总额的10%以上是由另一方（独立金融机构除外）担保。
- 50%以上的高级管理人员委派：一方半数以上的高级管理人员（包括董事会成员和经理）或至少一名可以控制董事会的董事会高级成员是由另一方委派，或者双方半数以上的高级管理人员（包括董事会成员和经理）或至少一名可以控制董事会的董事会高级成员同为第三方委派。
- 共享50%以上高级管理人员：一方半数以上的高级管理人员（包括董事会成员和经理）同时担任另一方的高级管理人员（包括董事会成员和经理），或者一方至少一名可以控制董事会的高级管理人员同时担任另一方的董事会高级成员。

---

① 《所得税法实施条例》：第六章第一百零九条。

② 2号文：第二章第九条。

- 专有技术等的控制：一方的生产经营活动必须由另一方提供的工业产权、专有技术等特许权才能正常进行。
- 购销活动的控制：一方的购买和销售活动主要由另一方控制。
- 劳务的控制：一方接受或提供劳务主要由另一方控制。
- 实质控制：一方对另一方的生产经营、交易具有实质控制，或者双方在利益上具有相关联的其他关系（如家族、亲属关系）。

以下将对部分中国法规下的关联方定义举例说明。

案例 3－1：持股比例计算

A 公司拥有 B 公司 60% 的股份，B 公司拥有 C 公司 25% 的股份。由于 A 公司对中间方 B 公司的持股比例超过 25%，A 公司对 C 公司的持股比例直接以中间方 B 公司对 C 公司的持股比例计算，即 25%。这样的话，A 公司与 C 公司也互为关联方。

案例 3－2：借贷资金与担保借贷资金

A 公司、B 公司与 C 公司均为生产型企业，且无控股关系。A 公司向 B 公司贷款 200 万元，B 公司的实收资本为 300 万元。由于 A 向 B 的贷款额超过 B 实收资本的 50% 以上，A 与 B 互为关联方。

同时，C 公司向银行贷款 1000 万元，其中 200 万元由 A 公司担保。由于 A 公司的担保额占 C 公司总借贷额的比例超过了 10%，A 与 C 也互为关联方。

案例 3－3：高级管理人员共享

A 公司为 C 公司的全资子公司。2010 年 A 公司与 B 公司开展购销合作业务。同时，母公司 C 的董事长出任 B 公司的董事长。因此，A 公司作为 C 公司的子公司，与 B 公司应被视为关联方。

案例 3－4：购销活动的控制

A 公司与 B 公司为关联企业，C 公司原本为独立企业。A 公司向 C 公司销售商品，并要求 C 公司将这些商品按照 A 公司制定的价格转销给 B 公司。除此之外，C 公司无其他收入来源。由于 C 公司的购销活动受到 A、B 公司的控制，因此，原本为独立公司的C公司也成了A、B公司的关联方。

从上述案例中不难看出，中国法律对关联方定义的覆盖面比较广，其中既包括可以直接判断的量化标准（股权控制比例、资金借贷或担保比例、高级管理人员委派或共享比例），也包括需要依据企业运营实质进行判断的质化标准（专有技术控制、购销活动控制、劳务控制等）。这完全符合国内外税法范畴中所日益尊崇的“实质重于形式”这一原则。换句话说，两家企业即使没有因为达到量化标准而成为关联方，只要其在“实质上”达成控制关系，仍然可以被视为关联企业。

二、关联交易

1. 关联交易的定义

关联方之间的业务往来统称为关联交易。

关联交易之所以不同于第三方交易，是因为第三方交易处于完全市场下，而关联交易的双方存在关联关系，其交易条款可能有别于独立企业间的交易条款。

2. 关联交易类型

从交易类型来看，关联方交易与第三方交易相比并无特别的差异，均为商业社会中最普遍的交易形态，包括有形资产交易、无形资产交易、资金融通、劳务等。具体归类与举例详见表3-1。

表3-1　　关联交易类型

关联交易类型	举　例
有形资产的购销、转让和使用	原材料、半成品和产成品的购销；固定资产的转让、受让、租赁等
无形资产的转让和使用	土地使用权、版权、商标、客户名单、销售渠道、许可证、专利权、商业秘密、专有技术以及工业品外观设计或实用新型等工业产权的所有权转让和使用权的业务提供等
资金融通	各类长短期资金拆借和担保以及各类计息预付款和延期付款等业务
劳务提供	市场调查、营销、管理、行政事务、研发、技术服务、维修、设计、咨询、代理、科研、法律、会计事务等
股权转让	可以以货币形式进行转让；亦可以以实物、知识产权、土地使用权等形式转让

随着近年来全球经济和中国经济的迅速发展，跨国企业因经营、投资或税收等方面的考虑，包括股权转让在内的企业重组行为日益普遍。在此环境下，国家税务总局相继发布了一系列法规①以规范企业重组活动，明确企业重组的形式与实质，以及相关企业所得税处理方法。

2010年年初，境外的A集团公司被美国某集团公司收购，并对其生产结构进行整合，从而导致A集团公司在大连投资的几家下属企业也产生了股权转让。然而A集团公司在其董事会决议中确定的股权转让价格几乎等同于股权的账面价值即成本价，在此基础上计算得出的应纳税所得额几乎可以忽略不计。大连市国税局认为，该股权转让价格不符合独立交易原则，以收益法计算得出被转让股权的公允价值，并应该依法作出调整。最终涉及企业对2008年以后的股权转让价格进行了调整并缴纳税款1100万元。

案例3-5：关联交易类型

A公司为B公司在中国设立的全资生产型子公司。A的产品主要为汽车轮胎与摩托车轮胎。A的主要交易模型如下：

- A向B采购所有生产用原材料；
- A生产完成的汽车轮胎全部向B销售；
- A公司的摩托车轮胎全部销往第三方客户。在生产摩托车轮胎时，A使用B所拥有的某项专利技术，并因此向后者支付特许权使用费；
- A委托B提供中国市场的摩托车轮胎营销服务，并向后者支付市场营销服务费；
- A向B借款100万美元，并按照年利率5%向B支付利息。

上述交易模型包含了如下关联交易：原材料采购、产品销售、支付特许权使用费、支付市场营销服务费与支付利息。

三、转让定价与税收贡献

如前文所述，转让定价研究的是关联企业间交易的价格制定问题。

① 包括《关于企业重组业务企业所得税处理若干问题的通知》（财税【2009】59号）、国税函【2009】698号以及《国家税务总局关于发布〈企业重组业务企业所得税管理办法〉的公告》（国家税务总局公告【2010】4号）等。

随着经济与科学技术的不断发展，全球经济一体化与专业细分化已经成为世界经济不可逆转的发展模式。相应地，跨国集团在各个国家设立的子公司间的各类交易（关联方交易）变得越来越频繁。

在此背景下，转让定价日益成为各国税务机关首要关注的税收课题之一，原因是关联企业间不同的转让定价设定将直接影响其对所在国的税收贡献。下面举例说明不同的转让定价的设定对所得税的影响。

案例 3－6：转让定价与税收贡献

图 3－1 中，位于 X 国的生产商 A 与位于 Y 国的分销商 B 为关联企业。A 用于生产的所有原材料均从第三方供应商采购，公司发生的所有生产成本为 100 万元。A 的产成品全部销售至 B，并由 B 再销售至第三方客户。B 的销售收入为 300 万元。

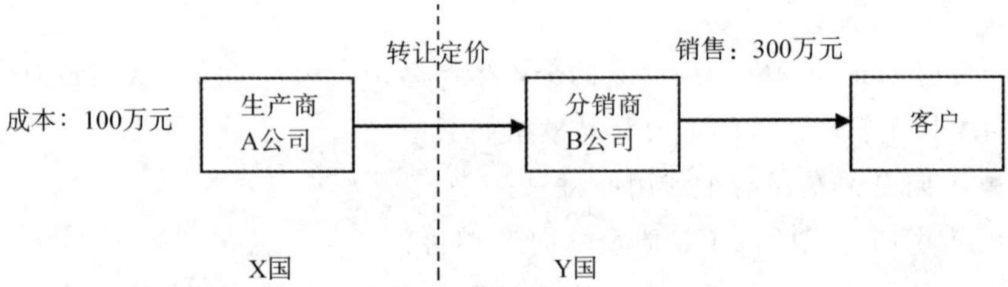

图 3－1　转让定价与税收贡献

假设一：X 国与 Y 国不存在所得税税率差异。

假设 X 国与 Y 国的所得税税率均为 30%，无税率差。不考虑以往年度未弥补亏损与其他业务收入等影响，表 3－2 模拟了在不同的转让定价设定下，A 公司与 B 公司分别在 X 国与 Y 国缴纳所得税的情况。

从表 3－2 中可以看出，集团内部的转让定价设定影响到的并不仅是内部企业间的利润分配，还影响到企业对所在国的所得税贡献。因而，各国税务机关出于维护本国税收利益的考虑而密切关注与分析关联企业间转让定价设定的合理性。上述假设中，两国不存在税率差异。而当两国税率出现明显差异时，税务机关就会对交易双方转让定价的设定实施更严格的监管，防止企业有意操控转让定价。

假设二：X 国与 Y 国存在所得税税率差异。

表 3-2　　案例 3-6 中 A 公司与 B 公司在 X 国和 Y 国税率相同时的缴税情况

金额单位：万元

	计算公式	定价 1	定价 2	定价 3	定价 4
转让价格	1	50	150	250	350
成本	2	100	100	100	100
A 公司利润	3 = 1 - 2	-50	50	150	250
X 国所得税税率	4	30%	30%	30%	30%
X 国所得税税收	5 = 3 × 4	0	15	45	75
最终售价	6	300	300	300	300
B 公司利润	7 = 6 - 1	250	150	50	-50
Y 国所得税税率	8	30%	30%	30%	30%
Y 国所得税税收	9 = 7 × 8	75	45	15	0
X、Y 两国所得税税收总计	10 = 5 + 9	75	60	60	75

假设 X 国的税率为 30%，Y 国的税率为 10%，其他条件与假设均保持一致，表 3-3 表明了在不同的转让定价设定下，A 公司与 B 公司分别在 X 国与 Y 国缴纳所得税的情况。

表 3-3　　案例 3-6 中 A 公司与 B 公司在 X 国和 Y 国税率不同时的缴税情况

金额单位：万元

	计算公式	定价 1	定价 2	定价 3	定价 4
转让价格	1	50	150	250	350
成本	2	100	100	100	100
A 公司利润	3 = 1 - 2	-50	50	150	250
X 国所得税税率	4	30%	30%	30%	30%
X 国所得税税收	5 = 3 × 4	0	15	45	75
最终售价	6	300	300	300	300
B 公司利润	7 = 6 - 1	250	150	50	-50
Y 国所得税税率	8	10%	10%	10%	10%
Y 国所得税税收	9 = 7 × 8	25	15	5	0
X、Y 两国所得税税收总计	10 = 5 + 9	25	30	50	75

从上例中可以看出，仅从整体税负最小化的角度来看，集团确实存在将更多利润转移到设立在较低税率地区的公司的动机。相应地，各国税务机

关，特别是位于税率较高地区的税务机关会密切关注企业是否存在这种转移利润的行为。

四、独立交易原则（Arm's Length Principle）

上文提到，各国税务机关密切关注关联方制定转让定价的合理性，以期合理维护本国的税收利益。而独立交易原则便是全球普遍适用的，用以判定转让定价合理性最基本的原则。中国的税收与转让定价法规也遵循该原则。

1. 独立交易原则的定义

简而言之，独立交易原则要求企业在与关联方进行交易和定价时把关联方当作独立第三方予以对待。《所得税法实施条例》指出：

"……独立交易原则，是指没有关联关系的交易各方，按照公平成交价格和营业常规进行业务往来遵循的原则。"①

案例 3－7

A 企业将某一商品销售至第三方企业 B，在市场公平竞争与议价的情况下，双方拟定的销售单价为 100 元；那么在其他交易条件均相同的前提下，如果 A 企业将同样的商品销售至关联方 C，所收取的单价应遵循独立交易原则，即定价应为 100 元。

而《1977 年 OECD 协定范本》第九条更是指出：

"……如果两个（关联）企业之间的商业或财务关系不同于独立企业之间的关系，那么，本应由其中一个企业取得，但由于这些情况而没有取得的利润，应该计入该企业的利润，并据以征税。"②

案例 3－8

在案例 3－7 的基础上，A 企业每销售一件商品至第三方企业 B，售价 100 元，获利 40 元；而每销售一件商品至关联方 C 企业时售价仅为 80 元，

---

① 《所得税法实施条例》：第六章第一百一十条。

② 本章多次引用《OECD 转让定价指南》的部分内容。具体引用的章节与条款在此不予一一赘述。

因此获利仅为20元。在这种情况下，根据独立交易原则，税务机关仍可视同A企业向C企业销售每件商品定价为100元，获利40元，并据此征税。

2. 独立交易原则的意义

之所以各国普遍承认独立交易原则，是因为该原则能够客观地尊重交易本身。因为独立交易原则要求企业在交易中像对待第三方企业一样对待关联企业，在这种模式下，企业不会因为税率的差异而受到不公平对待。

当存在可比交易的情况下，独立交易原则能为关联交易的定价给出直接的指引。税务机关与纳税企业如果均能充分遵循独立交易原则，那么对税务机关而言，可以合理保证本国的税源；而对纳税人来说，可以避免因为各国税务机关对同一交易下的定价认定不一致而造成的双重征税问题。

3. 独立交易原则的局限性

独立交易原则的主要局限性在于现实经济环境下，关联企业之间进行的交易可能并不会在独立第三方之间发生。关联企业进行这类关联交易可能并不是出于避税考量，而仅是因为出于对商业条件与商业环境的考量，无法同第三方进行类似的交易。在这样的情况下，由于与独立第三方间交易信息与证据的缺失，无法采用独立交易原则来判定关联交易是否合理。尽管如此，无法为关联交易找到可比的独立第三方交易本身并不代表着该关联交易违反了独立交易原则。

即使在关联交易确实存在第三方可比交易的情况下，使用独立交易原则通常需要纳税人或税务机关搜集大量的信息与数据，从而对关联交易与第三方交易进行分析比对。然而在现实中，纳税人或税务机关由于种种限制，可能很难获得足够或完整的此类信息，这便难以应用独立交易原则。

4. 独立交易原则仍是国际通则

尽管独立交易原则存在上述的局限性，OECD成员国以及世界上大部分国家仍然将其作为制定和评估关联交易转让定价问题的核心准则。这是因为独立交易原则具有充分的理论深度，并为关联交易提供了最接近公开市场实际情况的交易比对。在独立交易原则的指引下，企业可以将市场正常交易情况作为一个定位基准，并依此对自身的关联交易制定合理的收入或利润水平。

第二节 转让定价方法

一、概述

选择合适的转让定价方法是企业合理制定转让定价政策和税务机关评估企业现有的转让定价政策是否符合独立交易原则的基础。

在操作中，企业或税务机关应根据实际交易状况选择最合适的转让定价方法。在选择过程中，应考虑到各方法的特点、受控交易的实质、功能风险的决定因素、应用于各方法的可靠信息的可获得性、受控与非受控交易的可比程度，以及能够消除实质差别的可比性调整的可靠度等因素。可以说，不存在一种通用的转让定价方法。

国际通行的转让定价方法包括五种，分属于传统交易方法与交易利润方法这两大类。

1. 传统交易方法

传统交易方法包括可比非受控价格法、再销售价格法和成本加成法。

《2010 年 OECD 转让定价指南修订版》指出：在商业和财务关系中，传统交易方法能直接对关联交易制定出符合独立交易原则的转让定价政策。这是因为受控交易与非受控交易的任何价格差异都可以直接归因于企业间的商业和财务关系，此时，可通过比较和评估可比非受控交易与受控交易下的价格，直接建立独立交易条件。

2. 交易利润方法

交易利润方法包括交易净利润法与利润分割法。

在某些情况下，选择交易利润方法会比传统交易方法更为适合。比如，交易参与方对关联交易作出了独有的贡献，特别是涉及无形资产的贡献；或者当涉及的交易是高度整合难以单独分割的商业活动时。此外，交易利润方法可以考察企业整体的利润率水平。比如，当企业想要制定内部转让定价政策，而缺乏公开可靠的毛利率等信息时，也可以考虑使用交易利润方法。

有别于传统交易方法下较为直截了当的判断，如何在交易利润方法下判定关联交易是否符合独立交易原则是一个重要课题。一方面，当这些基于利润的方法最后能形成独立交易定价时，那即可认为相应的方法符合独立交易原则。另一方面，可以通过比较受控交易（即关联交易）与非受控交易下的特定指标（如利润率）来判定受控交易是否符合独立交易原则。

在利润分割法下，独立交易原则的应用体现在合理的利润分割方式上，也就是说，参照独立企业在同等交易模式和条件下可能期望从参与的交易中获得的利润，对完整供应链下的整体利润在参与关联交易的各方之间进行合理分割。

3. 转让定价方法的选择

因为各种转让定价方法计算方式上的区别，使得其本身各有优缺点和自身的适用性，在实际中，每个案例也各有差异。因此，企业或税务机关应从被选方法的特点、受控交易的实质、可比信息的可靠性等多种因素综合考虑，从而选择最合适的转让定价方法。通常在选择合适的转让定价方法时，会采用两种模式：

• 层级选择原则：首先考虑传统交易方法的适用性。只有当无法采用传统方法时才采用交易利润方法；

• 最优方法原则：不受层级的限制，在五种方法中选取最适合分析交易的方法。

当企业或税务机关选择了合适的转让定价方法后，通过开展可比性分析从而评估或判断关联交易是否符合独立交易原则。

4. 中国转让定价方法的相关规定

2 号文同样认可上述五种转让定价方法，并指出应采用最优方法原则来选取合适的转让定价方法。同时，法规指出在选择合理的转让定价方法时应考虑以下五个方面的可比性因素：

• 交易资产或劳务特性，主要包括：有形资产的物理特性、质量、数量等；劳务的性质和范围；无形资产的类型、交易形式、期限、范围、预期收益等。

• 交易各方功能和风险，功能主要包括：研发、设计、采购、加工、装配、制造、存货管理、分销、售后服务、广告、运输、仓储、融资、财务、会计、法律及人力资源管理等，在比较功能时，应关注企业为发挥功能所使用资产的相似程度；风险主要包括：研发风险、采购风险、生产风险、分销风险、市场推广风险、管理及财务风险等。

- 合同条款，主要包括：交易标的、交易数量和价格、收付款方式和条件、交货条件、售后服务范围和条件、提供附加劳务的约定、变更及修改合同内容的权利、合同有效期、终止或续签合同的权利。

- 经济环境，主要包括：行业概况、地理区域、市场规模、市场层级、市场占有率、市场竞争程度、消费者购买力、商品或劳务可替代性、生产要素价格、运输成本、政府管制等。

- 经营策略，主要包括：创新和开发策略、多元化经营策略、风险规避策略、市场占有策略等。

由于各个企业和各种交易均有其独特性，所以没有一种普遍适用的方法。在选择转让定价方法时，不仅应该充分考虑上述五种可比因素，更应在无法充分满足可比性的情况下，考虑是否能在某种拟选定的方法下进行合理的可比因素调整，从而进一步增强拟选定方法的合理性。

下文将结合《2010 年 OECD 转让定价指南修订版》及中国的法律定义，并举例分析说明如何选择与运用可比非受控价格法、再销售价格法、成本加成法、交易净利润法和利润分割法这五种转让定价方法，同时我们还会对各方法下可比性分析的影响因素进行说明。

二、可比非受控价格法（Comparable Uncontrolled Price Method）

1. 概念

可比非受控价格法，以非关联方之间进行的与关联交易相同或类似业务活动所收取的价格作为关联交易的公平成交价格。可比非受控价格法是基于交易价格的比较。交易条件直接作用于价格。可比非受控交易与受控交易的价格差异将体现商业和财务上交易条件的不同。

2. 分类

可比非受控价格又包括内部可比非受控价格与外部可比非受控价格，即：

- 内部可比非受控价格：企业存在与关联方交易类似可比的与第三方交易的价格。

- 外部可比非受控价格：两个独立企业间进行的可比交易的价格。

一般说来，真正的可比非受控价格较难寻找，因为任何交易条件的细小差异可能都会对交易价格产生影响。因此，在使用可比非受控价格法时应注意合理调整那些可能对经济实质产生重要影响的因素。

3. 应用

(1) 适用性

可比非受控价格法可以适用于所有类型的关联交易。即使在像中国这样根据“最优方法原则”选择合适转让定价方法的法律体系中，可比非受控价格法仍是用以制定或评估符合独立交易原则的最直接的转让定价方法。因此，在实务中如果存在真正的可比交易与价格，一般会优先考虑采用该方法。

《2010 年 OECD 转让定价指南修订版》也指出，在可比非受控价格法下，若受控交易与非受控交易相比不存在重大差异；或该重大差异能够被准确调整以此来消除不可比性，那么在应用独立交易原则时可比非受控价格法是最为直接可靠的方法。

(2) 可比性分析的考虑因素

值得注意的是，可比非受控价格法对交易商品以及交易条件可比度的要求非常高。正如 2 号文所指出的：

“可比性分析应特别考察关联交易与非关联交易在交易资产或劳务的特性、合同条款及经济环境上的差异，按照不同交易类型具体包括如下内容：

(一) 有形资产的购销或转让

1. 购销或转让过程，包括交易的时间与地点、交货条件、交货手续、支付条件、交易数量、售后服务的时间和地点等；

2. 购销或转让环节，包括出厂环节、批发环节、零售环节、出口环节等；

3. 购销或转让货物，包括品名、品牌、规格、型号、性能、结构、外形、包装等；

4. 购销或转让环境，包括民族风俗、消费者偏好、政局稳定程度以及财政、税收、外汇政策等。

(二) 有形资产的使用

1. 资产的性能、规格、型号、结构、类型、折旧方法；

2. 提供使用权的时间、期限、地点；

3. 资产所有者对资产的投资支出、维修费用等。

（三）无形资产的转让和使用

1. 无形资产类别、用途、适用行业、预期收益；

2. 无形资产的开发投资、转让条件、独占程度、受有关国家法律保护的程度及期限、受让成本和费用、功能风险情况、可替代性等。

（四）融通资金：融资的金额、币种、期限、担保、融资人的资信、还款方式、计息方法等。

（五）提供劳务：业务性质、技术要求、专业水准、承担责任、付款条件和方式、直接和间接成本等。

关联交易与非关联交易之间在以上方面存在重大差异的，应就该差异对价格的影响进行合理调整，无法合理调整的，应根据本章规定选择其他合理的转让定价方法。"①

案例 3 –9：内部可比非受控价格

企业 A 向第三方供应商采购原材料 X，采购价格为每吨 1000 元。现在企业想从关联方 B 采购同样的原材料。

假设经济背景和交易条件均相同，那么企业 A 可以参考内部可比非受控价格，即以 1000 元/吨的价格定价。

案例 3 –10：外部可比非受控价格

企业 A 向关联方 B 提供合约研发服务，主要成本为研发人员的工资。A 企业所在国有大量的专业合约研发机构，并形成了一个大致的市场收费标准：2000 元/人员每小时。

假设经济背景和交易条件均相同，那么企业 A 可以参考该外部可比非受控价格，以 2000 元/人员每小时的价格向关联方 B 收取合约研发服务费。

三、再销售价格法（Resale Price Method）

1. 概念

再销售价格法，以关联方购进商品再销售给非关联方的价格减去可比非

① 2 号文：第四章第二十三条。

关联交易毛利后的金额作为关联方购进商品的独立交易价格。

2. 利润指标

2号文规定，再销售价格法的计算公式如下：

公平成交价格 = 再销售给非关联方的价格 ×（1 - 可比非关联交易毛利率）

其中，可比非关联交易毛利率 = 可比非关联交易毛利 ÷ 可比非关联交易收入净额 ×100%。

一般来说，企业或纳税人在使用再销售价格法时，可比非关联交易毛利率可以通过两种途径来确定：①参照内部可比的信息，即在可比条件下，再销售者从关联方和非关联方采购类似产品，并向第三方客户销售的毛利率水平。②参照外部可比的信息，即在可比条件下，独立企业间的再销售毛利率水平。

3. 应用

（1）适用性

再销售价格法通常适用于再销售商未对商品进行改变外形、性能、结构或更换商标等实质性增值加工的简单加工或单纯购销业务。当再销售商未对采购的产品进行实质性增值加工时，那么再销售价格利润率也很容易制定。相反，当再销售商对产品进行进一步加工或生产使得原有特征消失或改变，或者再销售商对产品投入了无形资产时，就难以使用再销售价格法进行衡量，因为购入产品的原始价值构成已经不存在。

（2）可比性分析的考虑因素

再销售价格法是一种基于交易的比较方法，比较的对象是关联业务与可比非关联业务的毛利水平。相对可比非受控价格法而言，再销售价格法对产品可比性的要求有所降低，但对两项交易在功能、风险、合同条款等因素的可比性仍然有很高的要求。正如2号文所指出的：

"……（针对再销售价格法的）可比性分析应特别考察关联交易与非关联交易在功能风险及合同条款上的差异以及影响毛利率的其他因素，具体包括销售、广告及服务功能，存货风险，机器、设备的价值及使用年限，无形资产的使用及价值，批发或零售环节，商业经验，会计处理及管理效率等。

关联交易与非关联交易之间在以上方面存在重大差异的，应就该差异对毛利率的影响进行合理调整，无法合理调整的，应选择其他合理的转让定价方法。”①

再销售价格法也需要考虑各方的功能、风险情况。当受控和非受控交易之间以及交易各方之间存在差异，并且这些差异对用来衡量独立交易条件的属性有实质影响时，再销售价格法就不那么可靠。如果存在影响受控和非受控交易所获得毛利率的实质性差异，就需要考虑作出相应的调整。但这些调整的程度和可信度将会影响再销售价格法的整体可靠性。

在转让定价实务中，关联交易与非关联交易在功能、风险与合同条款等方面的差异在大多数情况下是很难直接调整的。而且由于会计记账准则不同的缘故，这些差异往往体现在管理费用和销售费用上，而非再销售价格法所分析的毛利率层面。

案例 3－11

分销型企业 A 设立在中国，其职责为向菲律宾关联生产企业购买儿童服装在国内转销给第三方客户。在这样的交易下，集团可以使用再销售价格法为 A 企业制定转让定价政策。但如果 A 企业拥有商标 X 和外包装的注册权和所有权，并对采购来的儿童服装进行包装和添加商标的加工，那么 A 企业对该产品就附加了商誉这样的无形资产，因此，集团在制定转让定价政策时就不能使用再销售价格法而应考虑其他的方法。

案例 3－12

A 企业为分销商，分销 mp3 播放器与手机两种电子产品。以 900 元的价格向第三方采购 mp3 播放器，并以 1000 元的价格分销至第三方终端市场。因此，A 企业在该笔第三方分销业务下获得的毛利率为 10%。现在，A 企业开始向关联方 B 采购手机，并分销至第三方终端市场。已知手机的终端市场销售价格为 1200 元。

假设企业 A 在上述非关联分销业务与关联分销业务下的交易条件及功能、风险状况等均相同，那么它可以采用再销售价格法，参考第三方分销业务的毛利率来制定关联分销业务的毛利率。因此，为了保证 10% 的毛利率

---

① 2 号文：第四章第二十四条。

水平，企业 A 应以 1080 元的价格向关联方 B 采购手机。

四、成本加成法（Cost Plus Method）

1. 概念

成本加成法，以关联交易发生的合理成本加上可比非关联交易毛利作为关联交易的公平成交价格。

2. 利润指标

2 号文规定，成本加成法的计算公式如下：

公平成交价格 = 合理成本 ×（1 + 可比非关联交易成本加成率）

其中，可比非关联交易成本加成率 = 可比非关联交易毛利 / 可比非关联交易成本 ×100%。

同再销售价格法相同，对于可比非关联交易成本加成率的确定一般也有两种方法：①内部可比的成本加成率，即在可比情况下，参照同一供应方在可比非受控交易中的成本加成率而决定；②外部可比的成本加成率，即可以参考独立企业在可比交易中应该能够获得的成本加成率。

3. 应用

（1）适用性

同再销售价格法类似，成本加成法是一种基于交易的比较方法，比较的对象是关联业务与可比非关联业务的毛利水平。通常该方法适用于有形资产的购销、转让和使用，劳务提供或资金融通的关联交易。在使用成本加成法时需要在合理的成本基础上加上一个可比的加成率。

（2）可比性分析的考虑因素

相对可比非受控价格法而言，成本加成法对产品可比性的要求有所降低，但对两项交易在功能、风险、合同条款等因素的可比性仍然有很高的要求。正如 2 号文所指出的：

"……（针对成本加成法的）可比性分析应特别考察关联交易与非关联交易在功能风险及合同条款上的差异以及影响成本加成率的其他因素，具体包括制造、加工、安装及测试功能，市场及汇兑风险，机器、设备的价值及使用年限，无形资产的使用及价值，商业经验，会计处理及管理效率等。

关联交易与非关联交易之间在以上方面存在重大差异的，应就该差异对成本加成率的影响进行合理调整，无法合理调整的，应选择其他合理的转让定价方法。”①

也就是说，在判定关联交易是否符合独立交易原则时，企业必须对加成率有实质影响的差异进行分析，以确定是否需要调整。

在关联交易中，各方发挥的功能和风险会导致有关的费用水平及其种类、经营费用和非经营费用之间出现差异：

- 如果费用体现了在使用该方法时未加考虑的功能差异，就可能需要对成本加成额做调整。

- 如果费用反映出与该方法所考察的活动相异的额外功能，就可能需要单独确定针对此功能的补偿。例如，集团企业为旗下生产商进行集团采购，此时，集团企业除了向各生产商收取等同于采购货物的成本外，还应为提供采购功能而收取一定的报酬。与此类似，反映出不符合独立交易原则做法的资本结构而导致的费用，也可能需要单独调整。

- 如果所比较的费用方面存在差异，这些差异仅仅是反映企业效率的高下，如监管费用、行政费用，那么就没有必要对毛利进行调整。

在转让定价实务中，关联交易与非关联交易在功能、风险与合同条款等方面的差异在大多数情况下是很难直接调整的。而且，由于会计记账准则的缘故，这些差异往往体现在管理费用与销售费用上，而非成本加成法所分析的毛利率层面。出于这个考虑，基于完全成本加成率而非毛利率的比较更受到各国税务机关与纳税企业的推崇。而这种完全成本加成率的比较正是反映了交易净利润法这一概念。详见本节第五点内容。

在操作上，许多合约生产企业在向关联方销售时，定价方式为完全成本（即主营业务成本、管理费用和销售费用）加成。由于字面混淆，企业可能把这一定价方式称为“成本加成法”，但从法律定义上来分析，该定价方法体现的也正是交易净利润法这一概念。从利润的角度来说，成本加成法考量的是毛利水平，即主营业务收入扣除主营业务成本的结果。而交易净利润法考量的是净利润，即主营业务收入扣除生产成本，再扣除管理费用和销售费用的结果。图 3－2 描述了两种方法在成本和利润构成上的区别。

---

① 2号文：第四章第二十五条。

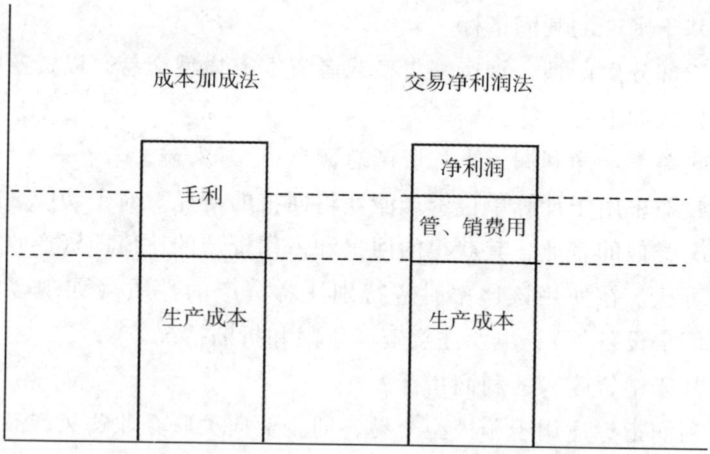

图 3-2 成本加成法与交易净利润法下的成本和利润构成

案例 3-13

A 企业为合同生产商，受第三方的委托生产商品 mp3 播放器。公司按照主营业务成本加成 7% 来制定产品销售价格。现在，A 企业开始接受关联方 B 委托生产手机的订单。

假设 A 企业在上述非关联生产业务与关联生产业务下的交易条件及功能、风险状况等均相同，那么它可以采用成本加成法，参考第三方生产业务的毛利率来制定关联生产业务的毛利率，即同样按照主营业务成本加成 7% 的方式来制定手机的销售价格。

五、交易净利润法（Transactional Net Margin Method）

1. 概念

交易净利润法，以可比非关联交易的利润指标确定关联交易的净利润。该交易利润率可以是在受控交易中基于成本、销售额、资产等因素而获得的利润率。

2. 利润指标

在交易净利润法下，有多种利润指标①可供选择，用于评估受控交易。

① 下文利润指标均结合 2 号文规定进行描述。

（1）基于资产的利润指标

适用于部分生产型、资产密集型或者资本密集型交易。以资产收益率为例，计算公式如下：

资产收益率＝净利润÷平均资产总额

资产收益率用于计算单位资产能获得回报的情况。对于功能、风险与资产使用情况类似的企业，其获得的回报和占用资产的比值即资产收益率应相近或类似可比。在使用该比率时应特别注意资产的性质（如现金资产、固定资产、厂房设备等），也要注意资产年限和折旧情况。

（2）基于销售收入的利润指标

此类利润指标适用于分销型交易，即企业向关联企业购买产品，再销售至第三方企业的；或者企业向第三方供应商购买产品，再销售至关联企业的交易活动。以营业利润率为例，计算公式如下：

营业利润率＝营业利润÷主营业务收入

在计算过程中，作为基数的主营业务收入应该是关联交易中用于再销售的收入所得。从非关联活动中的销售收入所得，也就是说从第三方供应商购买再转销给第三方企业的收入，不应包括在其中。但事实上，很有可能会发生关联交易和非关联交易的联系密不可分的情况。

（3）基于成本的利润指标

此类利润指标适用于成本与企业在交易中执行的功能、承担的风险和使用的资产有紧密的联系的交易。在使用基于成本的交易净利润法时，完全成本最常被用到。它包括所有与交易相关的直接和间接的成本以及与运营相关的部分费用的合理分摊。因此，以完全成本加成率为例，计算公式如下：

完全成本加成率＝营业利润÷完全成本

或者：

完全成本加成率＝营业利润÷（主营业务收入－营业利润）

基于成本的指标应使用于成本与企业功能、资产和风险相关的情况。此外，应对每个案例的实际情况进行仔细分析从而决定成本结构。在使用基于成本的利润指标时，需考虑那些与受控交易直接或间接相关的成本。在大多数情况下，应将营运成本全额包括到成本基数中作为分母进行计算。

此外，企业可能需要区分哪些成本需要进行加成，哪些成本又无需附加利润而可以直接通过平价转嫁的方式予以收回。

（4）贝里比率[①]

贝里比率用于计算单位营运费用所产生的利润情况。该指标关注的是毛利和营运费用两个指标，其实质是应用于销售型企业的营运成本加成的方法。举例来说，母公司承担了从研发到生产等相关的功能，子公司仅负责产成品的销售。此时，就可以使用贝里比率计算销售型子公司的毛利和售价。在销售型子公司获得合理的利润之后，剩余利润应归母公司拥有。贝里比率的计算公式如下：

贝里比率 = 主营业务利润（毛利）÷（销售费用 + 管理费用）

贝里比率被定义为毛利除以销售费用及管理费用之和。利息和营业外收入都应从毛利中剔除，而折旧和摊销是否计入销售费用及管理费用，则取决于其在交易中相应创造的价值和可比程度。

由于贝里比率对于成本项目的划分特别敏感，因此，会在可比程度上产生一定的问题。在受控交易中，尤其值得注意的是，与承担功能、风险相匹配的销售费用及管理费用、与收入无关的功能风险，以及企业并没有执行的任何其他应被考虑的重要功能风险。

在使用交易净利润法的时候，应根据具体案例选择合适的净利润指标，包括考虑各种指标的特点、对于受控交易实质的适用性、不同指标对于可靠信息的要求、受控交易与非受控交易的可比程度，以及用于消除差异的可比性调整等。

3. 应用

（1）适用性

不同于前述三种转让定价方法对单个关联交易下的价格或毛利的比较，交易净利润法是对企业在关联交易下的整体净利润水平的评估分析。通常该方法适用于有形资产的购销、转让和使用，无形资产的转让和使用以及劳务提供等关联交易。目前，交易净利润法在各国转让定价实务中已经成为最为常用的转让定价方法，中国也不例外。

---

① 贝里比率是税收筹划和转让定价分析的常用工具。由美国行业组织和应用微观经济学专家查尔斯·贝里（Charles Berry，1930—2007）在 I. DuPont de Nemours & Co. v. United States, 608 F. 2d 445（Ct. Cl. 1979）法案（“杜邦法案”）中提出。作为分销商，杜邦的瑞士子公司应获得与其经销职能相匹配的报酬。产品本身的价值与其报酬并不相关。也就是说，经销商应获得一定的毛利来补偿其销售费用和管理费用。

由于交易净利润法评估的是企业的净利润水平，而关联交易总是存在两方，因此，在选用交易净利润法时必须在交易双方中选出一方作为被测试方。通常来讲，应选择交易双方中功能相对简单、风险相对有限，且不拥有重要无形资产的一方作为被测试方。因为，针对这样的企业更容易获得可靠的可比利润数据，且需要作出的调整更少。

（2）交易净利润法的特点

交易净利润法的一个特点是相比可比非受控价格法的价格指标而言，净利润指标（比如资产收益率、营业利润率等）很少受到交易上的差别的影响。同样，相比毛利率，净利润指标也较少受到功能差异的影响。功能上的差异通常反应在营运费用的层面上。此外，会计准则对于费用划分的不同可能会影响受控交易和非受控交易的毛利水平口径不一致，而净利润指标则可以避免此问题。

交易净利润法的另一个特点则是，只需测试关联交易参与者其中一方的财务指标即可。也就是说，经营活动的参与方无须统一会计核算口径，或者向所有参与者分摊成本。当交易一方情况复杂并有许多高度整合的活动，或者交易一方的信息难以获得时，交易净利润法就可以选择交易另一方进行分析，从而显现了其在实际操作上的便利度。

（3）可比性分析的考虑因素

相对其他转让定价方法而言，交易净利润法对关联与非关联交易下功能、风险、会计处理等差异的容忍度较高。尽管如此，在实际应用中，企业仍需综合考虑交易在功能、风险、合同条款等因素影响下的可比性。正如2号文所指出的：

“可比性分析应特别考察关联交易与非关联交易之间在功能风险及经济环境上的差异以及影响营业利润的其他因素，具体包括执行功能、承担风险和使用资产，行业和市场情况，经营规模，经济周期和产品生命周期，成本、费用、所得和资产在各交易间的分摊，会计处理及经营管理效率等。”①

- 四分位区间

交易净利润法下的可比性分析考察的是可比公司的利润率水平。这种可比性分析也被称为基准定位分析（Benchmarking Analysis）。其原理是通过搜寻与被测试方功能与产品（或服务）可比的公司，并通过计算这些可比公

---

① 2号文：第四章第二十六条。

司的财务数据和利润水平形成四分位区间，以确定被测试方在关联业务中所应获取的合理利润水平。为了建立这一区间，通常剔除最低和最高区域内各25%的数值，从而得到统计学上的“四分位区间”。该区间内的最小端值被称为“下四分位数”，最大端值被称为“上四分位数”，中位值即中位数。图3－3总结了可比性分析的大致流程。

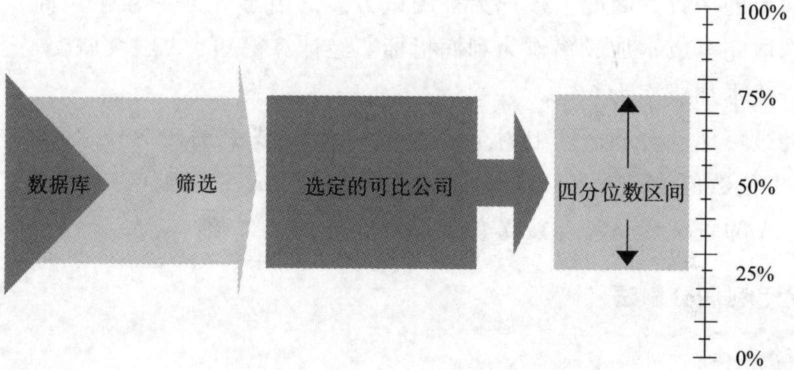

图3－3　可比性分析流程图

如果被测试企业在关联交易下所获得的利润水平处于可比公司四分位数区间之内，一般便可认为该关联交易遵循了独立交易原则。

- 使用多年数据

由于一系列非转让定价因素的影响，可比公司的财务数据在短期内可能有波动。为了避免因此造成的影响，有时会在可比性分析中使用多年数据进行分析。中国和国际的转让定价实务普遍使用多年数据，从而避免某一特定年份的异常情况对于可比对象财务和利润状况的影响。使用多年财务数据的平均值可以更客观准确地反映可比对象的真实经济状况。

在使用交易净利润法时，企业需充分考虑对净利润有实质影响的关联交易与非关联交易的差异，并根据可比情形下的非受控交易或独立企业间的可比非受控交易来确定净利润。有些难以用其他方法处理的转让定价案例，往往可以通过仔细的考虑和合理的调整，而采用交易净利润法来分析。

案例3－14：交易净利润法

企业A为合同生产商，从关联方B采购原材料，进行生产后将产成品销售至B。A只承担生产功能，其他功能诸如研发、市场营销、终端市场销售等均由B承担。A基本不承担任何风险，诸如存货、市场、坏账、质保等风险均由B承担。此外，B是与产品技术相关的专利以及产品商标的法定拥有者。

在交易净利润法下，由于A是关联交易双方中功能、风险、资产状况较为简单的一方，因此，被选为被测试方。又由于A是一家生产商，因此，可以选取完全成本加成率作为利润指标。经计算得知，A在关联交易下获得的完全成本加成率为6%。

经过可比性分析，可比生产商完全成本加成率的四分位区间为2%—7%，中位数值为5%。A所获得的完全成本加成率位于该四分位区间内，因此，A的关联交易符合独立交易原则。

六、利润分割法

1. 概念

利润分割法根据企业与其关联方对关联交易合并利润的贡献计算各自应该分配的利润额。

2. 分类

利润分割法分为一般利润分割法和剩余利润分割法。

（1）一般利润分割法

一般利润分割法是指根据关联交易各参与方所执行的功能、承担的风险以及使用的资产，确定各自应取得的利润。

在一般利润分割法下，合并利润（即受控交易的全部利润）在各关联企业之间的划分，根据参与受控交易的各关联企业所发挥功能的相对价值，并尽可能辅之以能够揭示独立企业在相似条件下如何划分利润的外部市场数据。

在实际应用中，很难确定交易参与者在关联交易中的贡献。因此，在不同的案例下应根据各参与方的不同贡献类型、实质和程度（如提供的服务、研发费用、资本投入），再基于相关可比外部信息划定的权重比例来共同决定利润分割方式。

（2）剩余利润分割法

剩余利润分割法将关联交易各参与方的合并利润减去分配给各方的常规利润的余额作为剩余利润，再根据各方对剩余利润的贡献程度进行分配。

在剩余利润分割法下，应该按照两个阶段来划分受控交易的合并利润。第一阶段，对每一个参与企业分配足够的利润以使其获得与所从事交易类型相匹配的基本回报。这一回报可以采用独立企业在外部市场获得的回报来确定。第二阶段，将经过第一阶段分割后留存的剩余利润在各方进行分配。值得注意的是，不仅仅是利润可以在此阶段分配，若发生亏损也应在所有参与者中分摊。第二阶段的分配指标需根据各案例的实际情况，即各参与方对交易的贡献大小来确定。

3. 应用

（1）适用性

有别于其他仅从交易一方进行考量的方法，利润分割法可以对一个高度集中营运的活动提供解决方案。比如，集团销售，或者交易双方都对交易产生了特殊的有价值的贡献（如使用到专利、知识产权等）。

在使用利润分割法和考虑分割因素时应注意以下几点：各参与方分得的利润应与其在交易中执行的功能和承担的风险相匹配；各参与方应共同协商并决定利润分割的方法；选择适用的利润分割法；利润分割应建立在合理可行的基础之上。

（2）利润分割法的优点

如前所述，利润分割法适用于集团活动，因为在相同情况下，独立企业会希望从交易利润中获得与付出成正比的回报，所以，一个以交易各方为出发点的方法要比单方面考量的方法更为合适。这就是利润分割法最大的优点。

另外，利润分割法通常不需要直接依赖于严格的外界可比信息，因而可以应用于缺乏独立企业间的这类可比交易的情况。在利润分割法的实际应用中，企业将获得的可比外部信息用于交易参与各方贡献价值的评估。

利润分割法的另一个优势在于因为考虑了独立企业之间可能不存在的、关联企业间具体的独特的事实和情形，因此相比其他方法更具灵活性。同时，利润分割法还反映了独立企业在面临同样情形时，可能采取的合理做法，因此这种方法仍符合独立交易原则。

利润分割法由于综合考虑了评估交易各方利益，包括无形资产的贡献者，所以受控交易的任一方都不会出现极端的利润状况。此外，这种多方面出发的分析法也会将规模经济等经济效应利润考虑在内。

（3）利润分割法的缺点

大多数情况下，利润分割法更依赖于参与方各自的功能、资产和风险情况。因为，在这些情况下，没有什么证明可以直接显示独立企业是如何对可比交易进行分割的。

利润分割法在实际应用中则会十分困难。乍看之下，纳税人和税务机关能比较容易地实现利润分割，因为它一般很少依赖独立企业的信息。但实际上，纳税人和税务机关同样在获得国外关联企业信息上会遇到困难。而且，独立企业通常不会运用利润分割法来确定其转让定价。另外，难以衡量参与受控交易的所有关联企业的合并收入和成本，它要求会计口径统一，并对会计办法和货币进行调整。最后，当利润分割法用于营业利润时，可能会难以确认与这些交易有关的适当的营业费用，并在该交易和关联企业的其他经济活动之间分配这些成本费用。

（4）可比性分析的考虑因素

由于利润分割法多用于高度整合且难以单独评估的关联交易，因此，需对影响可比性分析的各方面因素都进行谨慎的考量。2号文指出："可比性分析应特别考察交易各方执行的功能、承担的风险和使用的资产，成本、费用、所得和资产在各交易方之间的分摊，会计处理，确定交易各方对剩余利润贡献所使用信息和假设条件的可靠性等。"①

案例3-15：一般利润分割法

制造商A与分销商B为不同地区的两家关联企业，根据各自在交易中的功能、风险和资产情况，按照约定采用一般利润分割法进行利润分割，即A公司可分得60%的利润，而B公司分得40%。A生产并销售产品给B，B将产品销售至第三方客户。在整个供应链中间，假设A发生了800万元的成本（包括主营业务成本500万元和管理销售费用300万元），B发生了400万元的成本（包括管理费用和销售费用，不包括采购成本），最后销售至第三方的价格为1500万元。A与B企业先就各自承担的生产和分销功能进行补偿，即A企业先补偿成本800万元，B企业则补偿400万元。然后将共同取得的利润300万元（1500-800-400=300）按照约定分成，A公司获得60%的利润为180万元，B公司获得40%的利润为120万元。

① 2号文：第四章第二十七条。

表 3－4　　案例 3－15 中一般利润分割法下 A 和 B 公司利润分割情况

金额单位：万元

	公式	A 企业	B 企业	总计
最终售价	1	—	—	1500
成本	2	800	400	1200
总利润	3＝1－2	—	—	300
利润分割比例	4	60%	40%	100%
利润所得	5＝3×4	180	120	300

案例 3－16：剩余利润分割法

沿用案例 3－15 的数据，但 A 与 B 采用剩余利润分割法进行利润分割，剩余利润对半分。通过调查发现，行业内与 A 企业类似的生产型企业的利润率为 10%，与 B 企业类似的分销型企业利润率为 5%。此时，A、B 企业除了先补偿各自成本外，还需获得同行业的常规利润，最后再对剩余利润进行分割。具体如表 3－5 所示。

表 3－5　　案例 3－16 中剩余利润分割法下 A 和 B 公司利润分割情况

金额单位：万元

	公式	A 企业	B 企业	总　计
最终售价	1	—	—	1500
成本	2	800	400	1200
总利润	3＝1－2	—	—	300
第一阶段				
行业利润率	4	10%	5%	—
行业常规利润	5＝2×4	80	20	100
剩余利润	6	—	—	200
第二阶段				
剩余利润分割比例	7	50%	50%	100%
企业利润所得	8＝6×7	100	100	200

第四章

制定转让定价政策

转让定价政策的制定在确保关联交易符合独立交易原则的过程中具有至关重要的作用。从企业的角度来讲，对于相关的关联交易如何制定适当而有效的转让定价政策，是税务筹划和税务合规的重要内容。从税务机关的角度来讲，企业的转让定价政策是转让定价调查与调整的基础。在制定转让定价政策时，针对不同类型的关联交易和不同类型的企业，需要根据实际情况选取适用的转让定价方法。本章重点介绍如何针对不同的交易类型和企业类型制定转让定价政策以及在此过程中需要考量的重要因素。

第一节 按交易类型制定转让定价政策

一、购销

购销交易指有形资产的购销，一般主要包括原材料、产成品、固定资产的采购与销售。

在“一、购销”中，我们仅针对原材料、产成品的购销进行分析与讨论。针对固定资产的购销，将于“三、固定资产”进行分析与讨论。

1. 针对购销交易的转让定价方法选择

针对原材料和产成品的购销交易，在进行转让定价方法选择时首先需要判断：

- 交易双方在相关交易中的功能和风险，如是否对原材料和产成品进行加工制造，是否承担营销活动，相关的生产风险、存货风险、市场风险等风险由谁承担；
- 交易双方是否拥有相关的无形资产，如产品专利、专有技术、商标等；
- 是否存在内部可比非受控交易，如同时向第三方购买或同时销售给第三方。

依据上述的初步判断，我们可以根据交易中不同的经济条件，在可比非受控价格法、再销售价格法、成本加成法、利润分割法以及交易净利润法中选择最合适的转让定价方法。

如果存在可比非受控交易，则可比非受控价格法一般是首选。值得注意的是，在采用可比非受控价格法时，应特别分析关联交易与非关联交易在交易的特性、合同条款及经济环境上的差异。若关联交易与非关联交易之间存在重大差异，且该差异能够进行合理调整，则可适用可比非受控价格法。

当产品的销售方（生产商）承担的功能较多、风险较高，而关联购买方（再销售商）未对商品进行改变外形、性能、结构或更换商标等实质性增值加工，仅进行简单加工或单纯购销业务时，往往可以考虑采用再销售价格法。此时，应特别考察关联交易与非关联交易在功能风险及合同条款上的差异以及影响毛利率的其他因素。如存在重大差异的，应就该差异对毛利率的影响进行合理调整。若该差异难以调整，则再销售价格法不可适用。在再销售价格法下，选用的利润指标为毛利率。

当产品的销售方（生产商）承担的功能和风险较为有限时，在转让定价的方法选择上通常考虑采用成本加成法。通常情况下，该方法适用于生产、组装企业销售其生产、组装的产品，并且该企业不拥有重要无形资产的情况。此时，要考察关联交易与非关联交易在生产复杂程度、研发活动、市场风险、存货风险等方面存在的差异。成本加成法测试的是被测试方的毛利率。与再销售价格法类似，由于是基于毛利的比较，其准确性对功能差异性较为敏感，并常常会受到不同会计处理方法的影响。在成本加成法下，选用的利润指标为毛利率，或是毛成本加成率（基于主营业务成本的成本加成率）。

交易净利润法与上述再销售价格法和成本加成法的主要差别在于：交易净利润法合并测试一组或多组受控交易的总体利润水平，即使用净利润水平指标；而再销售价格法和成本加成法使用毛利率作为利润水平指标。由于净利润水平指标受关联和非关联业务间因功能、风险、会计处理等差异而造成的影响最小，交易净利润法下的净利润水平指标对评估关联交易是否符合独立交易原则非常有效。在目前转让定价实务中，交易净利润法的使用也最为频繁。在交易净利润法下，如果被测试方为生产企业或服务企业，可适用的利润水平指标为完全成本加成率；如果被测试方为销售企业，可适用的利润水平指标为销售利润率。另外，其他可适用的利润指标还有贝里比率、资产收益率等。

利润分割法通常适用于关联交易高度整合且难以单独评估各方交易结果的情况，特别是购销双方都拥有相关的重要无形资产的情况。

2. 成本的确定

制定转让定价政策过程中，在完全成本加成率或毛成本加成率的选取上，企业需要考察公司本身的成本结构和数据的可预测性。很多情况下，企业的会计系统往往更为注重生产成本的归集，能够清楚了解关联交易的原材料耗用、人工和其他生产成本，但是，对管销费用的划分则较为困难。此时，企业可以考虑基于毛利的定价方法，在操作上对相关的生产成本进行历史数据的评估和未来数据的预测，并确定单位产品的生产成本。作为变通方式，企业也可以考虑采用标准成本，其构成主要涵盖原材料耗用和人工成本。事实上，由于生产企业通常会对标准成本进行核算，标准成本的使用相当普遍。

需要注意的是，无论企业在制定转让定价政策时采用何种成本核算方式，在加成率的确定上必须考虑不同成本核算所带来的影响。例如，企业如果采用基于交易净利润法下的完全成本加成率进行定价，但在实际操作中由于限制不得不采用标准成本，那么，在确定加成率时需要考虑成本中未予体现的其他成本（如其他生产成本、销售费用、管理费用等），也就是要适当提高相应的加成率，从而体现适当的营业利润水平。

此外，成本在确定之后也会随着时间的变化受到经济环境的影响，如原材料价格的浮动、人力成本的变化、机器设备的更新和使用率情况，因此需要定期对成本进行审核并在必要的情况下进行调整。

案例 4-1：可比非受控价格法的使用

一家中国生产商 A 主要生产空调，同时负责产品设计，拥有相关的技术和商标。A 向其海外关联分销商 B 销售空调产品，同时 A 向海外第三方分销商 C 以每台 495 美元的售价销售同种空调产品。在这种情况下，A 在两种交易中的产品、功能、风险看似接近。在制定对 B 的转让定价时，企业需要进一步判断 A 销售给 B 的空调在种类、品质和数量方面和销售至 C 的是否可比，B 与 C 在承担的功能和风险上是否可比以及两笔交易的合同条款是否可比。如果受控交易和非受控交易在上述诸方面具有可比性，那么，A 向 B 的售价需要与 495 美元保持一致（如图 4-1 所示）。

上例中，A 对 C 的销售是一个内部可比交易的例子。此外，另一种可能性是 A 并不直接销售给第三方分销商，而是将其全部产品销售给关联方 B。同时，我们获知某个竞争对手 D 向一家第三方日本分销商 E 销售同种空调产品，售价为每台 495 美元。那么，A 在定价时需要考虑 D 的销售在产品种类、品质和数量方面，双方承担的功能和风险，以及相关合同条款等各方面与其关联销售是否具有可比性。若具有可比性，则 D 的售价就构成 A 的外部可比价格，A 对 B 的定价需要与 D 对 E 的定价，即每台 495 美元保持一

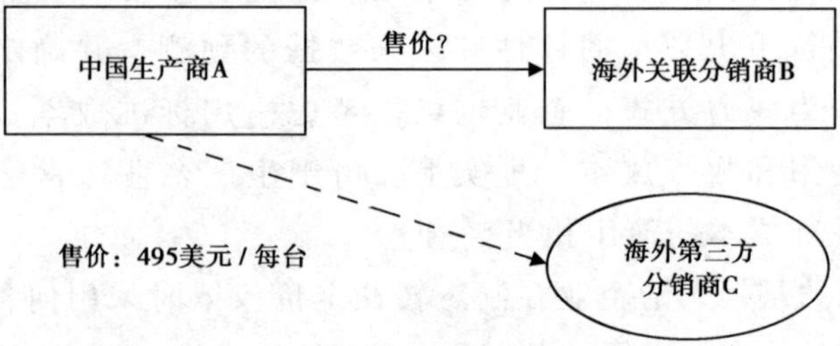

图4－1　案例4－1中的交易流程

致（如图4－2所示）。

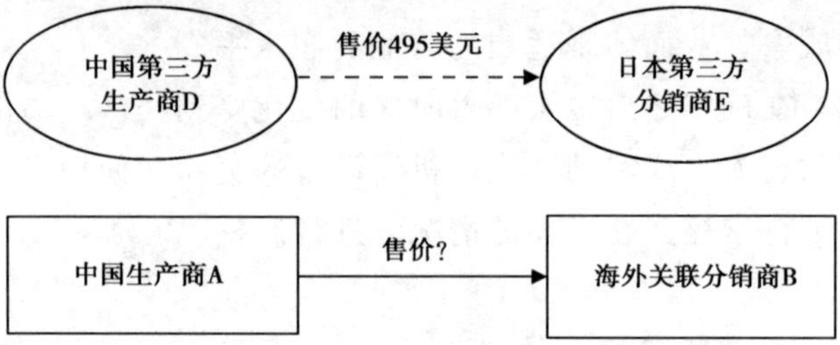

图4－2　案例4－1中的交易流程

案例4－2：再销售价格法的使用

假设有两家销售商B和D，分别向终端客户销售同类型天线产品。韩国关联分销商B向中国生产商A采购该产品。另一家韩国第三方分销商D向中国第三方生产商C采购该产品（如图4－3所示）。

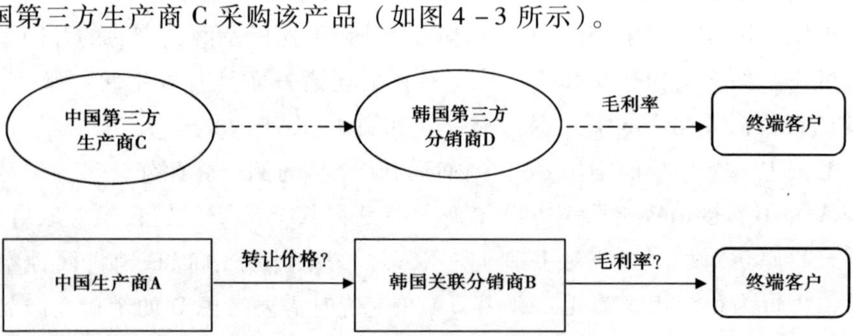

图4－3　案例4－2中的交易流程

在这两笔交易中，假设分销商B和D的功能相对简单、风险相对有限，且 A 与 B 之间的关联交易和 C 与 D 之间的非关联交易在功能、风险及合同条款上不存在重大差异，或者可对存在的重大差异进行合理调整。在该条件下，我们可以选择再销售价格法作为转让定价方法，以确定 A 和 B 之间符合独立交易原则的转让价格。

再销售价格法是通过可比非受控交易下获取的毛利率计算出符合独立交易原则的销售价格。因此，在该方法下，一般采用毛利率作为利润水平指标。在本案例中，可以通过计算毛利率以确定关联方之间的转让价格。假设 D 在向终端客户销售的业务中，主营业务收入为 120 万元，主营业务成本为 90 万元，则其获取的毛利为 30 万元，毛利率为 25%。假设分销商 B 向终端客户销售的价格为 100 万元，则可以通过再销售价格法计算出 A 和 B 之间的转让价格为 75 万元（如图 4－4 所示）。

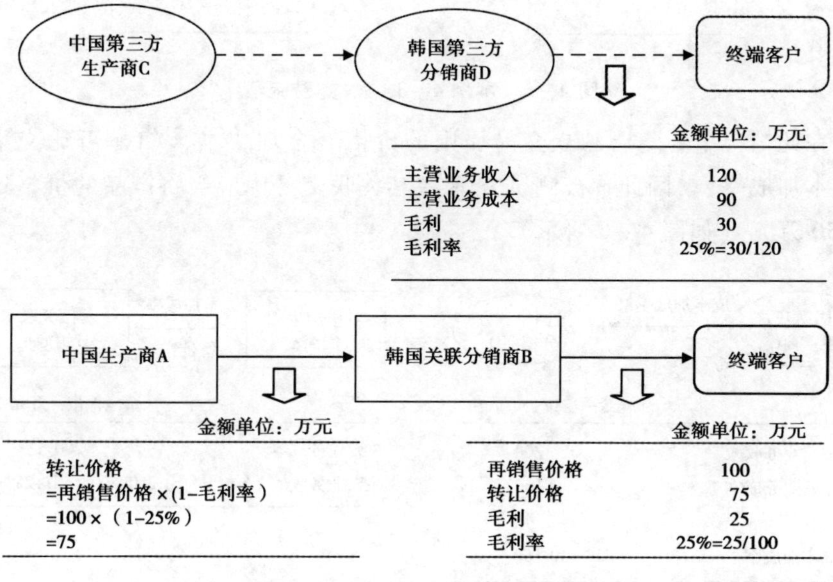

图 4－4 案例 4－2 中的定价计算方法

案例 4－3：成本加成法的使用

中国零部件生产商 A 向美国关联分销商 B 销售某种汽车零部件。有一家中国第三方生产商 C 向美国第三方分销商 D 销售相似汽车零部件。在这两笔交易中，假设生产商 A 和 C 的功能相对简单、风险相对有限，同时 A 与 B 之间的关联交易和 C 与 D 之间的交易在功能、风险及合同条款上不存在重大差异，或者可对存在的重大差异进行合理调整。在该条件下，我们可以选择成本加成法作为转让定价方法，以确定 A 和 B 之间符合独立交易原则的转让价格。在该方法下，一般采用毛利率作为利润水平指标。在可比交易中，C 获取的成本加成率为 25%（假设主营业务收入为 200 万元，主营业务成本为 160 万元，则毛利为 40 万元，毛利率为 25%），如图 4－5 所示。

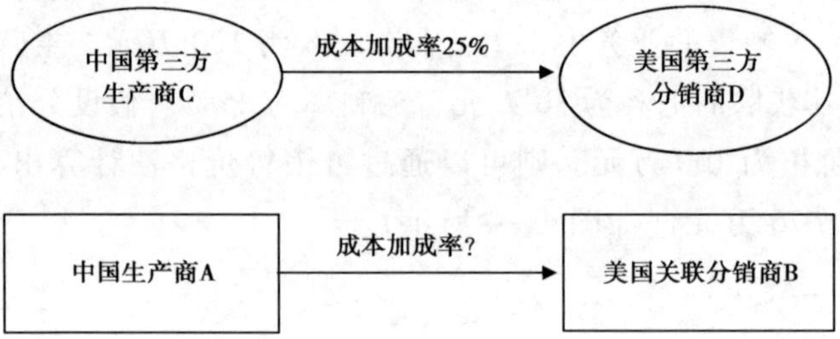

图 4－5　案例 4－3 中的交易流程

在此情况下，符合独立交易原则的价格 = 合理成本 ×（1 + 可比交易中的成本加成率）。因此，被测试方 A 在其关联交易中应当将产品的价格定价为 250 万元（如图 4－6 所示）。

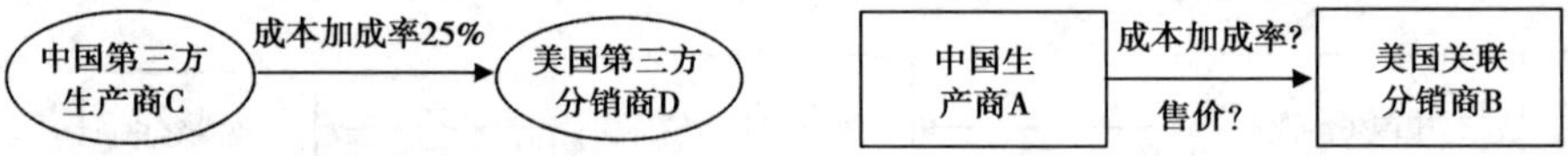

金额单位：万元

主营业务收入	200
主营业务成本	160
毛利	40
成本加成率	25%=40/160

金额单位：万元

主营业务成本	200
主营业务收入（转让定价）	250=200×（1+25%）

图 4－6　案例 4－3 中的定价计算方法

案例 4－4：交易净利润法的使用

假设中国生产商 A 向德国关联分销商 B 销售电子产品，且不存在可比非受控价格。通过功能分析，可确定生产企业的功能相对简单、风险相对有限。通过分析，确定选择交易净利润法，同时选择 A 作为被测试方，并通过可比分析选择了与 A 在功能、风险以及产品等方面相似的可比的独立企业组。那么，我们可以参照可比企业组的利润水平来制定转让定价，如图 4－7所示。

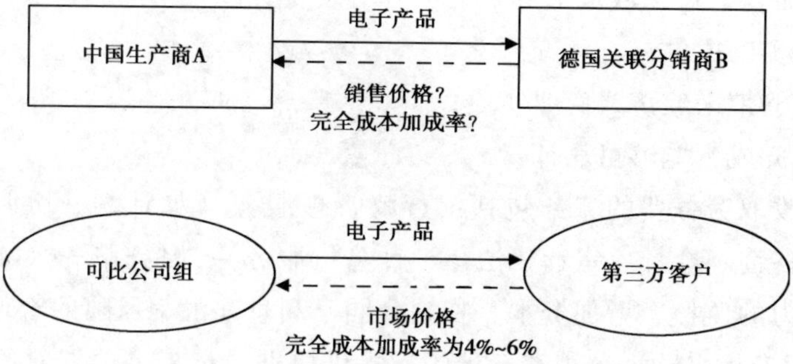

图 4－7　案例 4－4 中的交易流程

假设该独立公司组以完全成本加成率为利润水平指标的合理利润区间为 4%—6%，那么，企业在定价时可以考虑采用在此区间内的完全成本加成率，如 5%。

二、劳务

随着集团内部职能分工的细化和专业化，关联劳务提供的种类涵盖越来越广，包括市场调查、营销、管理、行政事务、技术、维修、设计、咨询、会计等等。在对劳务交易制定转让定价方法时，首先需要考虑：①劳务是否确已提供；②如何按独立交易原则进行补偿。由于国内转让定价法规对于劳务的规定较为简略，我们结合《OECD 转让定价指南》中的相关内容进行阐述。

1. 确定劳务是否确已提供

判定劳务是否确已提供的关键在于该活动是否为某相关集团成员带来经济或商业价值，从而提高其商业地位。①

在实务上，可以考虑在可比的情况下独立企业可能的做法来进行判断，即独立企业是否愿意由另一独立企业为其进行该活动并向后者支付费用，或

① 《OECD 转让定价指南》：第七章 7.4。

愿意自己完成该活动。如果独立企业既不愿意为该活动支付费用，也不愿意自己完成，那么根据独立交易原则，一般不认为这项活动是集团内劳务，也不应支付该活动的相关费用。①

总体而言，可以收取劳务费的劳务必须符合以下条件：

- 确实已提供；
- 能够带来经济或商业实质；
- 劳务成本能够可靠计量。

可以收取劳务费的劳务包括：行政管理服务（如计划、协调、预算控制、财务咨询、会计、审计、法律、计算机服务）；财务服务（如对现金流和偿付能力的监控、增加资本、贷款合同、利息和汇率风险的管理以及再融资）；在生产、采购、分销和营销领域提供协助；员工事项方面的服务（如招聘和培训）。集团服务中心还经常为整个跨国公司集团或其部分成员提供研发服务或管理和保护无形资产。

此外，依据《OECD 转让定价指南》，股东活动（shareholder activity）和重复活动（duplicated activity）不属于可收取劳务费的劳务活动。

股东活动一般是指一个集团成员（通常是母公司或是地区性控股公司）仅由于其在一个或多个成员中拥有的受益权（即作为股东）而进行的活动，如与母公司本身的法律组织相关的母公司股东会议、发行母公司股票以及监事会相关活动等。②

重复活动一般是指某个集团成员从事的劳务活动，仅仅是重复其他集团成员开展的劳务活动，或是已有第三方向该其他集团成员提供该劳务。该活动不应被视为集团内关联劳务交易，不可收取劳务费。

2. 针对劳务交易的转让定价方法选择

针对关联劳务交易（如管理、共享服务中心、研发、营销等），选择适当的转让定价方法需要考量：

- 是否存在内部可比非受控交易，如劳务提供方同时向第三方提供类似劳务或者劳务接受方同时接受第三方提供的类似劳务；
- 提供劳务的性质；

① 《OECD 转让定价指南》：第七章 7.5。

② 《OECD 转让定价指南》：第七章 7.9 和 7.10。

- 劳务提供方发生的相关成本状况。

依据上述的初步判断，我们可以选择的转让定价方法有可比非受控价格法、成本加成法和交易净利润法。

如果在市场中存在独立企业之间提供的可比劳务，或关联劳务提供方在可比条件下向第三方企业提供可比劳务，或关联劳务接受方同时接受第三方提供的可比劳务，就可能选用可比非受控价格法。当可比非受控价格法的适用条件不具备时，即提供劳务的性质、使用的资产、承担的风险与独立企业之间的情况不可比时，采用成本加成法或交易净利润法较为合适。在成本加成法下，若以完全成本作为成本基数时，该方法与交易净利润法是一致的。

另一个问题则是，在符合独立交易原则的情况下，劳务提供方在其关联交易中是否一定要获取利润。劳务提供方一般都会要求获得一定的利润，然而在某些情况下，劳务提供方会因为某些其他原因而放弃获取一定的利润。因此，符合独立交易原则的劳务定价不一定包含劳务成本相关的利润加成。

3. 服务费的确定方法

确定对劳务收费的金额时一般可以采用以下两种方法：直接收费法和间接收费法。

（1）直接收费法

在可行的情况下，尤其同时向第三方独立企业提供类似服务时，集团公司可以采用直接收费法。如果针对某项劳务，企业不但向关联方提供服务，同时还向第三方独立企业以可比的方式提供服务，而且这构成其业务的主要部分，那么，可以认为该企业能确定单独的计费依据（如记录在向第三方提供劳务过程中所投入的工作量和花费的成本）。例如，某律师事务所既直接向第三方客户提供企业并购相关的法律服务，同时也接受国外关联方的类似的分包业务，即提供法律服务（法律服务项目时常会跨国、跨区域）。在该情况下，由于可比非受控价格的存在，该律师事务所可以使用直接收费法向国外关联方收取服务费。

（2）间接收费法

在实务操作中，跨国企业集团会发现在以下两种情况难以采用直接收费法：

- 服务收费易于确定，但不能基于直接收费法；

• 服务费本身难以确定，需要与其他交易合并收费，并需要以合理的方式在集团成员之间进行分摊。[①]

在上述情况下，企业可以转而使用间接收费法。

在间接收费法下，企业只能基于一定的估算方法采用成本分摊方式来确定独立交易价格。分摊的方法很多，常见的有根据劳务提供方花费的时间、劳务接受方的营业收入、接受劳务的人数、资产租赁中涉及的资产金额等分摊。在具体应用上，分摊方法应根据劳务的性质和用途进行适当的选择。

案例 4－5：直接收费法的使用

假设在某集团中，中国公司 A 向其国内关联方 B 提供针对 B 所生产的某新产品的市场调查活动。在该劳务活动中，A 实际发生的员工时间成本以及其他费用成本据实记载。此外，A 不向 B 以外的公司提供该市场调查服务。如图 4－8 所示。

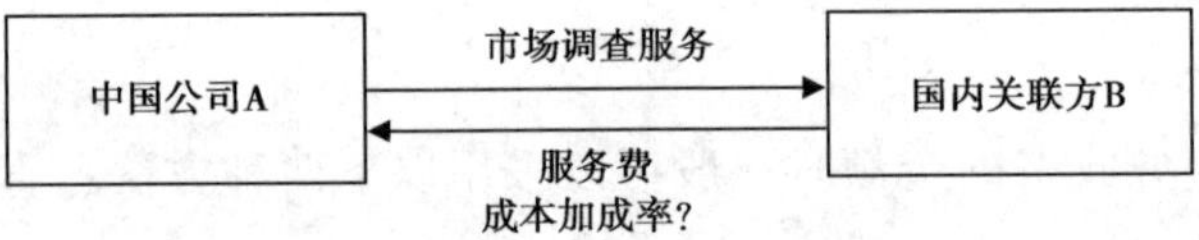

图 4－8　案例 4－5 中的交易流程

在该情况下，B 是 A 所提供的市场调查服务的唯一受益人，且劳务活动的成本划分也较为容易。所以，A 可以选择直接收费法向 B 收取劳务费用。假设 A 产生的劳务成本为 100 万元，同时可以获得该类似劳务活动符合独立交易原则的成本加成率为 5%。那么，A 可以将其服务费定为：实际发生成本加上 5% 的利润。

案例 4－6：间接收费法的使用

假设在某集团中，总部 H 向集团内成员公司 A、B、C、D、E 提供工资发放服务。此外，H 还向 D、E 公司提供市场营销服务，使得 D、E 公司产品在市场得到有效推广，且 D、E 公司的销售额呈现明显增长，如图 4－9 所示。

① 《OECD 转让定价指南》：第七章 7.22。

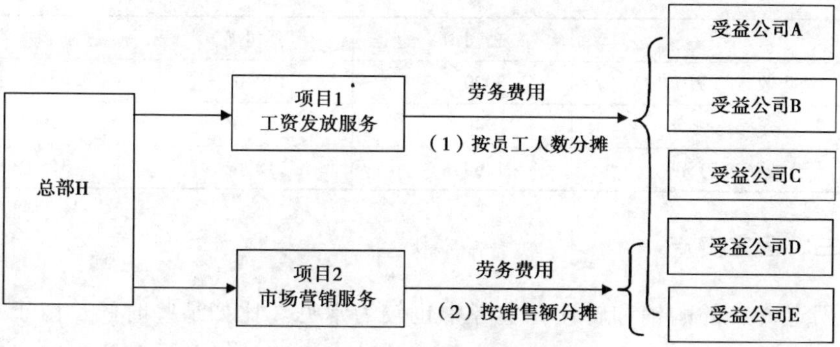

图4－9　案例4－6中的交易流程

由于H提供两种服务，且服务的接受方有所不同，在具体分析收费时需要分服务类型进行核算。

在向A、B、C、D、E提供的工资发放服务项目下，H实际产生的劳务成本为80万元。假设集团通过分析确定符合独立交易原则的成本加成率为5%，那么，H向A、B、C、D、E收取的相关劳务费为84万元。H根据A、B、C、D、E的员工人数比例将劳务费进行分摊，如表4－1所示。

表4－1　案例4－6中工资发放服务劳务费分摊方法

	公司A	公司B	公司C	公司D	公司E	总额
员工人数（人）	50	150	100	200	300	800
分摊比例	6.25%	18.75%	12.5%	25%	37.5%	100%
分摊额（万元）	5.25	15.75	10.5	21	31.5	84

在向D、E提供的市场营销服务项目下，H实际产生的劳务成本为3000万元。假设集团通过分析确定符合独立交易原则的成本加成率为5%，因此，H向D、E收取的劳务费用为3150万元。考虑到该服务与销售收入的直接联系，H根据D、E的销售收入的比例将劳务费用进行分摊，如表4－2所示。

表 4-2　案例 4-6 中市场营销服务劳务费分摊方法

	公司 D	公司 E	总额
销售收入（万元）	8000	12000	20000
分摊比例	40%	60%	100%
分摊额（万元）	1260	1890	3150

三、固定资产

固定资产的购销和转让在实务中也较为常见。比如某些时候，由于集团生产线的转移，国内生产企业会接受国外关联企业的设备；某些时候，国内企业生产所需的设备可能由国外关联方集中采购。此外，在公司设立或结构重组中，固定资产的关联交易也非常频繁。

针对固定资产的采购与销售，中国转让定价法规要求遵循独立交易原则。在实际操作中，一般可以参照相关固定资产的公允市场价值或者按照其账面净值进行定价。

采用公允市场价值，即按照可获得的市场同类固定资产的价值作为销售价格。若无法找寻到相类似固定资产，可以按照中介评估机构的评估价值作为销售价格。

当企业销售自用固定资产时，可以按照该固定资产的账面净值作为销售价格。如入账价值为 100 万元，累计折旧为 20 万元，账面净值为 80 万元，则销售价格为 80 万元。

四、无形资产

无形资产是指企业拥有或者控制的没有实物形态的可辨认非货币性资产，包括使用行业资产（如专利、商标、商业名称、设计或模型）的权利，也包括文学和艺术产权及知识产权（如专有技术和商业秘密）。虽然这些无形资产未必会反映于企业的资产负债表，但他们的价值和可能伴随的风险却是不容忽视的。

无形资产可以分为营销型无形资产（如商标、品牌、客户名单、分销渠道等）和生产型无形资产（如专利、非专利技术、专有技术、数据库等）。无形资产转让交易的类型、方式有：转让所有权、转让某个地区的权利、将无形资产包含在有形资产的售价中、收取特许权使用费、成本分摊，以及企业重组过程中无形资产的转让等。在下文中，我们主要针对无形资产转让交易以及无形资产使用许可交易进行分析。

在开发成本与费用收取的问题上，《OECD 转让定价指南》指出虽然在评估受控无形资产交易时可能需要考量开发或维护该无形资产所发生的成本之金额、性质以及影响范围以帮助确定可比性和各方贡献的相对价值，但同时也指出成本和无形资产价值之间没有必然的联系。特别是，无形资产的实际公允市场价值往往无法通过开发或维护该无形资产过程中的成本来衡量。其原因之一是，诸如专利、专有技术之类的无形资产可能是旷日持久、耗资巨大的研发活动的成果。研发活动预算的实际规模取决于多种因素，如竞争者与潜在竞争者的策略、研发活动收入的预计利润及其趋势；又如对过去研发活动收入的分析和评估，并在此基础上，确定日后的成本支出。尽管相关产品可能不是直接甚至不是间接的研发成果，但企业仍可能预期通过产品销售来补偿研发预算。其他的原因还包括无形资产可能需要进行持续研发和质量控制，而这些行为将使得一系列产品受益。①

1. 无形资产交易的转让定价方法选择

《OECD 转让定价指南》指出，使用独立交易原则评估涉及无形资产的受控交易时，必须考虑涉及受控和非受控交易之间可比性的一些特别因素，包括无形资产的预期收益、对行使无形资产权利的区域限制、对利用受让权利所生产商品的出口限制、资本投资（建立新工厂或购买特殊机器）、在市场上的初始费用和开发工作、再许可的可能性、被许可方的营销网络以及被许可方是否有权参与许可方对该无形资产的进一步研发工作等等。②

在无形资产交易定价方法上，《OECD 转让定价指南》提出：根据具体事实和情形，独立企业在为交易定价时，可以采取多种方法来处理价值的不确定性。方法之一是在交易开始时，以预期利益（考虑所有相关经济因素）作为定价方法。③ 而当独立企业发现仅依靠预期收益为基础的定价不能为抵

① 《OECD 转让定价指南》：第六章 6. 27。
② 《OECD 转让定价指南》：第六章 6. 20。
③ 《OECD 转让定价指南》：第六章 6. 29。

御因无形资产价值高度不确定性而造成的风险提供适当保障时，独立企业可能采用期限较短的协议或在协议条件中加入价格调整条款。例如，可以将特许权使用费费率设定为随着被许可方销售金额的增加而提高。[①]

在无形资产的许可人将类似的无形资产同时许可给非关联企业和关联企业，或者独立的无形资产许可人将其类似的无形资产许可给独立的被许可人的情况下，可比非受控价格法是较为合适的方法，即在该方法下，可以分别获得内部可比非受控价格和外部可比非受控价格。此外，该方法还可适用于一次性支付的无形资产的转让。

在难以找到可靠的内部或外部可比非受控价格，或者无形资产的转让与其他关联交易紧密联系在一起的情况下，可以使用交易净利润法。在该方法下，将无形资产受让方获取的净利润水平与其所在行业承担类似功能的可比公司进行比较。但是，即使被测试方的利润水平高于可比公司的利润水平，也很难轻易判定被测试方所有的关联交易（包括无形资产转让）符合独立交易原则。

如果被评估的无形资产是独一无二的无形资产，则难以找到可比非受控价格，因此难以适用可比非受控价格法。此外，尤其是在关联交易中涉及的双方都拥有无形资产的情况下，也可能难以使用交易净利润法。在该情况下，利润分割法是较为合适的转让定价方法。一般情况下，由于一般利润分割法难以适用，可选择剩余利润分割法。在剩余利润分割法下，先通过交易净利润法测试出关联交易各参与方根据各自所执行的功能、承担的风险以及使用的资产，确定的各自应取得的常规利润。然后将关联交易各参与方的合并利润减去分配给各方的常规利润的余额作为剩余利润，再根据各方对剩余利润的贡献程度（如研发费用比例、参与活动的主要员工人数）进行分配。

案例 4 -7

假设在某集团中，中国生产商 A 主要生产无线智能电子产品，销售至国内第三方客户。其在生产过程中使用了由美国关联方 B 授权使用的无线智能使用技术（如图 4 - 10 所示）。

---

① 《OECD 转让定价指南》：第六章 6.30。

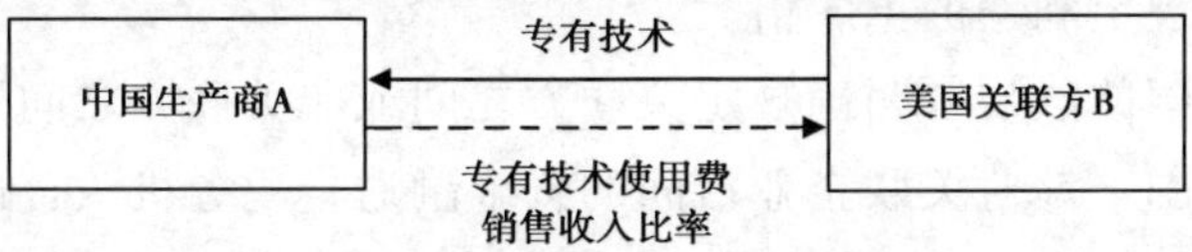

图 4－10　案例 4－7 中的交易流程

集团通过搜索相关的特许权使用费数据库，发现类似行业中的特许权使用费的合理收费比率为销售收入的 2%—6%。因此，集团可将其特许权使用费定为：A 每年需要向 B 支付其年销售收入的 3% 作为特许权使用费。

五、融资

融通资金，包括各类长短期资金拆借和担保以及各类计息预付款和延期付款等业务。目前，跨境融资交易已日益成为一种常见的关联方交易。此外，对跨境融资交易的有效管理也变得愈发重要。

通常情况下，关联方融资的主要目的是为了优化资金配置，降低现金持有规模，加速资金周转，提高集团总体资金使用效率。在关联方融资交易中，关联方借贷利息须符合独立交易原则。

关于关联企业之间的融资交易，《OECD 转让定价指南》（尤其在第七章 7.15 和 7.39 章节）虽未对此问题作深入的探讨，但却明确地指出关联企业间采用的利率若与独立企业间采用的利率相近，那么，该关联企业间采用的利率符合独立交易原则。值得注意的是，在运用可比非受控价格法时，应当考虑所选择的可比非受控融资交易与被测试的关联企业之间的融资交易是否存在较大的差异，如信用风险、债务类型、债务期限、偿还方式、地域区别、行业区别等方面的差异。若存在较大的差异，应当做相应的调整。

除可比非受控价格法外，其他可适用的转让定价方法有成本加成法及其他合理的方法。

在美国，财政条例规定了符合独立交易原则的关联企业间利率应当与相似情况下该企业与独立企业间或者独立企业之间采用的利率相近。当某一企业代表其他企业获得融资时，前者向后者收取其实际支付的借款利息外，还可收取其在借款申请过程中产生的费用。另外，美国财政法对于符合独立交易原则的利率作出了规定，即该利率不得低于联邦政府规定利率，同时不得高于联邦政府规定利率的 1.3 倍。

目前，我国的法规未明确规定关联方之间或非关联方之间资金借贷中所适用的利率范围。针对关联企业之间的资金融通，税务机关普遍的要求是参照市场利率确定符合独立交易原则的利率。而对于国内关联企业之间的资金融通，一般可以参照中国人民银行提供的同期贷款利率。根据中国人民银行 2012 年 6—7 月公布的利率浮动区间规定，将金融机构存款利率浮动区间的上限调整为基准利率的 1.1 倍，下限调整为基准利率的 0. 7 倍。

在国际市场上，市场利率一般以伦敦同业拆借利率作为基准再加上一定的百分点浮动。除伦敦同业拆借利率外，还可以作为基准利率的有新加坡同业拆借利率、纽约同业拆借利率、香港同业拆借利率等。例如，该贷款币种为美金，则可以将伦敦银行美金币种的同业拆借利率作为基准进行考量关联方借贷利率。另外需要注意的一点是，贷款利率还会受到贷款者的贷款金额、贷款期限、信用水平以及商业决策等复杂因素的影响。

此外，若中国企业从国外关联方获得贷款，且该贷款利率远远低于伦敦银行同业拆借利率，甚至为零的话，从中国关联企业的角度来看，该情况虽然不会引起中国企业税务及转让定价的风险，但是，其国外关联方可能会面临税务及转让定价风险。

第二节 按企业类型制定转让定价政策

一、生产商

1. 主要关联交易

基于转让定价目的划分的生产型企业类型可以包含综合型生产商、有限功能生产商、合同生产商以及来料加工/委托生产商，相关具体描述详见本书第六章。不同类型的生产型企业在关联交易中的利润预期与其在关联交易中履行的职能、承担的风险以及拥有与开发的有形和无形资产休戚相关。

生产型企业主要涉及的关联交易包括：

- 向关联方采购原材料；
- 向关联方销售产成品；
- 向关联方支付生产过程中涉及的特许权使用费等。

2. 综合型生产商可能面临的问题

针对综合型生产商，一般可以选用交易净利润法。此外，当企业涉及无形资产（如专有技术、秘密技术等）使用费支付的情况下，可以选用可比非受控价格法、交易净利润法、利润分割法进行衡量。例如，某企业从事手机无线电子产品的生产，其从第三方采购原材料，并将产成品销售至第三方客户。在生产过程中，企业采用了由国外母公司授权使用的无线专有技术，因此需向后者支付专有技术使用费。假设企业在支付专有技术使用费之前的利润水平为5%，该利润水平在同行业企业符合独立交易原则的利润区间之内。而在支付特许权使用费后其实际的利润水平降为1%，该利润水平低于符合独立交易原则的利润区间水平。在此种情况下，企业的专有技术使用费支付这一关联交易会受到税务机关的质疑。因此，企业在与关联方签订无形资产使用费合同时，不但要考虑该费率本身是否符合独立交易原则，同时还要考虑该笔费用的支付对企业整体利润水平的影响。

3. 单一生产商可能面临的挑战

企业在选择转让定价方法时，往往首先需要判断其是否是单一生产商。其原因在于：许多国家的税务机关在应对处理此类企业纳税情况时，为了保护本国的税收，均采用较为严苛的要求，以防止国内企业未获得合理利润。例如在捷克，税局机关认为合同生产商仅承担了生产功能及相关风险，该类企业应当在每一个纳税年度内（如有可能，在生产合同执行期间内）保持一定的合理利润水平。

2007 年，国家税务总局在其发布的国税函【2007】236 号中规定单一生产功能的外商投资企业和外国企业不应当承担由于企业集团决策失误、开工不足、产品滞销等原因带来的风险和损失，而应保持一定的利润率水平。该法规一经出台，一些来料加工/委托生产企业，合同生产企业将面临被税务机关纳税调整的可能。例如，某合同生产企业按照国外母公司的订单进行生产。在 2008 年金融危机的背景下，海外市场的不景气导致产品市场价格下降、海外订单骤减。该生产企业的开工率大大下跌，直接导致企业亏损。然而，当交易净利润法被选为转让定价方法时，可比性分析结果会显示可比公司盈利，即使企业对自身亏损现象通过特殊因素分析进行解释，税务机关还可能会根据国税函【2007】236 号对企业亏损现象加以否定。

随后，2009 年国家税务总局又颁布了国税函【2009】363 号，再次重申了跨国企业在中国境内设立的承担单一生产（来料加工或进料加工）、分销或合约研发等有限功能和风险的企业，不应承担金融危机带来的市场和决策等风险，按照功能风险与利润相配比的转让定价原则，应保持合理的利润水平。上述承担有限功能和风险的企业如出现亏损，无论是否达到准备同期资料的标准，均应在亏损发生年度准备同期资料及其他相关资料。同时，该通知要求各地税务机关要加强对跨境关联交易的监控，重点调查通过各种途径将境外经营亏损（包括潜在亏损）转移到境内以及将境内利润转移至避税港的跨国企业。

此外，来料加工/委托生产企业在进行可比性分析时也面临着多种挑战。针对该类企业，一般普遍采用的转让定价方法为交易净利润法。然而在实际操作中，可获取公开信息的企业一般为综合型生产企业，来料加工/委托生产企业的样本量较为有限。针对这一现象，在进行可比公司选择时，一般可先放宽选择标准，在选择出较为类似的企业后，再进行一定的调整。如何选择合适的方法进行调整则成为重要的问题之一。由于可比公司一般都为综合型生产企业，从功能和风险的角度，其与来料加工/委托生产企业在原材料和产成品的所有权、应收账款、应付账款等方面存在着较大的差异。因此，应当对可比公司的财务数据进行资本密度调整，即对成本、存货、应收账款、应付账款等方面差异进行调整。例如，某可比公司组在资本密度调整前的利润区间为 3%—5%。经过调整之后，利润区间变为 10%—15%。由于来料加工/委托生产企业的成本基数要比综合型生产企业小得多，因此在营业利润层面上来讲是一致的。也就是可比公司组销售 100 个产品，发生成本 30000 元，获取营业利润 1500 元（即完全成本加成率为 5%）的话；来料加工/委托生产企业销售同样的产品 100 个，成本为 10000 元，那么基于 15% 的完全成本加成率，其营业利润也是 1500 元。目前，这是国内较为普遍使用的方法。

案例 4-8

在前文所述的法规背景之下，湖南省株洲市国家税务局完成了湖南第一起反避税案件。案件主要背景如下：

某中国加拿大合资企业于 1998 年在湖南株洲市成立，并于 2000 年开始运营。2004 年度至 2005 年度，加拿大母公司对该企业加大投资，使其持股比例由原来的 51% 增至 85%。而该企业在 2000 年度至 2006 年度期间却持续亏损。

2006 年，株洲市国家税务局开始对该企业进行转让定价调查。在应对税务局的转让定价调查时，该企业使用特殊因素分析解释了企业持续亏损的原因，如企业正值建立初期，以及受到宏观经济环境（美国 9·11 事件和 SARS 病毒引发的经济衰退）的负面影响等。然而，株洲市国家税务局经调查发现该企业作为集团公司的生产基地，仅承担简单生产与组装功能，因此否定了企业对于亏损的特殊因素分析。历经 3 年多的调查，双方谈判于 2009 年 11 月底终于有了结果。企业共调增 2001 年度至 2008 年度应纳税所得额 1.07 亿元，企业调整后的获利年度确定为 2006 年，获利年度至少提前了 7 年，按规定享受减免企业所得税 755.25 万元（两年免税和一年减半征收），补缴 2008 年企业所得税款 50.97 万元，并按规定加收利息；同时，确认该企业以后年度税前利润率均不得低于 5%。

从上述案例中足以发现，国税函【2007】236 号以及【2009】363 号等法规政策的出台，说明国家税务总局进一步加强了对单一功能企业的监管力度。

案例 4-9

A 公司是一家设立于美国的母公司，其在加拿大设立了子公司 B。B 公司是一家委托生产企业，专门向 A 公司提供生产服务。美国国家税务局和加拿大国家税务局关于针对 B 公司的可比性分析结果一直未达成共识。美国国家税务局认为：可将综合型生产企业的完全成本加成率（该成本计算基础包括原材料成本和营业费用）直接运用于委托生产企业进行调整（即委托生产企业的营业费用 × 该成本加成率）。而加拿大国家税务局认为：因为可比公司为综合型生产企业（拥有存货），而测试方 B 公司为委托生产企业，所以可比性分析得出的完全成本加成率区间不应当直接用来评估B公司利润水平，应当对该成本加成率区间进行调整后方能运用于B公司。双方税务当局采用的可比性分析方法及过程存在异议，也试图寻找解决方案以避免对B公司的双重征税。然而迄今为止，双方对此都未肯妥协退让。

表4-3举例列示了某可比公司（综合型生产企业）的财务数据。

表4-3　　案例4-9中某综合型生产企业　　金额单位：万美元

主营业务收入	100
主营业务成本	60
营业费用	35
营业利润	5

如表4-3显示，该企业的主营业务收入为100万美元，其完全成本（即主营业务成本和营业费用之和）为95万美元，营业利润为5万美元，营业利润率为5%（即5/100）。

表4-4显示了双方税务当局对于某综合型生产企业转换为委托生产企业过程的不同方法。

表4-4　　案例4-9中某综合型生产企业转化为委托生产企业

金额单位：万美元

	美国国家税务局	加拿大国家税务局
主营业务收入	36.9	40
主营业务成本	0	0
营业费用	35	35
营业利润	1.9	5
目标营业利润率	5%	12.5%
成本加成率	5.3%	14.3%

如表4-4所示，美国国家税务局认为：B公司应当获取的符合独立交易原则的完全成本加成率为5.3%（即可比公司营业利润除以完全成本，5÷（60+35）=5.3%）。因此，调整后该公司应获取的营业利润为1.9万美元（即35×5.3%）。而加拿大税务当局认为：调整后该公司获取的符合独立交易原则的成本加成率为14.3%（即5/35=14.3%），其应获取的营

业利润为5万美元（即35×14.3%）。可见，双方税务当局对调整过程持有不同的观点，由此引发了重大转让定价调查与调整，导致了对相关利润的双重征税。

二、分销商

1. 主要关联交易

基于转让定价目的划分的销售型企业类型包括全功能分销商、有限功能分销商和佣金代理商，相关具体描述详见本书第六章。同样地，不同类型的销售型企业在关联方交易中的利润期望与其在关联交易中履行的职能、承担的风险、拥有的无形资产密切相关。

销售型企业的主要关联交易包括：

- 收取销售佣金；
- 销售产成品；
- 支付商标使用费等。

其中，向关联方采购产品后销售至第三方客户的销售模式在中国市场最为普遍。此外，也有中国公司代为国外关联方采购后再销售至国外关联方的模式。

2. 分销商可能面临的挑战

如前文所述，我国税务当局认为，跨国企业在中国境内设立的承担单一分销有限功能和风险的企业，不应承担金融危机带来的市场和决策等风险，应按照功能风险与利润相配比的转让定价原则，保持合理的利润水平。但实际上，单一分销企业在设立初期会有较大的管销费用的投入，但因还在客户的建立或洽谈阶段而未能在此期间就实现与之匹配的销售额，而使企业利润水平偏低，这也是合乎情理的。针对该类情况，税务机关也会结合企业的实际经营状况进行评估。

目前，对国内分销商在市场开拓过程中的贡献及其利润确认已成为国内税务机关关注的另一个重点。税务机关认为，在某些行业和某些情况下，销售子公司已不是仅承担单一分销功能的企业。其作为中国市场的开拓者，在产品投放市场初期，会投入大量的人力、物力，以提高产品在国内市场的品牌知名度，扩大国内客户群。所以，该类企业所获得的利润应该较大，而并不能仅仅将自身定位于母公司全球营销战略在中国市场的执行者而将市场营销相关的无形资产以及该无形资产所带来的利润归属于国外母公司。从实务中我们也可以发现，一些设立在中国的医药产品分销企业，往往因大额的市场营销及公司管理费用和难以匹配的销售收入等因素，造成企业在设立初期面临亏损。针对该情况，如果税务机关认可其初期的亏损现象，则其对于该分销企业是否拥有营销性无形资产，以及在未来是否拥有与其功能匹配的较高的利润水平，有着更高的期待。近年来，税务机关已开始逐渐关注汽车、制药、化妆品、奢侈品等行业，对于该类行业分销商在市场开拓过程中的利润贡献予以适当的确认。

对于拥有无形资产（如商标、专利技术）的分销商，在选用转让定价方法时，可比非受控价格法可能无法适用。例如，针对拥有专利技术的新药寻找外部可比非受控价格法时，独立企业所销售的仿制药的价格则与其不可比。

由于市场环境、经济环境的差异，类似产品在不同市场中的定价会有所差异，结果也会导致关联方间转让价格的差异。例如，一家国外关联生产商同时向中国关联分销商和美国关联分销商销售同种产品。由于中国市场和美国市场中消费者喜好的差异，中国市场的定价高于美国市场的定价。在该情况下，中国税务机关在衡量企业所获取的利润水平的同时也会参照比较美国市场中该产品的定价以及美国关联分销商所获取的利润水平。如果在受到消费者欢迎且市场定价较高的中国市场，该中国分销商并未获取与之匹配的利润水平，甚至低于美国关联分销商所获取的利润水平，则会引起中国税务机关的质疑。

案例 4-10

2006 年 9 月，美国国家税务局宣布成功解决了与葛兰素史克美国公司（GlaxoSmithKline Holdings（Americas）Inc.，以下简称“葛兰素史克美国”）的转让定价税务争端。

葛兰素史克美国的前身为葛兰素威康（Glaxo Wellcom）于 20 世纪 70 年代在美国设立的子公司。2000 年 12 月，葛兰素威康与史克必成（Smith Kline Beecham）合并成立为葛兰素史克英国公司（GlaxoSmithKline plc，以下简称“葛兰素史克英国”）。葛兰素史克英国主要承担传统医药产品的研发职能，并拥有该产品的商标所有权和专利权。此外，该公司还主要提供产品在美国市场的营销方案。葛兰素史克美国主要承担装药、成品职能以及产品在美国市场的营销和分销职能。葛兰素史克美国还承担一部分与产品相关的临床试验，该活动的相关成本可从葛兰素史克英国获得补偿。此外，葛兰素史克美国从葛兰素史克英国获得技术和商标特许权，并向后者支付特许权使用费。集团为了使葛兰素史克美国盈利，该特许权使用费率在早期设定于较低水平。直至 1987 年后，集团根据独立交易原则，将该特许权使用费率作相应提高。集团相关结构、公司职能及交易流程如图 4－11 所示。

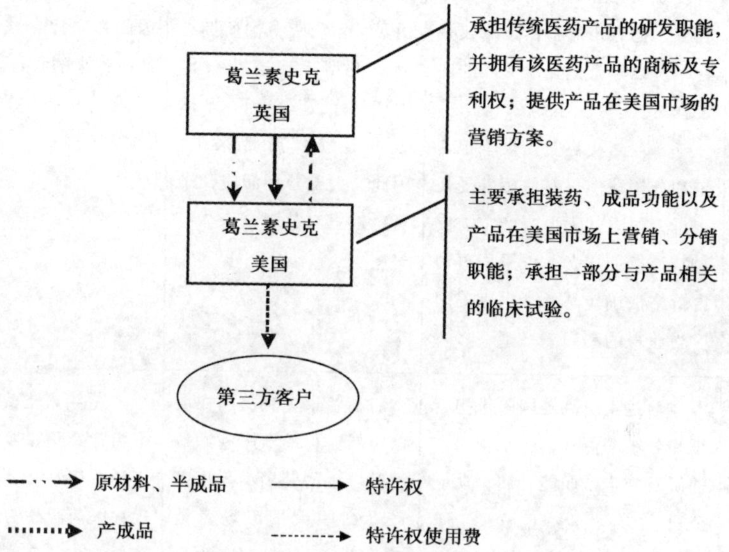

图 4－11　案例 4－10 中葛兰素史克集团相关结构、公司职能及交易流程图

1994 年，葛兰素威康的子公司，即葛兰素史克美国向美国国家税务局提出预约定价安排申请。预约定价安排涉及葛兰素史克美国与母公司之间的利润分割，也涉及英、美两国税收利益的划分。1999 年，两国税务机关进行双边磋商。2000 年，葛兰素威康和史克必成合并成立为葛兰素史克英国。2004 年，双方税务机关谈判破裂。美国国家税务局认为葛兰素史克美国与葛兰素史克英国之间的关联交易存在转让定价问题，前者将大部分利润转移到了英国。因此，向葛兰素史克美国发出涉税年度为 1989—2005 年的税款追缴通知书。经过激烈争论，双发于 2006 年 9 月达成和解，葛兰素史克美国向美国国家税务局支付34亿美元的税金，同时放弃18亿美元的应得退税款。

美国国家税务局与葛兰素史克美国的争论焦点如表4－5所示。

表4－5　　案例4－10中税企双方争论焦点

	葛兰素史克美国的职能定性	超额利润的产生原因	超额利润归属的判断与方法
葛兰素史克美国的观点	葛兰素史克英国承担产品研发职能并拥有相关商标和专利权、拥有市场营销策略及平台，所以是上述无形资产的法定拥有人。 葛兰素史克美国仅承担营销和分销职能。其使用并受益于母公司上述无形资产，需支付特许权使用费。可采用再销售价格法确定葛兰素史克美国应当获得的利润。	葛兰素史克美国在美国市场获得的丰厚利润是由葛兰素史克英国所拥有的研发型无形资产（即因产品疗效显著而在全球名声显赫）所带来的。因此，大部分利润应归于葛兰素史克英国。	葛兰素史克英国是所有无形资产的所有人，因此其应拥有该无形资产所带来的收益。
美国国家税务局的观点	葛兰素史克美国除承担营销和分销职能外，还承担一定的研发和生产职能，属全功能公司。 葛兰素史克英国类似于合约生产商，不应获取大部分利润，采用成本加成法确定葛兰素史克英国应获取的利润。	葛兰素史克美国在美国市场获得的丰厚利润是由其产生的营销型无形资产（即因大量市场营销活动使产品在美国名声显赫）所带来的。因此，葛兰素史克英国只可获取合理的特许权使用费，而超额利润应归于葛兰素史克美国。	葛兰素史克美国的市场营销活动所带来的市场营销型无形资产体现在医药产品的售价中。葛兰素史克美国是上述无形资产的经济所有人。采用剩余利润分割法，将超额利润归属于葛兰素史克美国。

葛兰素史克案件是美国历史上最大的一次转让定价调整案件。其时间跨度长达16年，调整税额达34亿美元。葛兰素史克案件中，美国国家税务局强调了营销型无形资产在利润创造中的重要作用，并运用了剩余利润分割法对关联交易进行评估。

三、服务型企业

1. 主要的关联交易类型

服务型企业主要可以分为以下三类：

- 共享服务中心，为集团公司提供集中支持服务；
- 委托合同服务提供商，按合同约定为委托公司提供相关的服务，研究活动产生的无形资产属于委托公司；
- 高端服务提供商，从事高度专业化的服务，并可能拥有无形资产（例如知识产权管理公司、市场营销公司）。

服务型企业的主要关联交易为服务提供，而服务的内容相当广泛，可以包括市场调查、营销、管理、行政事务、技术服务、维修、设计、咨询、代理、科研、法律、会计事务等。

2. 服务型企业可能面临的挑战

（1）关于服务费的分摊

跨国企业通过共享服务中心向集团内企业提供服务是较为普遍的一种方式。由于某些劳务费用无法通过直接收费的方式进行收取，而是会将成本在受益的集团内企业中进行分摊。在该种情况下，成本的合理分摊显得尤为关键，并且其也已成为税务机关较为关注的一个方面。税务机关会要求企业提交相关的支持性文件（如合同、相关成本证明），以帮助他们确定企业接受了何种类型及实质的劳务、是否合理选择转让定价方法以及是否将成本进行合理分摊。

（2）关于总部支持服务（Headquarters and back - office services）

在当今多变的法规和经济环境中，跨国企业需要审视如何提供总部支持服务并收取相关费用。跨国企业在总部支持服务费的收取和支付方面面临着双重挑战。

一方面，许多国家严格要求服务提供商收取服务费。如根据美国财政法的规定，企业应该审查其提供的服务的性质与价值，在某些情况下，应该识别出更多的具有劳务性质的活动以及该活动的相关成本，并向其受益的国外关联企业收取。

另一方面，许多国家的税务机关重视审查当地企业向国外关联方支付的总部支持服务费。在企业支付的过程中，税务机关会审查企业是否实际接受服务并获得利益以及该服务费用是否含有股东活动费用。

在欧洲，尤其是在东欧国家以及欧盟新成员国家，有些税务机关不愿意将总部支持服务费列为企业所得税的可抵扣项目，认为本国子公司并未从总部获得有价值的支持，而是通过支付总部支持服务费将本国利润转移至国外。从20世纪90年代起，税务机关的上述观点开始渐渐转变。目前，欧盟国家的税务机关基本都遵循《OECD转让定价指南》，因此，针对可证实企业实际受益的服务，且该服务定价符合独立交易原则，税务机关允许该服务费作为成本进行抵扣。然而，在捷克、德国、匈牙利、意大利、波兰、葡萄牙、西班牙等国家，跨国企业普遍难以将总部支持服务费用进行纳税抵扣。例如在波兰，法律明确规定：若关联交易的实际价值低于企业为该关联交易支付的费用，则该费用不可抵扣。实际情况中，纳税人有时难以证明其获得了集团提供的总部支持服务，也更难以证明该服务的实际价值。

在中国，现行税法明确规定管理费不得税前列支。在该种情况下，可能会出现双重征税的问题。例如，美国的服务供应商已计提了收入，并缴纳相应的企业所得税，而对于中国的服务接受方，该笔服务费可能被视为管理费而不得税前列支。此外，一些处于设立初期的企业，由于较大的开办费用以及市场环境的不良影响等因素，往往处于亏损状态。在该情况下，其在服务费支付、抵扣的过程中会面临较大的阻碍，因为企业难以说服税务机关其受益于关联方提供的总部支付服务。

案例4－11

在某集团中，设立于中国的A公司在其生产线建立的过程中接受由日本关联方B公司提供的技术支持服务，并向后者支付相关服务费30万元人民币。

A公司在支付该笔服务费时，首先需要到主管税务机关进行审批备案。企业在此过程中除需要向税务机关提交付汇申请书之外，还需要提供合同或协议、发票或支付通知等支持性资料，以证实B公司如实向A公司提供了相关服务，并使A公司实际受益。在某些情况下，税务机关也可能向企业进一步要求证明该服务活动的真实性及实质性，企业需提供相应资料，如由B公司派遣来华提供服务的工程师的护照，以确定服务活动如实发生以及在华服务的时间；或者可详细说明该生产线的特殊性、自身缺乏经验而B公司对该生产线拥有较高的工艺技术、在B公司的技术支持服务下生产线得以顺利运转等理由以证实该服务活动使A实际受益。

此外，税务机关也会要求企业对于该笔关联交易的定价进行说明。假设B以来华工作人员的工作小时数以及每小时费率来计算服务费用，税务机关则会考虑该小时费率是否与市场费率相一致。当税务机关对于该小时费率不信服，则有可能会要求B提供专项审计报告，以评估该收费标准是否符合独立交易原则。

第五章

年度关联申报

根据一些国家税法的相关规定，符合条件的企业需定期将其年度关联交易情况向税务机关进行申报和披露。关联申报是税务机关了解企业关联交易、进行转让定价调查和审查转让定价是否合理的重要信息来源和起点。

第一节 部分国家的关联申报和披露要求

世界上的主要国家和地区中，大部分税务机关要求企业在做所得税纳税申报时，同时申报和披露其关联交易情况。另外一些国家和地区虽然没有明确要求企业进行年度关联申报，但要求企业对不确定的交易或税项自行评估，并予以披露。以下我们将以日本、中国台湾、澳大利亚、韩国、美国等国家和地区为例，对其年度关联申报的要求进行简要的概述。

一、日本

日本要求凡是符合规定的纳税人必须在规定的期限内依法向当地税务机关填报其与外国关联企业交易的有关情况，包括附送转让定价资料、财务报表及关联方信息等，并填报《外国关联企业情况明细表》。另外，日本还要求纳税人在年度纳税申报时披露关联交易所采用的转让定价方法。

二、中国台湾

中国台湾要求超过门槛的企业在年度纳税清缴时需详细披露关联企业交易信息，包括投资结构、关联方、关联交易金额、所选择的转让定价方法以及是否已准备转让定价同期资料等。

三、澳大利亚

澳大利亚要求纳税人在进行年度所得税纳税申报时披露关联交易类型、交易金额、相关国家、文件准备和所用的转让定价方法等信息。

四、韩国

韩国要求符合规定的纳税人在年度所得税纳税申报时披露所选转让定价方法以及选择的原因，递交关联交易汇总报告以及海外关联企业的损益表概要。

五、印度

印度企业在年度所得税纳税申报时需同时递交审计师所准备的跨境关联交易详细情况报告以及转让定价同期资料是否已准备完毕的声明。

六、美国

美国企业进行年度所得税纳税申报时，没有就关联交易情况进行披露的法定义务。然而，受美国证券交易委员会监管的美国上市公司需满足相关的关联交易披露要求。依照美国《财务会计准则》（Financial Accounting Standard）57 号文，企业必须披露的信息包括：关联公司性质、交易描述、关联交易定价等。另外，美国财务会计准则委员会（Financial Accounting Standard Board）颁布的第 48 号释义——《所得税不确定性会计处理方法》

(Accounting for Uncertainty in Income Taxes，以下简称“FIN 48”)，要求企业对所有不确定的税项进行评估，如果某税项具有50%以上的不确定性，此税项就必须进行量化并在审计报告中进行计提。

七、英国

英国对于企业关联交易申报也没有法定要求（除了已签署预约定价安排的企业），但一旦纳税人签署了纳税申报表，这就表明企业已自行评估其关联交易往来并确认其关联交易符合独立交易原则。

第二节 中国的关联申报要求

一、关联申报法定义务

2008年12月5日，国家税务总局颁布了国税发【2008】114号，规定企业向税务机关报送年度企业所得税纳税申报表时，应附送企业年度关联业务往来报告表，包括《关联关系表》、《关联交易汇总表》、《购销表》、《劳务表》、《无形资产表》、《固定资产表》、《融通资金表》、《对外投资情况表》和《对外支付款项情况表》，共计九张表（以下统称九张表）。国税发【2008】114号的颁布与执行意味着九张表取代了旧企业所得税法下的《外商投资企业和外国企业与其关联企业业务往来情况年度申报表》中的A类表（A1301—A1307），在原有的申报内容的基础上对企业关联交易的申报提出了更为详细的要求。

2号文的第二章关联申报再次明确：“实行查账征收的居民企业和在中国境内设立机构、场所并据实申报缴纳企业所得税的非居民企业向税务机关报送年度企业所得税纳税申报表时，应附送企业年度关联业务往来报告表。”

二、关联交易类型

正如九张表表名所示，企业关联申报所涉及的关联交易主要包括以下四大类型：

- 有形资产的购销、转让和使用；
- 无形资产的转让和使用；
- 融通资金；
- 提供劳务。

企业年度关联业务往来报告表基本针对和涵盖了上述的关联交易类型。关于关联方交易类型的具体说明，请详见本书第三章转让定价基础理论。

三、关联申报期限

与企业年度纳税汇算清缴一致，企业应在关联交易发生年度的次年5月31日之前报送企业年度关联业务往来报告表。根据《征管法》及《征管法实施细则》，对不申报或者未按照规定期限进行关联申报的企业，可依照有关规定予以税务行政处罚。

第三节 中国关联申报的具体要求及注意事项

下面我们将以简化的关联申报表为例，说明中国关联申报的具体要求及注意事项，完整的企业年度关联业务往来报告表请参见附件1。

一、企业年度关联业务往来报告表——关联关系表（表一）

该表填写与纳税人有业务往来的关联方的背景信息，包括：关联方名称、纳税人识别号、国家（地区）、地址、法定代表人和关联关系类型（见表5-1）。

表5-1　关联关系表

关联方名称	纳税人识别号	国家（地区）	地址	法定代表人	关联关系类型

在填报该表时，纳税人应根据2号文中关联方的认定标准和关联关系申报的范围如实申报。

值得注意的是，2号文中关联关系的认定更加注重实质重于形式原则，不仅局限于股权关系，还包括在融资、产、供、销等方面存在的依存性，利益上的共同性以及实质控制。关于关联方的认定标准，请详见本书第三章转让定价基础理论。

二、企业年度关联业务往来报告表——关联交易汇总表（表二）

该表为表三至表七的汇总表，除其他交易类型的交易金额外，所有交易类型的交易金额均为表三至表七各表的相应交易类型的交易金额汇总数。对于各交易类型，企业必须逐一申报关联交易金额占该类交易总金额的比例（表5－2）。

表5－2　关联交易汇总表

1. 本年度是否按要求准备同期资料：是□ 否□

2. 本年度免除准备同期资料□

3. 本年度是否签订成本分摊协议：是□ 否□　　金额单位：人民币元（列至角分）

交易类型	交易总金额	关联交易		境外关联交易			境内关联交易		
		金额	比例（%）	金额	比例（%）	比例（%）	金额	比例（%）	比例（%）
	1	2＝4＋7	3＝2/1	4	5＝4/1	6＝4/2	7	8＝7/1	9＝7/2
材料（商品）购入									
商品（材料）销售									
劳务收入									
劳务支出									
受让无形资产									
出让无形资产									
受让固定资产									
出让固定资产									
融资应计利息收入			—		—			—	
融资应计利息支出			—		—			—	
其他									
合计			—		—			—	

企业当年度发生关联业务往来，且按规定应准备同期资料的，如企业已准备了同期资料，则在“本年度是否按要求准备同期资料”一项中选择“是”，否则选择“否”。虽然纳税人没有主动上交同期资料的义务，但企业一旦在此选择“是”，这实际上则揭示了企业具有准备同期资料的法定义务。税务机关也可从该表的填写中对准备同期资料的企业范围获得初步了解。

在实际操作中，有些企业具有准备同期资料的法定义务，但在“本年度是否按要求准备同期资料”一项中选择“否”。从合规性的角度来看，如果符合要求的企业未能按照要求准备同期资料，按照2号文的规定，可能会招致严厉的处罚。另外，有些企业具有准备义务但实际并未准备，但其却在“本年度是否按要求准备同期资料”一项中选择“是”，日后一旦税务机关要求企业递交同期资料，企业就必须在20日内提供该资料。20天的递交期限对企业来说具有相当大的准备困难。因此，企业应如实填写上表，从而避免日后审查与处罚的麻烦。另外，对于具有准备同期资料法定义务的企业来说，应按照要求及时准备、保存并按税务机关要求提交其关联交易的同期资料。

企业当年度发生关联业务往来，但符合免除准备同期资料条件，则在“本年度是否按要求准备同期资料”一项中选择“否”，并同时选择“本年度免除准备同期资料”一项。属于下列情形之一的企业，可免于准备同期资料：

- 年度发生的关联购销金额（来料加工业务按年度进出口报关价格计算）在2亿元人民币以下且其他关联交易金额（关联融通资金按利息收付金额计算）在4000万元人民币以下，上述金额不包括企业在年度内执行成本分摊协议或预约定价安排所涉及的关联交易金额；
- 关联交易属于执行预约定价安排所涉及的范围；
- 外资股份低于50%且仅与境内关联方发生关联交易。

另外，根据国税发【2009】363号的规定，跨国企业在中国境内设立的承担单一生产（来料加工或进料加工）、分销或合约研发等有限功能和风险的企业，无论是否达到关联购销金额及其他关联交易金额规模，只要发生亏损均应为亏损年度准备同期资料。

企业如当年度与关联方签订了成本分摊协议，则应在“本年度是否签订成本分摊协议”一项中选择“是”，否则选择“否”。关于成本分摊协议的具体说明请详见本书第九章成本分摊协议。

三、企业年度关联业务往来报告表——购销表（表三）

对于多数企业而言，关联企业之间购销商品的交易是全部关联交易的主体。因此，购销价格是否合理也是税务机关对企业纳税情况进行检查和评估的重点。购销表主要反映的是原材料、半成品、商品等有形资产的购销金额（表5－3）。

表5－3　　购　销　表

金额单位：人民币元（列至角分）

一、总购销

材料（商品）购入			金额	商品（材料）销售			金额
购入总额1＝2＋5				销售总额8＝9＋12			
其中	进口购入2＝3＋4			其中	出口销售9＝10＋11		
	其中	非关联进口3			其中	非关联出口10	
		关联进口4				关联出口11	
	国内购入5＝6＋7				国内销售12＝13＋14		
	其中	非关联购入6			其中	非关联销售13	
		关联购入7				关联销售14	

二、按出口贸易方式分类的出口销售收入

来料加工	关联金额	非关联金额	其他贸易方式	关联金额	非关联金额

三、占出口销售总额10%以上的境外销售对象及其交易

境外关联方名称	国家（地区）	交易金额	定价方法	备注
境外非关联方名称	国家（地区）	交易金额	定价方法	备注
			—	

四、占进口采购总额10%以上的境外采购对象及其交易

境外关联方名称	国家（地区）	交易金额	定价方法	备注
境外非关联方名称	国家（地区）	交易金额	定价方法	备注
			—	

表 5 -3 主要反映企业本年度材料、商品总体采购和销售情况，应按境内、境外、关联、非关联分别填报。来料加工方式的出口销售收入不含材料价格部分，仅为加工费。其他贸易方式的出口销售收入需含材料价格。

另外，企业需对占进出口总额 10% 以上的购销对象及其交易进行单独披露。其中，对关联方还需标明交易所采用的定价方法。定价方法包括：①可比非受控价格法；②再销售价格法；③成本加成法；④交易净利润法；⑤利润分割法；⑥其他。企业在填报时应据实填列。若选择其他方法，则应在备注栏中说明所使用的具体方法。关于各定价方法的说明，请详见本书第三章转让定价基础理论。

值得注意的是，该表中所披露的定价方法可能与企业同期资料中所采用的定价方法有所不同。例如，某企业有多种类型的关联交易，在同期资料中，企业选择了交易净利润法作为评估企业关联交易是否符合独立交易原则的转让定价方法；而在定价方法上，企业实际采用的是再销售价格法来确定销售价格。在实际操作中，企业填写交易净利润法和再销售价格法的情况均有。

四、企业年度关联业务往来报告表——劳务表（表四）

该表要求填写企业与境内外关联方和非关联方之间发生的劳务交易的信息。劳务的范围包括市场调查、营销、管理、行政事务、技术服务、维修、设计、咨询、代理、科研、法律以及会计等服务（表 5 -4）。

表 5 -4　　　　劳　务　表

金额单位：人民币元（列至角分）

<table>
<tr><td colspan="8">一、总劳务交易</td></tr>
<tr><td colspan="3">劳务收入</td><td>金额</td><td colspan="3">劳务支出</td><td>金额</td></tr>
<tr><td colspan="3">劳务收入 1 =2 +5</td><td></td><td colspan="3">劳务支出 8 =9 +12</td><td></td></tr>
<tr><td rowspan="6">其中</td><td colspan="2">境外劳务收入 2 =3 +4</td><td></td><td rowspan="6">其中</td><td colspan="2">境外劳务支出 9 =10 +11</td><td></td></tr>
<tr><td rowspan="2">其中</td><td>非关联劳务收入 3</td><td></td><td rowspan="2">其中</td><td>非关联劳务支出 10</td><td></td></tr>
<tr><td>关联劳务收入 4</td><td></td><td>关联劳务支出 11</td><td></td></tr>
<tr><td colspan="2">境内劳务收入 5 =6 +7</td><td></td><td colspan="2">境内劳务支出 12 =13 +14</td><td></td></tr>
<tr><td rowspan="2">其中</td><td>非关联劳务收入 6</td><td></td><td rowspan="2">其中</td><td>非关联劳务支出 13</td><td></td></tr>
<tr><td>关联劳务收入 7</td><td></td><td>关联劳务支出 14</td><td></td></tr>
</table>

续表

二、境外劳务收入额占劳务收入总额10%以上的境外交易对象及其交易				
境外关联方名称	国家（地区）	交易金额	定价方法	备注
境外非关联方名称	国家（地区）	交易金额	定价方法	备注
			—	
三、境外劳务支出额占劳动支出总额10%以上的境外交易对象及其交易				
境外关联方名称	国家（地区）	交易金额	定价方法	备注
境外非关联方名称	国家（地区）	交易金额	定价方法	备注
			—	

劳务表主要反映企业本年收取或者支付劳务费的情况，应按境内、境外、关联及非关联分别填报。对于占劳务收入或劳务支出10%以上的境外交易对象及其交易，企业则需进行单独披露。其中，对关联方还需标明交易所采用的定价方法。定价方法包括：①可比非受控价格法；②再销售价格法；③成本加成法；④交易净利润法；⑤利润分割法；⑥其他。企业在填报时应据实填列。若选择其他方法，则应在备注栏中说明所使用的具体方法。

值得注意的是，该表中所披露的定价方法可能与企业同期资料文档中所采用的定价方法有所不同。例如，在同期文档中，企业选择了交易净利润法作为评估企业关联劳务交易是否符合独立交易原则的转让定价方法；而在实际中，企业采用的是成本加成的转让定价方法。在实际操作中，企业填写交易净利润法和成本加成法的情况均有。

五、企业年度关联业务往来报告表——无形资产表（表五）

该表要求企业披露其与境内外关联方和第三方之间受让、出让无形资产使用权及所有权，包括土地使用权、专利权、非专利技术、商标权、著作权等的交易情况（表5-5）。

表 5－5　　　　无形资产表

金额单位：人民币元（列至角分）

项目		受让					出让				
		总交易金额	从境外受让无形资产		从境内受让无形资产		总交易金额	向境外出让无形资产		向境内出让无形资产	
			关联交易金额	非关联交易金额	关联交易金额	非关联交易金额		关联交易金额	非关联交易金额	关联交易金额	非关联交易金额
		1＝2＋3＋4＋5	2	3	4	5	6＝7＋8＋9＋10	7	8	9	10
使用权	土地使用权										
	专利权										
	非专利技术										
	商标权										
	著作权										
	其他										
	合　计										
所有权	专利权										
	非专利技术										
	商标权										
	著作权										
	其他										
	合　计										
总　计											

在填写无形资产表时，对于无形资产的受让和出让，纳税人应分使用权、所有权及相应项目分别填报。其中，受让、出让无形资产使用权分别填报支付或收取的使用费（如特许权使用费、租金等）的金额；受让、出让无形资产所有权分别填报因购买或出售无形资产而相应支付或收取的金额。尽管交易对象无需披露，但仍需按境内、境外、关联及非关联分别填列。

六、企业年度关联业务往来报告表——固定资产表（表六）

该表要求企业披露其与境内外关联方和第三方之间受让、出让固定资产使用权及所有权的交易情况（表 5－6）。

表 5－6　　固定资产表

金额单位：人民币元（列至角分）

<table>
<tr><td colspan="2" rowspan="4">项　　目</td><td colspan="5">受　让</td><td colspan="5">出　让</td></tr>
<tr><td rowspan="2">总交易金额</td><td colspan="2">从境外受让固定资产</td><td colspan="2">从境内受让固定资产</td><td rowspan="2">总交易金额</td><td colspan="2">向境外出让固定资产</td><td colspan="2">向境内出让固定资产</td></tr>
<tr><td>关联交易金额</td><td>非关联交易金额</td><td>关联交易金额</td><td>非关联交易金额</td><td>关联交易金额</td><td>非关联交易金额</td><td>关联交易金额</td><td>非关联交易金额</td></tr>
<tr><td>1＝2＋3＋4＋5</td><td>2</td><td>3</td><td>4</td><td>5</td><td>6＝7＋8＋9＋10</td><td>7</td><td>8</td><td>9</td><td>10</td></tr>
<tr><td rowspan="7">使用权</td><td>房屋、建筑物</td><td></td><td></td><td></td><td></td><td></td><td></td><td></td><td></td><td></td><td></td></tr>
<tr><td>飞机、火车、轮船、机器、机械和其他生产设备</td><td></td><td></td><td></td><td></td><td></td><td></td><td></td><td></td><td></td><td></td></tr>
<tr><td>与生产经营活动有关的器具、工具、家具等</td><td></td><td></td><td></td><td></td><td></td><td></td><td></td><td></td><td></td><td></td></tr>
<tr><td>飞机、火车、轮船以外的运输工具</td><td></td><td></td><td></td><td></td><td></td><td></td><td></td><td></td><td></td><td></td></tr>
<tr><td>电子设备</td><td></td><td></td><td></td><td></td><td></td><td></td><td></td><td></td><td></td><td></td></tr>
<tr><td>其他</td><td></td><td></td><td></td><td></td><td></td><td></td><td></td><td></td><td></td><td></td></tr>
<tr><td>合　计</td><td></td><td></td><td></td><td></td><td></td><td></td><td></td><td></td><td></td><td></td></tr>
</table>

续表

项目		受让					出让				
		总交易金额	从境外受让固定资产		从境内受让固定资产		总交易金额	向境外出让固定资产		向境内出让固定资产	
			关联交易金额	非关联交易金额	关联交易金额	非关联交易金额		关联交易金额	非关联交易金额	关联交易金额	非关联交易金额
		1 = 2 + 3 + 4 + 5	2	3	4	5	6 = 7 + 8 + 9 + 10	7	8	9	10
所有权	房屋、建筑物										
	飞机、火车、轮船、机器、机械和其他生产设备										
	与生产经营活动有关的器具、工具、家具等										
	飞机、火车、轮船以外的运输工具										
	电子设备										
	其他										
	合计										
总计											

在填写固定资产表时，对于固定资产的受让和出让，纳税人应区分使用权还是所有权。所有权的受让和出让交易金额可根据企业固定资产和在建工程的详细账簿记录填列；使用权主要针对租赁的情况，要根据制造费用、管理费用及营业费用等多个科目分析填列。尽管交易对象无需披露，但仍需按

境内、境外、关联及非关联分别披露。

七、企业年度关联业务往来报告表——融通资金表（表七）

该表主要反映企业本年度与境内外关联方之间的债权融资信息，并要求企业申报其从关联方接受的债权性投资与企业权益性投资的比例，从而评估企业是否出现资本弱化情况，这也是资本弱化问题被首次纳入关联申报内容当中（表5-7）。

表5-7　　　　融通资金表

企业从其关联方接受的债权性投资与企业权益性投资的比例：

金额单位：人民币元（列至角分）

	境外关联方名称	国家（地区）	币种	融资金额		利率	融资起止时间	应计利息支出	应计利息收入	担保方名称	担保费	担保费率
				融入金额	融出金额							
定期融资												
其他	—	—	—		—	—	—		—	—		—
合计	—	—	—	—		—	—	—		—		—
合　计		—	—			—	—			—		—

纳税人首先需明白关联债权性投资的范围。关联债权既包括来自于关联方的直接融资，也包括来自于关联方的间接融资。按照《所得税法实施条例》第一百一十九条的规定："企业间接从关联方获得的债权性投资，包括：（一）关联方通过无关联第三方提供的债权性投资；（二）无关联第三方提供的、由关联方担保且负有连带责任的债权性投资；（三）其他间接从关联方获得的具有负债实质的债权性投资。"

一旦企业年度发生关联资金融通，则需进行关联债资比例的计算，并在此表中披露。关联债资比例的具体计算方法如下：

关联债资比例 = 年度各月平均关联债权投资之和 ÷ 年度各月平均权益投资之和

其中：

各月平均关联债权投资 = （关联债权投资月初账面余额 + 月末账面余额）÷2

各月平均权益投资 = （权益投资月初账面余额 + 月末账面余额）÷2

关于关联债资比例计算的具体运用和说明详见本书第十一章资本弱化。

通过关联债资比例的计算，税务机关可直观地了解到企业是否存在资本弱化问题。另外，企业需注意的是，关联债资比例超过标准比例部分的利息支出，如要获得税前抵扣，则需准备相关文档来证明企业关联债权投资符合独立交易原则。该部分内容详见第十一章资本弱化。

八、企业年度关联业务往来报告表——对外投资情况表（表八）

近年来，随着中国经济的发展，有越来越多的内资企业开始对外直接投资，在境外设立子公司等关联企业。针对这种情况，中国的税务机关需要了解对外投资情况，以避免企业将不合理的利润过多留在国外以及由此带来的国家税源流失。对外投资情况表要求企业详细披露被投资外国企业情况，包括被投资外国企业的基本信息、持股信息、所得税税负情况、股利支付情况以及被投资外国企业财务数据等（表5－8）。

表5－8　对外投资情况表

金额单位：人民币元（列至角分）

<table>
<tr><td colspan="6">一、企业基本信息</td></tr>
<tr><td colspan="6">二、被投资外国企业基本信息</td></tr>
<tr><td colspan="6">三、被投资外国企业是否在国家税务总局指定的非低税率国家（地区）是□ 否□</td></tr>
<tr><td colspan="6">四、被投资外国企业年度利润是否不高于500万元人民币 是□ 否□</td></tr>
<tr><td colspan="6">五、被投资外国企业年度企业所得税税负信息</td></tr>
<tr><td>应纳税所得额</td><td>实际缴纳所得税</td><td>税后利润额</td><td>实际税负比率（%）</td><td colspan="2">被投资企业法定所得税率</td></tr>
<tr><td>7</td><td>8</td><td>9＝7－8</td><td>10＝8/7</td><td colspan="2">11</td></tr>
<tr><td></td><td></td><td></td><td></td><td colspan="2"></td></tr>
<tr><td colspan="6">六、被投资外国企业全部股东信息</td></tr>
<tr><td colspan="3">七、被投资外国企业年度损益表</td><td colspan="3">八、被投资外国企业资产负债表</td></tr>
<tr><td colspan="6">九、企业从被投资外国企业分得的股息情况</td></tr>
<tr><td colspan="2">本年度应分配股息额</td><td colspan="2">本年度实际分配股息额</td><td colspan="2">比例（%）</td></tr>
<tr><td colspan="2">12</td><td colspan="2">13</td><td colspan="2">14＝13/12</td></tr>
<tr><td colspan="2"></td><td colspan="2"></td><td colspan="2"></td></tr>
</table>

存在对外投资的企业应如实填报该表，并根据《所得税法》规定自行判断所投资企业是否构成受控外国企业。关于受控外国企业的说明，请详见本书第十章受控外国企业。

另外，根据国税函【2009】37号文的规定，上表中的“被投资外国企业是否在国家税务总局指定的非低税率国家（地区）”中所指的“非低税率国家（地区）”包括美国、英国、法国、德国、日本、意大利、加拿大、澳大利亚、印度、南非、新西兰和挪威共12个国家。如居民企业投资多个外国企业，表5-8应按投资的外国企业户数一户一表分别填写。

九、企业年度关联业务往来报告表——对外支付款项情况表（表九）

该表主要反映企业本年度向境外支付各类款项的情况，其中支付给境外关联方的应单独填列。众所周知，我国在外汇管理方面的规定较为严格，特别是在非贸易项下对外付汇需要提出申请，并需代扣代缴企业所得税（表5-9）。

表5-9　　对外支付款项情况表

金额单位：人民币元（列至角分）

项　目	本年度向境外支付款项金额	其中：向境外关联企业支付款项金额	已扣缴企业所得税金额	是否享受税收协定优惠
1. 股息、红利				
2. 利息				
3. 租金				
4. 特许权使用费				
其中：商标费				
技术使用费				
5. 财产转让支出				
6. 佣金				
7. 设计费				
8. 咨询费				
9. 培训费				
10. 管理服务费				
11. 承包工程款				
12. 建筑安装款				

续表

项　　目	本年度向境外支付款项金额	其中：向境外关联企业支付款项金额	已扣缴企业所得税金额	是否享受税收协定优惠
13. 文体演出款				
14. 认证、检测费				
15. 市场拓展费				
16. 售后服务费				
17. 其他				
其中：				
合　　计				

在填报本年度向境外支付款项的金额时，企业应按照权责发生制原则填写，既包括计入成本、费用并且已实际支付的金额，也包括虽未支付但已列入本年度成本、费用的金额。相应地，理论上而言，对外支付所应代扣代缴企业所得税的义务发生的时点应与对外支付款项列支为当年的成本、费用的时点一致。而实际操作中，企业往往在实际支付时，才扣缴相应的企业所得税。在填写此处时，企业应审慎评估该潜在风险，并确保企业所得税扣缴时间和金额均符合法律规定。

此外，“是否享受税收协定优惠”是指如收取款项的境外机构，设立在与中国签订优惠税收协定的国家或地区，可按税收协定规定的优惠税率支付预提所得税。

第四节
关联申报带来的价值与机会

企业年度关联业务往来报告表比较直观地反映了企业关联交易的内容、范围和性质，强调了企业应就其与关联方的业务往来情况进行申报的法律义务。企业应当如实按期履行关联申报的纳税义务，合理地披露关联交易信息，以满足税务机关对于合规性的要求。

一方面，年度关联申报是中国税务机关掌握纳税人关联交易情况的重要信息来源，同时也标志着中国税务机关正不断加强在转让定价方面监管的力度。

另一方面，企业可以利用关联申报作为契机，再度复核其转让定价政策的合理性，并评估其转让定价安排的现状。例如，对其境内、境外、关联及非关联交易，特别是利润率进行比较，评估潜在的转让定价风险。若企业发觉所采用的转让定价政策存在着不合理之处，则应对其转让定价政策进行优化和改进，从而合理控制并降低其转让定价风险。

第六章

同期资料准备

同期资料用于记录企业关联交易情况、定价政策等转让定价相关信息。所谓同期，是指企业记录和保存转让定价相关信息资料的年度。企业需依纳税年度准备、保存，并按税务机关要求提供同期资料。根据各国法规的不同，同期资料的要求和形式也略有差异。

第一节 主要国家的同期资料准备法规概览

在拥有转让定价法规的50多个国家和地区中，绝大多数都有同期资料准备的法定要求。此外，其他一些国家和地区的转让定价法规和同期资料要求也在草拟中，并预计将很快正式出台。本节将介绍一些具有代表性的国家或地区的同期资料相关要求。

一、同期资料准备门槛

1. 美国

目前美国并没有法定的转让定价同期资料准备要求。一旦当税务当局对纳税人施以转让定价调查时，纳税人必须能够在税务当局提出要求起30日内提供其记录内部关联交易的文档。

2. 澳大利亚

澳大利亚转让定价法规没有强制要求企业准备同期资料，但澳大利亚税法TR98/11对纳税人准备同期资料的步骤给予了说明和指导。此外，2004年，澳大利亚国税局针对中小企业（年收入额小于1亿澳元[①]）颁布了简化的转让定价同期资料准备要求，但实际应用不多。

3. 中国台湾

中国台湾对同期资料有法定要求，除了中小企业和满足下述要求[②]的企业得以豁免，其他企业均需准备同期资料：

- 纳税企业年度收入低于3亿元新台币；
- 纳税企业年度收入超过3亿元新台币，低于5亿元新台币，并且利用的税收抵免小于200万元新台币或者以往5年结转亏损小于800万元新台币；
- 纳税企业向关联方贷款，利率超过该纳税年度1月1日台湾银行的标准借款利率，且贷款金额小于3亿元新台币；
- 纳税企业年度关联方交易总额小于2亿元新台币。[③]

4. 日本

目前日本并没有法定的转让定价同期资料准备要求。一经税务机关要求，纳税人应及时提交同期资料。

5. 韩国

韩国的企业国际税收事务协调法要求企业在年度纳税汇算清缴时准备并

---

① 1亿澳元大约相当于5.5亿元人民币。该条件不适用于任何上市公司集团子公司以及部分跨国私人集团。

② 此同期资料门槛要求为2008年11月台湾税务当局因经济不景气而颁布。

③ 3亿元、5亿元、200万元、800万元和2亿元新台币分别约相当于6000万元、1亿元、40万元、160万元和4000万元人民币。

保存同期资料。而且一旦税务机关要求，企业应在30天内递交同期资料。

从豁免门槛和同期资料要求上可以看出，中国台湾在法规中明确了同期资料的准备义务，但是针对中小规模的纳税人设定了一定的豁免门槛。另外，一些发达国家如日本、美国等，虽然同期资料不是强制要求，但在实际操作中，很多纳税人都会选择准备同期资料，普及率很高。由于转让定价的概念在这些国家出现较早，纳税人已经越来越意识到转让定价的重要性，并且意识到同期资料不只是一个法定义务，也是降低潜在的转让定价调查风险和税务风险的一种有效手段。

二、同期资料的具体要求

1. 美国

美国虽然并无法定要求纳税人必须准备转让定价同期资料，但其《国内税收法典》仍然对于同期资料的准备提供了指导，具体内容如下：

- 纳税义务人的经营概况，包括分析经济和法律因素对其财产和服务定价的影响；
- 纳税义务人的组织结构描述（包括组织结构图），涵盖所有参与符合482号文下相关交易的关联方；
- 482号文还要求同期资料附上公司之间的合同以及其他资料（如有）：成本分摊协议、市场份额战略、由计划抵消产生的相关调整；
- 转让定价方法选择的描述以及为何选择该方法的解释；
- 被考虑的可选择方法的描述以及为何不选择该方法的解释；
- 受控交易的描述（包括销售条款）和所有分析这些交易的内部数据；
- 被选可比公司的描述，如何评估其可比性，有何调整（如有）；
- 经济分析的说明和运用该方法的支持性方案；
- 纳税年度以后填报纳税申报表之前，对纳税义务人所取得的所有相关数据的描述和总结的概述，这有助于决定一个纳税义务人是否合理地选择了一个特定方法；
- 企业负责人和背景资料的总体索引，以及对运用于编制目录的记录保存系统和取得这些资料的描述。

2. 澳大利亚

澳大利亚税务当局制定了指导企业准备同期资料的四个步骤。虽然目前没有法定的同期资料准备要求，但税务当局推荐企业遵循这些步骤准备同期资料并保存，包括交易类型和金额、定价过程、资产及风险分析及所采用的转让定价方法等。此外，税务当局希望企业能自行审核关联交易的执行和结果的差异，并保证对影响实质改变的因素进行考虑和记录。一般情况下，企业在收到提交同期资料的通知后才需递交相关资料。

3. 中国台湾

根据其转让定价法规，同期资料内容包括：

• 经营概况；

• 组织结构；

• 受控交易的相关描述；

• 转让定价报告，包括行业和功能分析、独立交易原则的详细概述、转让定价方法选择、可比性分析、财务和经济分析；

• 按照中国台湾“公司法”第三百六十九条之十二款规定的“关系报告书”和“关联企业合并营业报告书”；

• 其他与关系人或受控交易有关并影响其定价的文件资料。

企业委托会计师查核签证申报所得税，当涉及同期资料复核时，企业应披露报告出具人姓名。

4. 日本

由于目前并无法定的转让定价同期资料准备要求，因此也没有统一而明确的内容要求。一般来说，同期资料的内容包括：资本关系、关联方交易、经营情况、财务状况、转让定价方法选择、搜索过程以及可比公司的选择。这与《OECD 转让定价指南》和一般国家对于同期资料的要求是基本一致的。

5. 韩国

根据其转让定价法规，同期资料包括关联交易合同、企业转让定价政策、组织结构图、业务分部财务报表、产品线或功能、业务描述、转让定价方法的选择和应用，以及其他可以用以评估企业独立交易原则实质的文件。

由此可以看出，各国在同期资料内容上的要求大体上是一致的，基本都包含公司情况、行业态势、交易细节、转让定价方法的选择和使用以及可比性分析等方面。

三、同期资料的期限和其他要求

1. 美国

由于没有法定的转让定价同期资料准备要求，因此没有明确的期限。但税务当局对纳税人施以转让定价调查时，纳税人必须能够在税务局提出要求起30日内提供其内部关联交易的资料。因此，在实际操作中，企业一般也会在一个纳税年度结束后加紧准备。

2. 澳大利亚

由于没有法定的转让定价同期资料准备要求，所以澳大利亚同期资料的准备没有期限限制，然而税务当局建议企业在年度纳税申报前准备完毕，以降低潜在的转让定价调查风险。企业仅会在收到税务当局的转让定价文档审查通知后，被要求提交转让定价同期资料。

3. 中国台湾

同期资料应用中文准备，如获得税务部门批准，也可使用英文准备。根据转让定价准则规定，除了获得豁免的企业，其他企业必须在所属纳税年度后的5个月之内准备完毕转让定价报告和其他相关资料，并自税务机关要求之日起1个月内提供。同期资料要求企业自准备年度起保存10年。

4. 日本

由于目前无法定的转让定价同期资料准备要求，因此没有明确期限。

5. 韩国

同期资料应在每年企业所得税汇算清缴的同时完成并相应保存。一经税务机关要求，企业应于30日之内提交同期资料。

第二节 中国的同期资料准备法规要求

一、门槛

中国国家税务局在设立同期资料门槛时，充分考虑了纳税人的负担情况。目前，属于下列情形之一的企业，可免于准备同期资料：

- 年度发生的关联购销金额（来料加工业务按年度进出口报关价格计算）在2亿元人民币以下且其他关联交易金额（关联融通资金按利息收付金额计算）在4000万元人民币以下，上述金额不包括企业在年度内执行成本分摊协议或预约定价安排所涉及的关联交易金额；
- 关联交易属于执行预约定价安排所涉及的范围；
- 外资股份低于50%且仅与境内关联方发生关联交易。

根据国税函【2009】363号的规定，跨国企业在中国境内设立的承担单一生产（来料加工或进料加工）、分销或合约研发等有限功能和风险的企业，无论是否达到上述关联购销金额及其他关联交易金额规模，只要发生亏损均应就发生亏损年度准备同期资料。

此外，税务机关对企业实施转让定价纳税调整后，应自企业被调整的最后年度的下一年度起5年内实施跟踪管理。在跟踪管理期内，企业应在跟踪管理期内每年向税务机关提供跟踪年度的同期资料。

下文将就以上门槛一一举例进行说明。

案例6－1

生产型企业A向境外关联企业采购原材料，进行生产后将产成品销售至境外关联企业。2009年，A企业向母公司H采购的原材料和销售的产成品价值共计3.1亿元；此外，A企业还接受母公司提供的技术支持服务，并支付3000万元的服务费。该企业当年的购销金额超过2亿元的门槛，虽然服务费小于4000万元的门槛，也应准备2009年同期资料。

案例6－2

服务型企业B主要向境外关联方提供研发服务并相应收取服务费。2009年B企业与境外关联方发生的关联交易为：收取服务费7000万元，另有零星采购50万元。虽然购销金额低于门槛2亿元，但由于服务费超过4000万元，B企业仍需准备2009年同期资料。

案例6－3

来料加工型企业C由母公司向其提供生产原料以供其开展来料加工业

务。2009 年该企业报关单上的材料价格为 1 亿元，向母公司收取加工费 3000 万元。在判定该企业是否达到准备同期资料门槛时，应以 2.3 亿元的报关价为计算基础（进口材料价格、出口材料价格及劳务费总计），也就是说该企业关联购销金额超过了 2 亿元的门槛，需要准备同期资料。

案例 6-4

生产型企业 D 从关联公司融资。2009 年企业在关联交易中，从关联方借款 5000 万元，支付的利息为 400 万元。该企业的购销金额未超过 2 亿元的门槛。在融资业务中，不以融资本金来计算是否达到门槛要求，而是以利息收付金额作为判定标准，也就是说该企业支付的利息 400 万元未超过其他关联交易金额 4000 万元的门槛，因此 2009 年该企业无需准备同期资料。

案例 6-5

生产型企业 E 设立在中国境内，仅承担为国外关联方提供电子零配件的单一生产功能，而不承担研发、市场、销售等功能。受金融危机的影响，2009 年该企业出现订单下降，销售减少，最终出现 400 万元的亏损。虽然该企业当年的关联方交易仅为 5000 万元的购销交易，但根据国税函【2009】363 号的要求，该企业当年仍需准备同期资料。

案例 6-6

服务型企业 F 是一家中外合资企业，外资持股比例为 38%。该企业主要提供研发和技术支持服务。2008 年该企业仅向中国关联方提供劳务，即仅发生境内关联交易。该企业外资持股比例小于 50% 且仅发生境内关联交易，因此 2008 年该企业无需准备同期资料。2009 年，该企业向境外关联方提供研发服务，并收取了 5000 万元的服务费。虽然该企业外资持股比例仍小于 50%，但由于当年发生了境外关联交易，且超过 4000 万元的门槛，所以该企业 2009 年需准备同期资料。

案例 6-7

生产型企业 G 与税务机关签订预约定价安排，起始年度为 2009 年，期限 5 年。2010 年，因存在有效的预约定价安排，企业无需就预约定价涉及的交易准备同期资料，但需向税务机关提交执行预约定价安排情况的年度报告。

案例6-8

2010年6月，税务机关对企业H进行转让定价调查，并要求其进行2008年和2009年转让定价纳税调整。此后5年（2010年到2014年），企业H一直处于跟踪管理期内，必须每年向税务机关提供同期资料。

鉴于转让定价调查是没有任何门槛的，即企业无论关联交易的形态、数额大小，只要是存在不合理的转让定价安排，均有可能被税务机关施以转让定价调查。所以，对于有关联交易的企业而言，应通过全面的转让定价分析，来判断自身的关联交易是否符合独立交易原则。值得一提的是，2号文中规定的准备同期资料的门槛不是以会计记账金额或审计金额为依据，而是采用税务调整后的金额来计算。因此，当企业账载关联交易金额接近法规门槛时，企业也应对内部转让定价安排做未雨绸缪的考虑。

案例6-9

凯希米亚中国公司是一家中国生产企业，其产品全部销售给母公司凯希米亚英国公司。2008年，公司从母公司获得销售额为1.9095亿元人民币，成本为1.9000亿元人民币，实际的完全成本加成率为0.5%，当年企业所得税率为25%。由于管理层认为当年关联交易金额未达到2亿元的门槛，因此公司未准备同期资料。

10年后，凯希米亚中国公司被当地税务机关施以转让定价调查，其结论为该公司的转让定价安排不符合独立交易原则。税务机关认为凯希米亚中国公司符合独立交易原则的利润率为6%的完全成本加成率，并对其销售额进行了调整（如表6-1）。

表6-1　　案例6-9中凯希米亚中国公司2008年销售额调整

金额单位：亿元

项　目	2008年
原始销售额	1.9095
总成本	1.9000
核定的完全成本加成率	6%
调整后销售额	2.0140

虽然企业2008年账载关联销售金额没有超过2亿元的购销门槛，但在纳税调整后，企业的关联销售额大于此门槛，从而需要准备同期资料。

二、时间期限

同期资料有三个重要的时间期限概念，即“准备截止期”、“递交截止期”和“保存期限”。

所谓“准备截止期”，是指负有准备义务的企业必须将同期资料准备完毕的时间期限。对于大多数企业而言，准备截止期为次年5月31日。

一旦税务机关要求企业递交同期资料，企业就必须遵守“递交截止期”的规定，即自税务机关要求之日起20日内提供该资料。根据规定，对于发生亏损的单一功能企业，应当在亏损年度次年的6月20日前将同期资料主动报送主管税务机关。

由于税务机关对企业转让定价调查的追溯期长达10年，因此企业应对同期资料自关联交易发生年度的次年6月1日起保存10年。

值得注意的是，对于2008年度及以后各年度的同期资料递交期限，各地税务机关除原则上沿用2号文和国税函【2009】363号的相关规定以外，也陆续出台了针对当地企业的具体规定。例如，深圳市国家税务局规定，需要准备同期资料的企业，应在2010年3月20日前向各主管税务机关报送2008年度关联交易同期资料；对于2009年以后年度（包括2009年）的关联交易同期资料，企业按相关规定于次年6月20日前向主管税务机关报送。

除了上述三个时间期限外，企业还需了解同期资料的递交规则。对大多数企业来说，同期资料是“不要则不交”，即税务机关未要求企业提交时，企业应将已经准备完毕的资料自行留档。对于单一功能企业若发生亏损，则须准备并主动提交同期资料。另外，在提交同期资料时，企业应与当地税务机关及专管员确认，严格遵守各地具体的规定。

三、罚则及法律责任

从合规性的角度，符合准备同期资料要求的企业有义务按规定准备同期资料。如果企业未能按要求准备同期资料，则可能产生以下风险：

- 行政处罚，最高罚款金额可达5万元。
- 被核定征税。

• 被税务机关列为转让定价调查对象并施以转让定价调整。由于转让定价审查追溯期可长达10年，因此企业涉及调整的金额可能非常庞大。结合上一条罚则来说，在转让定价调查中，若企业拒绝税务机关的转让定价调整，税务机关则有权使用“核定利润法”来决定企业的合理利润水平。

• 加收罚息。一旦企业被施以特别纳税调整，则应在补缴税款的同时按同期银行贷款利率加征利息及额外5%的罚息。但对于准备了同期资料的企业，即使最终被施以纳税调整，亦可以免除5%的罚息。具体关于罚息计算的案例详见第七章转让定价调查。

四、实际执行

2010年7月12日，国家税务总局颁布国税函【2010】323号，要求各地税务主管部门分年度（2008年和2009年）统计本省应准备同期资料的企业名单，严格按照统计抽样方法抽取测试样本（每个年度抽取样本数量应不低于总体的10%），并组织检查样本企业同期资料准备情况。

近几年，部分地区税务机关采取地毯式搜索，要求所有达到准备门槛的企业递交同期资料，包括山东省、天津市、上海市等。

第三节 中国的同期资料内容

同期资料内容由组织结构、生产经营情况、关联交易情况、可比性分析和转让定价方法的选择和使用五部分组成，下面将结合2号文的规定和我们的实务经验对各部分的内容作出详细说明。

一、组织结构

企业可从以下几点对组织结构进行描述：

• 企业集团相关组织结构及股权结构。通过股权结构情况，税务机关能清晰地了解到企业的母公司、最终母公司和兄弟公司的控股情况。

• 企业关联关系的年度变化情况。

• 与企业发生交易的关联方信息，包括关联企业的名称、法定代表人、董事和经理等高级管理人员构成情况、注册地址及实际经营地址等。

• 各关联方适用的具有所得税性质的税种、税率及相应可享受的税收优惠。企业或税务机关可以结合股权结构和税率情况，分辨出处于避税港的关联方，并发掘出操纵利润或避税的可能。

此外，企业在披露该部分内容时，也应与公开信息（如公众网站、上市公司年报等）相匹配。

二、生产经营情况

1. 公司分析

企业需要对自身业务概况进行描述，包括企业发展变化概况、集团产业链以及企业所处地位、企业内部组织结构、主营业务构成，如主营业务收入及其占收入总额的比重，主营业务利润及其占利润总额的比重等。

企业除了介绍自身情况外，还要披露集团合并财务报表。企业和税务机关可通过该报表将集团与企业的利润水平进行对比。例如，若企业的集团合并财务报表显示集团当年度的营业利润率为34%，而该企业自身当年度却发生亏损，则税务当局有可能提出质疑，是否由于集团转让定价政策不合理，导致中国企业未能获得合理利润。

2. 行业分析

一般企业可以从产品、结构、市场竞争情况、影响行业利润水平的主要因素以及企业自身的竞争优势等方面展开描述。在实际操作中，记录和分析转让定价的一个关键问题是理解企业所在的具体行业，因为集团内部交易的转让定价制定通常受到诸如行业结构、竞争状况和市场趋势等因素的影响。而一份好的行业分析应能与同期资料的其他部分相互呼应，并为判断关联交易是否符合独立交易原则提供一定的依据。举例来说，若企业拥有很高的市场份额，而其财务状况却为亏损，则税务当局有可能怀疑这是否是由于该企业的转让定价体制不合理而造成的。

3. 功能分析

功能分析是同期资料的重点内容之一，因为企业与关联方在交易中的功能、风险情况是评估各关联方应获得的利润水平的重要基础，企业应根据自身的实际情况作出详细描述。鉴于此，我们也将重点介绍该部分内容。

（1）功能分析的定义与目的

功能分析作为转让定价实务中一个约定俗成的叫法，其实更应被称为功能、风险与资产分析。它是对关联交易下的双方在交易过程中所执行的功能、承担的风险以及使用的资产状况作出的具体分析与阐述。

根据经济学原理，一个企业的预期收益是与其承担的功能、风险与资产状况紧密挂钩的。因此，对关联交易下的双方作出完整的功能分析，将有助于可比性分析，从而进一步确定符合独立交易原则的转让定价安排。正如《2010年OECD转让定价指南修订版》所指出的：

“在两个独立企业进行交易时，所获得的报酬往往反映了各自执行的功能（及使用的资产与承担的风险）。因此，为了判定受控交易、企业与非受控交易、企业是否可比，必须对各个企业的功能进行比较。这种比较需要基于功能分析而完成，即：寻找并比较独立企业与关联企业已承担或将要承担的在经济上具有重要性的活动及职责。”

（2）完整供应链下的功能列表

假设一个企业能独立运营自我管理，则该企业可以被认为是功能完整的企业。但随着经济的发展，生产分工细化，尤其是大型的集团企业纷纷在全球范围内设立子公司。因此，在集团内部交易的双方可能分别承担某些功能；或者双方均承担某一功能，但程度不同。对于一个企业来说，在其他条件一致的前提下，承担更多或更复杂的功能可能意味着更高的预期收益。举例来说，来料加工企业的原材料由客户提供，而进料加工企业需要自行采购原材料，并对原材料的质量进行检验与负责。相比进料加工企业，来料加工企业不会发生因执行采购功能而产生的成本，但也不会获得因执行该功能而可以获取的收益。

2号文的《企业功能风险分析表》以生产型企业为模板，将整个完整供应链下的功能划分为以下五类（具体《企业功能风险分析表》详见附件2）。

- 研发：核心技术研发、生产和工艺设计、包装和标签、质量控制。举例来说，国外母公司承担核心技术的开发，而中国子公司则负责设计生产和工艺流程，将核心技术付之于实际产品。
- 生产：采购、生产设备和计划、质量控制、存货、运输。
- 营销：营销策略、营销手段、商标和商誉。举例来说，海外总部负责集团全球的营销活动，中国子公司辅佐海外总部从事部分针对本土市场的营销活动。

• 销售和分销：销售和分销、存货、运输、安装与售后服务。举例来说，某公司会向关联方和第三方客户销售产品。在对关联方销售时，该公司无需提供安装，关联方会自行安装；在对第三方客户销售时，公司必须提供相应的安装服务。

• 管理和其他服务：一般管理、定价政策、融资、人事、财产使用租赁。

（3）完整供应链下的风险列表

企业在承担不同功能的同时会产生相应的风险。在《企业功能风险分析表》模板中将整个完整供应链下的风险归结为以下几类：研发风险、设计风险、包装风险、质量控制风险、市场风险、生产风险、存货风险、运输风险、营销风险、售后风险、管理风险、定价风险、信用风险、财务风险（汇率和利率波动风险）。

在其他条件一致的前提下，承担更多的风险可能意味着更高的预期收益。正如前文提到的来料加工与进料加工企业的对比案例，由于来料加工企业不具有原材料的所有权，故无需承担原材料价格波动风险与原材料存货风险。但相应地，来料加工企业也不会获得因为承担这类风险而带来的收益。

《企业功能风险分析表》要求企业披露在关联交易中参与各方的功能、风险情况，其中 A 企业是指递交报告企业自身，B1 与 B2 企业均为关联方，企业也可根据实际情况自行增减关联方企业列。该表共有 5 大部分 129 个条目，对各部分内容都进行了详细和深入的调查。该表在填写时，若企业执行该功能或承担该风险时可在相应单元格内打钩，未执行或承担时可画叉。企业若不适用这些条目时，则可以相应地写上“不适用”。虽然该表已经极尽详细，但企业的实际情况也许更加复杂。因此，该表允许企业在表后添加附注，更好地解释条目中的问题。表 6－2 为《企业功能风险分析表》的简化版，详细举例请参见下文。

表 6－2　　《企业功能风险分析表》简化版

分类	调查项目	A 企业	B1 企业	B2 企业
一、研发	（一）核心技术研发			
	（二）生产和工艺设计			
	（三）包装和标签			
	（四）质量控制			

续表

分类	调查项目	A 企业	B1 企业	B2 企业
二、生产	（一）采购			
	（二）生产设备和计划			
	（三）质量控制			
	（四）存货			
三、营销	（一）营销策略			
	（二）营销手段			
	（三）商标和商誉			
四、销售和分销	（一）销售和分销			
	（二）存货			
	（三）运输			
	（四）安装与售后服务			
五、管理和其他服务	（一）一般管理			
	（二）定价政策			
	（三）融资			
	（四）人事			
	（五）财产使用租赁			

（4）完整供应链下的资产列表

在执行功能和承担风险的过程中，企业会占有及使用资产。这些资产既包括有形资产，如原材料、产成品存货、生产所用的机器设备等，又包括无形资产，如产品专利、专有技术、商标、商誉等。

除了功能与风险状况外，不同的资产占有与使用状况也会对企业的预期收益产生重大影响，而无形资产尤为如此。举例来说，一家拥有高附加值商标这一无形资产的企业分销商品时所预期获得的收益一般会高于一家不拥有商标无形资产而只是受托分销商品的企业。

（5）企业定位

经过详细的功能、风险与资产分析后，企业定位的作用是对企业在关联交易中担当的角色进行归纳和分类。下面就分别以生产企业和销售企业为例进行具体说明。

• 生产商分类

基于转让定价目的划分的生产型企业区间包含综合型生产商、有限功能生产商、合同生产商，以及来料加工/委托生产商。定位在此区间内的企业，其期望回报率与其履行的职能、承担的风险，以及拥有与开发的有形和无形资产息息相关。

综合型生产商一般在其所处的行业内展开全方位的企业家行为和经营行为。经营职能既包括完成产品必须的生产和组装活动，也包括维持正常生产能力的日常行政管理工作。综合型生产厂商从事战略性的活动，比如生产计划的制定、生产车间和流程的设计、产品规格的开发、质量监管、产品研发、采购政策和材料规格的完善、存货规划，以及企业战略的制定。相应地，综合型生产商会承担上述活动相关的风险（如研发风险和市场风险），同时享受上述活动形成的无形资产所带来的利益（如从第三方不能获得的产品或制造技术、商标，以及产品质量的声誉）。

有限功能生产商的经营职能既包括完成产品必须的生产和组装活动，也包括维持正常生产能力的日常行政管理工作。在生产过程中，有限功能生产商不拥有无形资产，需要通过关联方提供的专利等技术进行生产。该类生产商从事战略性的活动，比如生产计划的制定、质量监管、产品研发、采购政策和材料规格的完善、存货规划，以及企业战略的制定。相应地，其会承担上述职能带来的风险（如质量控制风险和市场风险）。

合同生产商的主要职能是生产。然而，合同生产厂商不拥有或仅拥有一小部分的无形资产。合同生产厂商一般采用客户提供的各种生产技术、工艺标准、质量监控流程，以及生产计划。合同生产厂商也可能从事基本的组装或生产。除在岗现学的技能以外，这些组装或生产对生产工人的技术要求不高。因此，合同生产商平均获得的经营回报率要低于同行业或同市场中的综合型生产商。

来料加工/委托生产商不采购任何原材料，一般也不拥有对在产品、产成品的所有权。该类生产商不拥有无形资产或对无形资产无投入。因而，来料加工/委托生产商取得的收入形式各异，通常是对成本进行加成来体现有限的风险。

上述四类生产商的功能与风险，以及各自应当获取的利润水平如图 6－1 所示。

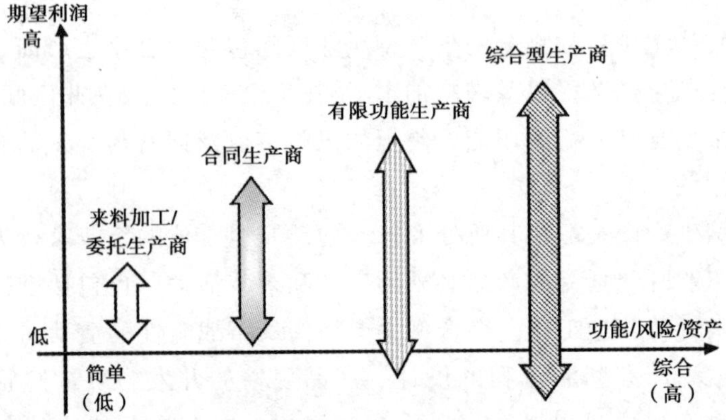

图6－1　四类生产商的功能、风险及利润水平示意图

- 分销商分类

基于转让定价目的划分的销售型企业区间包含全功能分销商、有限功能分销商，以及佣金代理商。定位在此区间内的企业，其期望回报率与其履行的职能、承担的风险、拥有的无形资产密切相关，其开展的活动有如下几个特点：

全功能分销商主要是通过买入或卖出的方式，承担所有的销售与分销职能，以及相应的商业风险。此外，全功能分销商还要负责营销战略的规划和实施，并承担相关风险（如信贷风险、存货损耗风险和市场风险等）。全功能分销商还会开发相关的市场营销无形资产，即客户关系/商誉/商标认知度，以及第三方经销商网络等。

有限功能分销商从事的许多活动和全功能经销商相类似，两者最主要的区别是参与战略营销活动的程度。在许多行业中，分销商很少或不承担战略营销责任，但可能承担生产商战略营销计划中隐含的日常风险。由于分销商并不承担这些职能，其也避免了包括市场风险在内的一些相关的风险，并且通常不进行营销相关无形资产的开发。

佣金代理商可以被定义为代理销售，通常这些企业不购买所有权，通过代表生产或销售商直接转售产品的方式销售商品。货物的采购由其委托厂商负责。鉴于业务风险主要由委托厂商承担，佣金代理商基于合同条款向委托生产销售企业按销售额提取一部分佣金。佣金代理商承担的典型销售功能有：识别潜在客户、向现有以及潜在客户发出要约邀请、介绍新产品、接订单、维护客户关系以及提供技术协助。佣金代理商通常不会参与任何战略性的市场营销活动。

上述三类分销商的功能与风险，以及各自应当获取的利润水平如图 6－2所示。

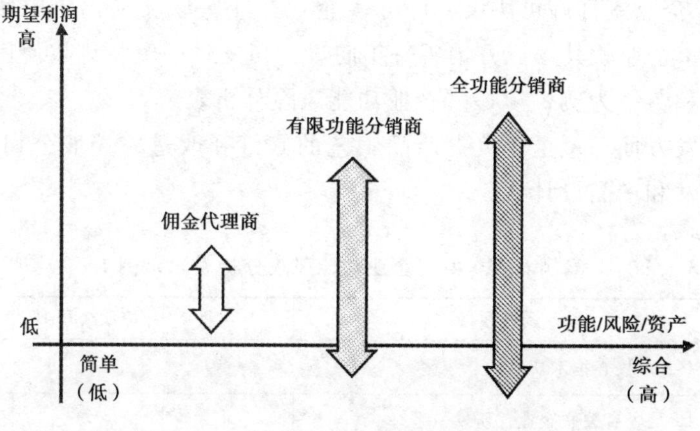

图 6－2　三类分销商的功能、风险及利润水平示意图

值得注意的是，以上分类并不是一个普遍适用的分类。由于各个企业实际情况千差万别，可能不能完全套用其中的某一分类，而更有可能是位于某两个分类的中间状态。但是，总的来说只需把握一项基本原则，即承担的功能、风险、资产越多的企业，其预期收益也应越高。

在准备同期资料时，企业可以围绕上述提及的功能、风险和资产以及企业定位的内容，并结合自身情况展开功能风险分析。除此以外，企业需根据规定填写《企业功能风险分析表》。

案例 6－10：《企业功能风险分析表》举例说明

A 企业为海外控股公司 H 设立在中国境内的生产型企业，其主要产品为汽车零部件。A 企业从境内外关联方和非关联方采购原材料进行生产后销售至境内第三方企业、母公司 H 和关联公司 D。在关联交易中，A 企业主要拥有产品工艺的修订和改进、采购、生产、质量控制、仓储、运输的功能，并承担相应风险，包括技术改进方面的风险、原材料浮动风险、生产风险、质量控制风险、存货风险、运输风险；母公司 H 主要负责核心技术研发、产品设计、全球市场营销战略的制定、境外市场营销的执行和销售等功能，并承担相应的风险包括核心技术研发风险、市场风险等。在非关联交易中，A企业除拥有上述生产相关功能外，还执行境内第三方市场的营销和销售等功能，同时承担相应的生产相关风险和境内第三方市场的营销相关风险。此外，在关联交易中，A企业不拥有核心技术、商标等相关的无形资产。母公司H与A企业签订许可协议，许可A企业在非关联交易销售中使用集团核心技术，A企业就其第三方销售每年向母公司支付一笔特许权使用费。下面将以研发和营销为例，填写《企业功能风险分析表》。

就研发方面，A企业负责产品工艺的修订和改进，控股公司H负责核心技术研发和产品设计。

表6-3　　案例6-10中《企业功能风险分析表》示例1

分类	调查项目	A企业	控股公司H	关联公司D
一、研发	（一）核心技术研发			
	1. 是否有关联企业代研发	×	×	×
	3. 谁拥有研发所有权	×	√	×
	5. 研发费用由谁来负担	×	√	×
	12. 谁承担研发风险	×	√	×
	13. 谁在研发中处于较高地位	×	√	×
	（二）生产和工艺设计			
	1. 在设计中有无自主能力	×	√	×
	5. 设计费用谁来负担	×	√	×
	12. 谁承担设计风险	√	√	×
	13. 对产品的设计及修订有无投入	√	√	×

在关联交易中，母公司H主要负责全球市场营销战略的制定、境外市场营销的执行和销售等功能，并承担相应的风险；而A企业不执行此类功能。在非关联交易中，A企业除拥有生产相关功能外，也执行境内第三方市场的营销和销售等功能，同时承担相关风险。由于此表设计简洁，但企业背景更为复杂，因而企业可以在表内单元格或表后添加附注，以便说明实际情况。具体示例如表6-4。

表 6－4 案例 6－10 中《企业功能风险分析表》示例 2

分类	调查项目	A 企业	控股公司 H	关联公司 D
	（一）营销策略			
	2. 谁制定营销策略	×	√	×
三、营销	3. 谁具体负责营销	√（境内市场）	√（境外市场）	×
	4. 谁承担营销风险	√（境内市场）	√（境外市场）	×

三、关联交易情况

1. 关联交易说明

企业可以从交易类型、参与方、时间、金额、结算货币、交易条件、业务流程（如信息流、物流和资金流）等方面进行描述。在这些描述中，企业可以将各种交易进行分类汇总，并配以合适的说明。

案例 6－11

A 公司为生产型企业，主要向母公司 B 公司销售产成品，由 B 公司对终端客户进行销售。在现金流上，A 公司生产后将产品销售至 B 公司并取得货款，B 公司销售给终端客户并取得货款；而在实物流上，A 公司直接发货至终端客户。图 6－3 描述了该子公司现金流与实物流情况。

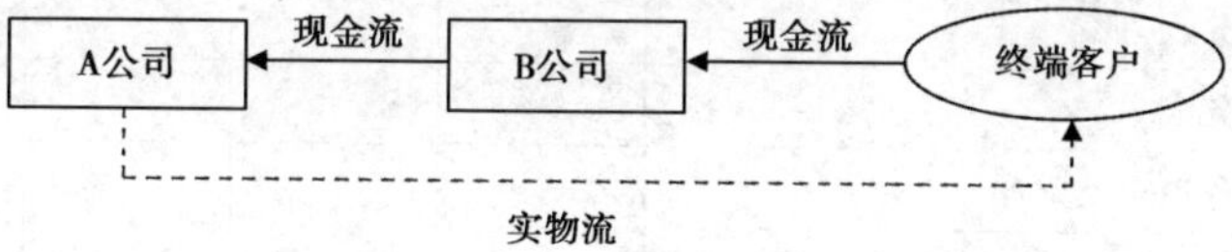

图 6－3 案例 6－11 中现金流与实物流说明

实际情况中，类似的销售行为普遍存在，但仍可能引起税务上的争议，企业应对此进行自查，确保这样的安排具有商业合理性，尤其是母公司必须拥有商业实质。企业对于该实物流和现金流的不一致现象也应能够合理解释。

2. 其他相关因素说明

除了对关联交易本身进行说明外，企业还需要在同期资料中说明与关联交易相关的一些情况。具体来说，包括关联交易所采用的贸易方式、年度变化、关联交易所涉及的无形资产及其对定价的影响、关联交易相关的合同或协议副本及其履行情况的说明等。关联交易合同是同期资料的必要补充。这些合同通常都明确地指出关联交易各参与方的功能、风险和资产使用情况，以及所使用的转让定价方法。

3. 关联交易财务状况说明

除了上述关联交易信息外，企业还需对关联交易和非关联交易的收入、成本、费用和利润进行划分，不能直接划分的，按照合理比例划分，说明确定该划分比例的理由，并参照填写《企业年度关联交易财务状况分析表》。该表将企业的经营状况分为“境外关联交易”、“境内关联交易”、“境外非关联交易”和“境内非关联交易”四大类。在这四大类下，企业需详细披露各类的收入、成本、费用和利润情况。这样的分类使得审阅者能一眼看清企业境外关联方与境内关联方在各财务指标上的比例，并可比对关联交易与非关联交易的利润率是否存在重大差异。此外，在此表中，纳税人还需填写对关联企业的支付情况。《企业年度关联交易财务状况分析表》简化版示例如表 6－5 所示（具体表格详见附件 3）。

表 6－5　　《企业年度关联交易财务状况分析表》简化版

金额单位：元

项　目	××××年				
	境外关联交易	境内关联交易	境外非关联交易	境内非关联交易	总计
（1）主营业务收入					
（2）主营业务成本					
（3）主营业务税金及附加					
（4）主营业务利润 =（1）－（2）－（3）					
（5）主营业务利润率 =（4）/（1）					
（6）营业费用					
（7）管理费用					
（8）息税前利润 =（4）－（6）－（7）					
（9）息税前利润率 =（8）/（1）					
（10）财务费用					
（11）营业利润 =（8）－（10）					
（12）营业利润率 =（11）/（1）					

在填写表6－5时，一般而言，收入项目和成本项目按实归集；营业费用和管理费用项目能按实归集的部分按实归集；其余项目按照适当的比例分摊入关联、非关联、境内、境外业务；利润则按照上述收入、成本和费用项的归集与分摊后分别计算。

举例而言，对于一些企业，如某企业对关联方和非关联方均销售产品，在关联交易下，该企业仅执行加工生产功能，而不执行营销的功能。而在非关联交易下，企业需自行开拓市场、负责销售。因此在填写此表时，该企业应按实将营业费用主要归集到非关联方销售中。若企业单纯将所有项目都按照销售收入的比例进行分摊，则会造成各类别利润率一致的现象，这会使得该表既不符合实际情况，也失去了意义。

四、转让定价方法的选择和使用

通过选择合理的转让定价方法，企业或税务机关对关联交易进行评估。转让定价方法包括可比非受控价格法、再销售价格法、成本加成法、交易净利润法、利润分割法和其他符合独立交易原则的方法。在选择转让定价方法时，企业可以从以下几点进行说明：

1. 转让定价方法的选用及理由

需根据企业执行的功能、承担的风险和使用的资产情况对企业及其关联方进行综合评估及定位，从而选择最合适的方法。例如，再销售价格法通常适用于再销售者未对商品进行改变外形、性能、结构或更换商标等实质性增值加工的简单加工或单纯购销业务。当企业选择利润分割法中的剩余利润分割法时，须说明自身对企业集团整体利润或剩余利润水平所做的贡献。

2. 转让定价方法的合理运用

在选中合适的方法后，就需要对如何运用该方法进行较为缜密的说明，包括应用该方法可能的假设和调整、可比信息如何支持选用的方法，以及其他支持所选用转让定价方法的资料。

五、可比性分析

1. 相关概念

《2010年OECD转让定价指南修订版》指出，可比性分析是指受控交易与非受控交易的比较。如果受控交易与非受控交易间的差异，对在某一方法中所考察的因素（如价格或利润）不产生任何实质性影响，或者可以通过合理而准确的调整来消除这些差异带来的实质性影响，那么受控交易与非受控交易就是可比的。

可比性分析在各种转让定价方法中均有应用。这里将分别以可比非受控价格法与交易净利润法为例，说明可比性分析的大致原理与流程。

2. 可比非受控价格法下的可比性分析

该分析通过为关联交易找寻可比非关联交易，并最终达到用可比非关联交易的价格来定位关联交易价格的目的。如果可获得的非关联交易与关联交易在可比性方面存在重大差异，应就该差异对价格的影响进行合理调整，使得调整后的关联交易与非关联交易真正可比。

3. 交易净利润法下的可比性分析（基准定位分析）

不同于可比非受控价格法下对可比交易价格的考察，交易净利润法下的可比性分析考察的是可比公司的利润率水平。在实际操作中，交易净利润法下的可比性分析最为常用。

通常，交易净利润法下的可比性分析可以概括为：制定筛选标准、搜索与筛选可比公司、计算财务数据与利润指标以及四分位数区间比较四个步骤。

（1）制定筛选标准

在制定筛选标准前，企业需对影响可比性分析的因素进行分析和考虑，包括交易资产或劳务的特性、交易各方的功能/风险、合同条款、经济环境等。此外，企业也应当就可比信息的来源进行合理说明。

（2）搜索和筛选可比公司

企业应当在此部分说明可比企业执行的功能、承担的风险以及使用的资产等信息，判别可比企业与被评估企业在功能、风险上是否类似。同样，也需要对可比交易进行说明，包括有形资产的物理特性、质量及其效用，劳务的性质与程度，无形资产的类型及交易形式等。

（3）计算财务数据与利润指标

对上述过程中选出的可比公司的财务数据进行利润指标和四分位数区间计算。

（4）四分位数区间比较

根据可比公司组的利润指标计算四分位数区间，进而用被测试方的利润指标与该四分位数区间进行比较，得到最终结果。需要注意的是，有些可比数据不能直接使用，而需要进行差异调整并说明理由（可参见后文的“特殊因素分析”）。

在实际应用中，有些企业对可比性分析的理解存在着一些不够准确之处。例如，认为行业利润水平即为可比的利润水平，同行业竞争对手即为可比公司，或者过分强调产品的相似性而忽略了在功能、风险、资产等方面的可比性。在实际应用中，可比性分析会关注影响交易实质的经济因素，而并不是简单地考虑和选取个别直观的条件。以上述的误解为例，行业利润水平可能反映的是最终销售层面的利润水平，而被考察的企业可能仅是供应链中的一个环节；同样，同行业竞争对手是可比依据的良好信息来源，但由于地域、功能、风险等差异，有可能导致同行业竞争对手并不一定能作为可比公司；在可比性分析中，产品的相似性固然重要，但功能、风险和资产等方面的可比性同样重要，一个极端的例子是产品相同的分销商和生产商，这二者显然不可比。

值得指出的是，目前绝大部分的可比性分析都会使用外购的专业数据库。由于购买和使用成本比较昂贵，企业可能会聘请第三方中介机构为其准备可比性分析。

案例 6-12

企业 A 是一家位于中国的合同生产商，属于五金配件行业。A 主要从关联方 B 采购原材料，进行生产后将产成品（五金配件）销售至 B。A 只承担生产功能，其他功能诸如研发、市场营销、终端市场销售等功能均由 B 承担。A 主要承担与生产相关的风险，其他风险如研发、市场等风险均由 B 承担。此外，B 是与产品技术相关的专利以及产品商标的法定拥有者。

根据分析，在本案例中，交易净利润法是最适合用来评估相关关联交易是否符合独立交易原则的方法。由于 A 是关联交易双方中功能、风险、资产状况较为简单的一方，A 被选为被测试方。又由于 A 是一家生产商，因此可以选取完全成本加成率作为利润指标。A 的完全成本加成率为 6.20%。

可比性分析具体操作如下：

步骤 1：制定筛选标准。我们对潜在可比公司制定了如下 6 个条件：

- 主要业务经营地为中国及亚太地区；

- 属于生产装配商；
- 主要产品为五金配件，或其他相关产品；
- 无重大研发活动；
- 无重大营销活动；
- 不拥有重要的无形资产。

步骤2：选出可比公司。根据上述条件对可比公司量化和质化标准进行筛选。

步骤3：计算可比公司利润指标。在该案例中，共选择了7家可比公司，以每家公司三年的平均完全成本加成率作为利润水平指标。表6－6列示了可比公司组的三年平均完全成本加成率。

表6－6　　　案例6－12中可比公司组的利润水平

项目	公司1	公司2	公司3	公司4	公司5	公司6	公司7
完全成本加成率（%）	5.00	9.30	7.27	1.72	3.08	－1.39	7.35

步骤4：比较四分位区间。根据可比公司组的利润水平计算符合独立交易原则的利润水平区间（四分位区间）。表6－7列示了本案例的可比四分位区间值。

表6－7　　　案例6－12中可比四分位数区间

可比四分位区间	
下四分位数	2.40%
中位数	5.00%
上四分位数	7.31%

可比四分位区间的结果为2.40%—7.31%，中位数值为5.00%。被测试方A的完全成本加成率为6.20%，位于可比四分位区间内，高于中位数。因此，可以认为A的关联交易符合独立交易原则。

六、特殊因素分析

尽管2号文并没有对此作出明确规定，但对于准备同期资料当年因非转让定价因素而产生亏损或盈利状况不佳的企业有必要在报告中添加“特殊因素分析”以说明造成企业亏损的原因。以下列举了可能引起企业亏损的原因。需要注意的是，单一功能企业不能受市场环境、集团经营决策等原因的影响而出现亏损。

1. 内部因素

（1）企业初设立

企业从设立开始至正常运营，在此期间需要大量的人力、物力和开办费以维持经营。但一旦经过设立初期阶段，企业应获得正常的符合行业平均水平的利润情况。

（2）经营决策

当企业为开拓市场而推出新产品时，可能会采取不惜降低产品售价的方法来吸引客户，打入市场。企业的利润情况就可能不尽如人意。但随着新产品逐渐为人们所接受，企业应当获得较高的回报，弥补开拓市场时投入的资本。

2. 外部因素

（1）市场环境

当企业所处行业受到巨大变故，如遭到周期性低迷或者金融危机的影响等情况，企业将无法避免受到牵连。但当外部市场环境逐渐好转时，企业的经营状况也应有所起色。

（2）意外情况

火灾、雪灾、洪水等不可预计自然灾害或者其他情况。一般企业会购买自然灾害保险，因此企业在灾害中受到的损失会由保险赔偿金补偿。

下面试举两个简单的例子来说明常见的特殊因素分析。

案例 6－13

A 企业生产电子元器件，2007 年年底获得营业执照，2008 年正式投产。但 2008 年下半年遭遇金融危机，电子元器件行业萎靡不振，业内不少企业通过限产、减少库存、裁员和削减各项开支等措施来维持运营。由于成立不久，A 企业开办期费用巨大，前期投资和厂房设备折旧均较高，又遇上金融危机，令公司的运营雪上加霜，2008 年年末公司出现巨额亏损。

案例 6－14

B 企业是服装制造商，不同于 A 企业，2008 年尽管金融危机爆发，但对 B 企业而言负面影响不大。但年中时，B 企业因仓库看管不善，发生火灾，直接经济损失上千万元，并影响下半年正常经营，年末企业出现亏损。

根据国税函【2009】363 号的规定，对于关联交易中的合约企业，例如单一生产（来料加工或进料加工）、分销或合约研发企业，不应承担金融危机带来的市场和决策等风险。上述企业如出现亏损，均需准备同期资料，并于 6 月 20 日之前报送税务机关。因此，企业在阐述特殊因素分析时，需结合企业自身情况，确保其阐述能有力地诠释盈利状况不佳的原因并非转让定价问题。

总的来说，一份同期资料的前三大部分内容主要是对企业基本信息、经营情况和关联交易信息的事实陈述和基于事实的分析。后两大部分则是对转让定价方法选择及可比信息的分析。最后的特殊因素分析非法定内容，该部分仅是对企业盈利状况不佳的解释与说明。一份完整的同期资料涵盖了大量的关联交易信息和相关的分析，这些内容之间有紧密的逻辑关系，前后呼应。因此若企业在同期资料中未能提供完整的信息资料或者逻辑有误、前后矛盾，这样的同期资料则无法向税务机关证明其关联交易符合独立交易原则。

第七章

转让定价调查

转让定价调查是指税务机关依据税法的有关规定，对纳税企业的关联交易进行的调查。一旦发现被调查企业未遵照独立交易原则进行关联交易，税务机关即可依照该原则，对企业的转让定价实施调整。

由于转让定价调查在我国当下的大环境中日趋频繁，对被调查企业的影响也很显著（个案平均补税金额超过1000万元），且案件的时间跨度都较长（按我们的实务经验，一般从立案到结案需耗费1—2年），因此受到几乎所有具有关联交易的企业的重视。本章结合2号文等法律规定以及我们的实务经验对中国转让定价调查的各个方面进行阐述。

第一节 转让定价调查在中国的发展历史

一、1998—2003 年

中国历史上第一部转让定价法规是国税发【1998】59 号。自其颁布后，中国各级税务机关便开始了各种类型的转让定价调查。但由于经验不足及专业人员匮乏等因素，中国税务机关在这一时段的选案相对比较随机，更侧重于立案的数量。

二、2004—2008 年

2004 年 10 月 22 日颁布的国税发【2004】143 号对国税发【1998】59 号的相关条款及表书等进行了修订。国税发【2004】143 号对中国转让定价各领域，包括调查与调整，提供了更为充分的法律指引。

2005 年，国家税务总局对全国范围内的转让定价调查与调整实行了集中管理，规定所有地方税务机关的选案以及最后的调整方式与调整结果必须报批国家税务总局。此规定的出台在中国转让定价调查与调整的发展历史上具有深远的意义。税务机关的选案从“重数量超过质量”逐渐过渡到了“重数量更重质量”。

据不完全统计，2005 年国家税务总局加强集中管理之前，每年的转让定价调查案例数目多达 1000 家以上。以 2003 年和 2004 年为例，分别为 1689 家和 1048 家①；此后，立案数便开始逐年下降，2006 年税务机关对转让定价立案 257 起，结案 177 起，调增应纳税所得额 58 亿元，补税入库 6.8 亿元；2007 年转让定价立案 192 起，结案 173 起，调增应纳税所得额 90 亿元，补税入库 10 亿元，比上年增长 47%；2008 年转让定价立案 174 起，结

① 胡学文：“新税法加大企业利用转让定价避税风险”，《证券时报》，http://stock.hexun.com/2009-07-04/119313918.html，2009 年 7 月 4 日。

案 152 起，调增应纳税所得额 157.5 亿元，补税入库 12.4 亿元，比上年增长 24%①。从这些数据可以看出，虽然转让定价立案数逐年减少，但是应纳税所得调整额和补税额都明显增加。这说明在转让定价调查方面，中国税务机关越来越注重集中力量抓大案、抓要案。

此外，2005—2008 年间，国家税务总局频繁发文，对转让定价调查调整中的一些问题进行了完善与补充。现将部分重要法规摘录如下：

- 《国家税务总局关于转让定价税收管理工作中资本性调整问题的通知》（国税函【2005】745 号）——该文针对转让定价调查中对被调查企业与可比企业之间存在的资本性差异是否可以进行资本性调整予以明确。

- 《国家税务总局关于关联企业间业务往来转让定价税收管理有关问题的通知》（国税函【2006】901 号）——该法规指出，对企业与其境外关联企业之间的业务往来转让定价调增的应纳税所得（不含利息、租金或特许权使用费等所得），若企业未通过相应调整程序作相应账务调整的，其境外关联企业取得的超过没有关联关系所应取得的数额部分，应视同股息分配征收所得税，该股息不得享受免征所得税的优惠；对企业与其境外关联企业之间的业务往来转让定价调减的应纳税所得如为利息、租金或特许权使用费等，不得调整已扣缴的所得税。

- 国税函【2007】363 号——该文提出了税务机关在转让定价调查过程中可以使用的分析表格，包括《企业功能风险分析表》、《企业功能风险分析认定表》和《企业关联交易财务分析表》。

- 《国家税务总局关于加强企业所得税管理的意见》（国税发【2008】88 号）——该法规对异常申报企业的管理提出了更加严格的要求，即对存在连续三年以上亏损、长期微利微亏、跳跃性盈亏、减免税期满后由盈转亏或应纳税所得额异常变动等情况的企业，作为纳税评估、税务检查和跟踪分析监控的重点。敦促税务机关之间加强协调配合，逐步实现有关转让定价反避税工作的信息共享。

---

① 国家税务总局："2008 年全国转让定价调查共结案 152 起"，http://www.gov.cn/gzdt/2009-04/13/content_1284308.htm，2009 年 4 月 13 日。

三、2009 年至今

2009 年 1 月 8 日颁布的 2 号文将转让定价调查作为一个独立的章节，从调查对象、调查内容和调查与调整过程等方面作出了详细的规定。该章节因而也被视为中国转让定价调查环境进一步规范和严格的一个信号。

事实也正是如此。国税函【2010】84 号的统计数据显示，2009 年，全国转让定价调查共立案 179 户，结案 167 户，弥补亏损 8.7 亿元，调增应纳税所得额 160.9 亿元，补税入库 20.9 亿元。其中补税金额同比增加 69%，达 8.5 亿元。2009 年也因此成为中国开展反避税工作以来查补收入最多、增长最快的一年。此外，全年转让定价调查调整个案补税超千万元的案件 40 个，其中超亿元的案件 4 个，40 户企业补税 18.5 亿元，占全年补税总额的 89%。平均个案补税金额 1252.14 万元，首次突破了千万元大关。

国税函【2011】167 号的统计数据显示，2010 年，全国反避税调查立案 178 件，结案 178 件，弥补亏损 9.99 亿元，调增应纳税所得额约 164.94 亿元，调整补税 23.07 亿元。与以前年度同口径补税金额相比，2010 年由税务机关下达补税通知的案件 182 件，补税 26.6 亿元（包括反避税调查和双边磋商的补税金额，不包括通过管理和服务环节由企业自行调整补税的金额），比 2009 年增长 27%。个案补税金额超千万元的案件 50 件，超亿元的 6 件，平均个案补税 1460 万元。国家税务总局 45 户定点联系企业调查立案 8 户、结案 3 户、补税 6268 万元。

国税函【2012】111 号的统计数据显示，2011 年，全年反避税调查立案 248 件，结案 207 件，调整补税 24 亿元。平均个案补税金额 1180 万元，补税金额超亿元的案件 8 个，超千万元的案件 129 个。国家税务总局定点联系企业调查立案 38 户、结案 27 户、补税 2．5 亿元。

据最新统计，2012 年，全国反避税调查立案 233 件，结案 175 件，平均个案补税金额 2620 万元，补税金额超千万元的案件 59 个，超亿元的案件 9 个。

四、未来展望

未来几年，中国税务机关预计仍将延续过去几年的趋势，不断加强转让定价反避税的调查力度。

第二节 转让定价调查起因

转让定价调查不同于同期资料准备，是不设“安全门槛”的。在实务中我们发现有些企业抱有这样一种想法：同期资料仅针对关联交易额比较大的企业，所以转让定价调查针对的也同样是这类企业。这种判断无论是从法律字面上还是从实务上来看，均是没有依据的。从实务情况来看，企业无论关联交易的种类或金额大小，只要未按照独立交易原则进行关联交易，均有可能被主管税务机关选为调查对象。

同时，2 号文明确列示了转让定价调查应重点选择的企业类型：

- 关联交易数额较大或类型较多；
- 长期亏损、微利或跳跃性盈利；
- 低于同行业利润水平；
- 利润水平与其所承担的功能、风险明显不相匹配；
- 与避税港关联方发生业务往来；
- 未按规定进行关联申报或准备同期资料；
- 其他明显违背独立交易原则的企业。

一、关联交易数额较大或类型较多

关联交易数额较大的企业在转让定价方面会受到税务机关更多的关注，因为这类企业的转让定价操作会对当地的税收贡献产生较大的影响。

关联交易类型较多是指一个企业同时有多种有形资产、无形资产、融通资金、提供劳务等关联交易。例如，一家生产企业同时有原材料采购、产成品销售、支付特许权使用费、支付技术服务费、支付利息等关联交易。关联交易种类繁多的企业一般转让定价操作会相对复杂，因此更容易受到税务机关的关注甚至是调查。

二、长期亏损、微利或跳跃性盈利

一般来说，一家在关联业务下长期处于亏损或者微利水平的企业最容易引起税务机关的关注，因为这种亏损或微利直接影响到当地的税收。某些极端例子中，企业在亏损的前提下仍然扩大投资和产量，以至于“产品卖得越多便亏得越多”的情况屡屡发生，这样的交易明显不符合独立交易原则，因为在与独立第三方的交易中，企业的商业目的通常是达到利润最大化，而非长期亏损经营或微利经营。当这种非正常的经营模式因关联控制所引起，一般需要对转让定价进行调整。

跳跃性盈利模式是指企业一定时间内的盈利和亏损状况波动性较大。税务机关或许会认为这种状况是由于其转让定价被人为操纵所致。特别是当这种跳跃性存在一定避税嫌疑时，例如，企业随着税收优惠期的结束而减少利润时，企业的被调查风险会更大。

案例 7-1：跳跃性盈利

总部位于美国的母公司 A 于 2002 年在中国某出口加工区设立了生产型子公司 B。B 公司生产的所有产品均销回母公司 A。B 公司享受“两免三减半”的所得税优惠。B 公司自设立后到 2008 年的盈利状况大致如下：

- 2002 年：设立首年，亏损经营；
- 2003 年：产生 25% 左右的高额利润，弥补完首年的亏损额后进入免税期；
- 2004 年：免税期第二年，30% 的高额利润；
- 2005 年：减半期第一年，利润率降至 10%；
- 2006 年：减半期第二年，利润率继续下降至 2%；
- 2007 年：减半期最后一年，利润率仍然在 2% 左右；
- 2008 年：税收优惠期结束后的首个经营年度，发生亏损 2%。

当地的主管税务机关认为母公司 A 正是通过转让定价安排人为制造了子公司 B 的跳跃性盈利，使得该公司在免税期及减半期留有利润，而在进入正常纳税期后出现亏损。这种安排显然违反了独立交易原则，从而不合理地降低了 B 在中国的所得税税负。因此，主管税务机关对 B 公司进行了立案调查，并最终对该公司 2005 年至 2008 年的关联交易进行了转让定价调整。

三、低于同行业利润水平

如果一家企业在关联业务下的利润水平远低于同行业普遍的利润水平，税务机关可能会怀疑其将利润转移至关联方。

案例 7-2：低于同行业利润水平

A 公司的产品是一种特殊农业用薄膜。该类产品由于特殊的技术含量，能在中国和全球市场获得丰厚的回报。以中国市场为例，该产品的行业净利润水平在 20% 左右。A 公司的原材料全部向海外关联方采购，而产品全部销售至中国终端市场。A 公司的产品定价与市场均价一致，但其净利润水平仅为 5% 左右。

因 A 公司利润率低于同行业利润水平，主管税务机关为此对 A 实施了转让定价调查。调查中发现，A 公司向关联方采购的原材料完全能够在中国本土找到同等标准的替代品，而向关联方的采购价格却高于本土替代品数倍，且 A 公司无法对此作出正当解释。税务机关由此得出结论，A 公司在同等市场竞争环境下利润水平低于同行业的原因正是由于其关联采购价格未遵循独立交易原则，进而对其施以转让定价调整。

四、利润水平与其所承担的功能、风险明显不相匹配

根据经济学的原理，一家企业可能获得的回报率与其承担的功能、风险状况往往密不可分。总的来说，企业承担的功能和风险越多，则其可能获得的利润水平也越高。如果一家企业在关联业务下的利润水平与其所承担的功能、风险状况不相匹配，可能意味着该企业的转让定价政策不符合独立交易原则。具体案例请参见案例 7-3。

五、与避税港关联方发生业务往来

避税港，亦称“避税地”、“避税天堂”，是指国际上低税率甚至零税率的场所，即外国人可以在该地取得收入或拥有资产，而不必为此支付税金或仅需支付少量税金的地方。该场所或地方可以是一个国家，也可以是一个国家的某个地区，如港口、岛屿、沿海地区或交通方便的城市。目前，国际上共有 350 多个避税港，遍及 75 个国家和地区。其中国际上著名的避税港有

巴哈马联邦、巴巴多斯、英属维尔京群岛等。跨国公司可以通过多种方式利用避税港进行避税。如选择与总公司所在国签订有可利用的税收协定的国际避税港，建立最适合于避税的常设机构。又如通过收入与费用的分配向避税港常设机构转移应税所得等。

针对与位于避税港的关联企业发生交易的中国企业，中国税务机关可能会怀疑其是否通过转让定价安排把利润留在避税港，以达到整体交易低税负甚至是零税负的目的。

案例7-3：利润水平与承担的功能、风险不符，且与避税港关联方发生往来

中国企业A承担了研发、生产、市场营销以及终端客户开发等职能。A将产品全部销往位于开曼群岛的关联公司B，并由后者销往终端客户。在此过程中，B仅承担开票职能，却保留了该供应链下的绝大部分利润，而中国企业仅获取了很微薄的利润。

A公司的主管税务机关认为，在这个关联交易模式下，A承担了绝大部分的功能与风险，但获得的利润水平却明显与此不相匹配，而且该集团通过避税港进行避税操作的意图非常明显。因此，应对A与B之间的关联交易进行转让定价调整。

不过从转让定价原理上来讲，同避税港发生关联交易本身并不一定意味着有转让定价问题，关键是看这项交易的实质以及所采用的定价方法。以中国台湾企业对内地的投资举例，由于客观原因，中国台湾对内地的直接投资以及两岸的直接交易存在一定的限制（这点在几年前表现得尤为突出）。因此，台湾企业比较通行的做法是在第三地，通常是在避税港建立公司，并由该公司直接控股内地公司。而大陆子公司与中国台湾公司之间的关联交易也会绕道到该避税港关联公司进行。部分转让定价政策制定比较完备的中国台湾企业会意识到通过避税港的交易纯粹是为了在客观限制的背景下达到正常商业运作的目的，因此在通过避税港公司再开票交易时，基本不会为其留存利润。若从该角度出发，中国税务机关或许能更清楚地辨认此类交易的商业实质，并不会仅仅因为避税港参与了交易而质疑企业在关联交易中未遵循独立交易原则。

六、未按规定进行关联申报或准备同期资料

该条规定具有双重意义。一方面，由于年度关联申报与同期资料是2号文下对企业新提出的披露义务，该条规定通过加大企业的不合规成本来敦促企业更好地完成法律合规义务。另一方面，对于那些自身转让定价存在问题而不愿意作出披露的企业在该规定下将可能无所遁形，税务机关因此能够准确地对问题企业实施惩罚。

七、其他明显违背独立交易原则的企业

这条规定可以涵盖的情况众多，无法一一列举。从原理上来说，转让定价考虑的核心问题便是关联交易是否符合独立交易原则。如果企业明显违反该原则，那么税务机关当然有理由对其进行转让定价调查与调整。

八、境内关联交易的调查

根据2号文的规定，对实际税负相同的境内关联方之间的交易，如果该交易没有直接或间接导致国家总体税收收入的减少，原则上不做转让定价调查与调整。这个规定可以从以下几个层面进行理解：

- 除针对境外关联交易外，中国的转让定价法规对境内关联交易同样具有法律约束力。境内关联交易只要违反独立交易原则，也有可能被施以转让定价调查或调整。
- 当境内交易未影响到企业对国家的整体税收贡献时，该类关联交易可以不作为转让定价调查的重点。反之，则仍有可能被施以调查与调整。

案例7-4：国内关联交易

A公司与其关联方B公司均位于中国境内。两家公司的所得税税率均为标准税率25%。A公司有较大额的未弥补亏损，而B公司没有未弥补亏损。在这种情况下，如果A与B之间的关联交易没有遵照独立交易原则，如A公司不合理地提高向B公司的售价，则可以将这部分额外获得的利润用来弥补过去年度亏损，并同时降低了B公司的利润水平，从而使集团整体税负显著降低。在这样的情况下，A公司与B公司虽均为境内企业，但中国税务机关仍有权对此类交易施以转让定价调查。

• 在实际操作中，一些国内关联交易其实并不会影响企业在中国境内的整体税负，但出于保证当地税源的考虑，某些地区的税务机关仍然会对国内关联交易进行转让定价调查甚至调整。

第三节 转让定价调查与调整程序

中国的转让定价调查与调整程序基本可总结为以下几个关键步骤：

- 案头审核与选案；
- 现场调查；
- 追加资料索取；
- 调整分析与初步调整通知书；
- 调整磋商与结案；
- 后续跟踪管理。

本节将逐一分析上述程序。其中对于递交所需资料的介绍，详见本章第四节；对于具体的调整过程，详见本章第五节。

一、案头审核与选案

在中国转让定价调查实务中，初步的资料审核与选案工作一般由市一级的国家税务局主导展开。该局一般会根据辖区内一定数量企业报送的年度所得税申报表、关联业务往来报告表、转让定价同期报告等资料，并结合2号文所提出的应重点调查的企业类型，框定拟选择调查的企业。在此之后，市一级的国家税务局会将初步选案情况通报上一级国家税务局（一般是省一级的国家税务局），待后者批准后正式立案。该文案须层报至国家税务总局备案。

转让定价调查调整最长可追溯10年。也就是说，企业2010年的关联交易在2019年仍然有可能被税务机关立案调查。这一规定无疑让税务机关的时间掌握更为灵活，使其能在更长的时间内对更多有潜在转让定价问题的企业逐一调查。

二、现场调查

选案完成后，主管税务机关一般会向被调查企业发送《税务检查通知书》，并与企业商定现场调查的时间。

在选案阶段，主管税务机关已经对被查企业的基本财务状况与关联交易数额有了基本的了解。在现场调查阶段，税务机关会向企业的财务人员就相关问题作出更细致的询问，如关联与非关联交易利润分割情况、集团转让定价策略和集团供应链利润情况等。

除此之外，主管税务机关在现场调查阶段会更关注与企业各个营运部门的约谈，以期全面了解企业的日常运营模式、交易模型、功能与风险状况等，由此为日后制定转让定价调整方案提供重要的依据。

在进行现场调查时，税务机关须派驻 2 名以上工作人员前往，需要调取企业账簿或有关资料时，调查人员会填写《调取账簿资料通知书》与《调取账簿资料清单》并交予企业留底。对于在实地核查中发现的问题和情况，调查人员会填写《询问（调查）笔录》，如实进行记录。

三、追加资料索取

在完成现场调查后，主管税务机关也有可能向被调查企业、被调查企业的关联方，甚至是第三方可比企业索取相关资料。特别是当被调查企业由于未达到法定关联交易金额或出于其他原因尚未准备同期资料的，税务机关很有可能要求企业立即开始准备并递交该资料，以全面了解公司的营运状况与转让定价操作。

税务机关在该阶段索取资料时，应出具《税务事项通知书》。如税务机关要求被调查企业提供资料，则被调查企业应该依照该通知书中所指定的期限递交。因特殊情况需要延期的，被调查企业应向税务机关递交书面申请，并经过税务机关正式批准后获得延期。税务机关提供的延期最长不得超过 30 日。

税务机关如要求被调查企业的关联方或第三方可比企业提供相关资料的，应与两者约定递交期限。约定期限一般不应该超过 60 日。

四、调整分析与初步调整通知书

1. 企业可比性因素分析表

如果被调查企业已经向税务机关递交了可比性分析资料或转让定价同期资料，税务机关一般会要求企业填写《企业可比性因素分析表》。该表主要分析比对被调查企业与资料中列举的可比公司在交易资产或劳务特性、功能风险、合同条款、经济环境和经营策略的可比度。关于该表的详细信息请参见本书附件4。

税务机关在企业递交的年度关联申报表、转让定价同期资料、《企业可比性因素分析表》以及其他资料的基础上，编制《企业关联关系认定表》、《企业关联交易认定表》和《企业可比性因素认定表》，并由被调查企业核对确认，作为对涉案企业之关联方、关联交易以及关键可比性因素的进一步认定与记录。

2. 转让定价方法选择

在取得各种资料并对其分析后，税务机关会选择合理的转让定价方法来评估企业关联交易是否符合独立交易原则。这些转让定价方法即为2号文中所明确的各种方法，包括：可比非受控价格法、再销售价格法、成本加成法、交易净利润法、利润分割法以及其他符合独立交易原则的方法。

在中国目前的转让定价调查实务中，交易净利润法是最普遍使用的方法。

3. 可比性分析

在选定转让定价方法后，税务机关会相应进行可比性分析，以进一步评估被调查企业的关联交易是否符合独立交易原则。在应用最普遍的交易净利润法下，一般通过使用BVD等数据库来搜索可比公司，进行可比性分析。不过在某些情况下，税务机关也会考虑使用非公开信息资料以充实分析的可比程度。

若可比性分析的结论显示被调查企业的关联交易符合独立交易原则，税务机关则应该结束调查并向企业送达《特别纳税调整结论通知书》。

反之，若税务机关初步认定被调查企业的关联交易未遵循独立交易原则，则税务机关会基于可比性分析的结论拟定初步调整方案。

4. 初步调整通知书

税务机关应将拟定的初步调整方案与被调查企业进行沟通，并向企业送达《特别纳税调查初步调整通知书》。

企业对该初步调整意见有异议的，应自收到该通知书之日起7日内书面提出，并与税务机关进入继续磋商阶段。如果企业逾期未提出异议的，则视为同意初步调整意见。

五、调整磋商与结案

若被调查企业对初步调整意见存在异议，即可通过继续举证或技术论证等方式继续与税务机关就调整方案进行磋商。磋商后，双方如能对某一个调整方案达成共识，主管税务机关会将这一调整方案上报上级主管机关进行技术复核，并由后者层报至国家税务总局进行最终审核与批复。如国家税务总局批准该调整方案，则主管税务机关会向企业送达《特别纳税调整调查通知书》。企业收到该通知书，并按规定期限缴纳税款及利息后，该转让定价调查案件即结案。

值得注意的是，上述磋商过程仅适用于被调查企业按照法律规定以及税务机关的要求，完成资料的准备与递交这一情况。企业如不提供其与关联方之间的业务往来资料，或者提供虚假、不完整资料，未能真实反映其关联业务往来情况的，税务机关有权依法核定其应纳税所得额。核定方法可以包括以下几种：

- 参照同类或者类似企业的利润率水平核定；
- 按照企业成本加合理的费用与利润核定；
- 按照关联企业集团整体利润的合理比例核定；
- 按照其他合理方法核定。

在转让定价调查调整过程中，核定利润的方法就像一把“达摩克利斯之剑”，在给予税务机关更大权力的同时也让纳税人忌惮于难以评估的大额调整。从法理上讲，转让定价调查的举证责任主要在于被调查企业。如果企业没有履行自身的举证义务，导致税务机关无法获得足够的信息进行技术分析，税务机关便可以通过合理的方法核定被调查企业在关联业务下的应得利润，从而维护中国的税收利益。

六、后续跟踪管理

按照 2 号文的要求，转让定价调查调整结案后，主管税务机关应自企业被调整的最后年度的下一年度起 5 年内实施跟踪管理。在 5 年管理期内，企业应在跟踪年度次年的 6 月 20 日之前向税务机关提供跟踪年度同期资料。税务机关应根据同期资料与纳税申报资料重点分析以下内容：

- 企业投资、经营状况及其变化情况；
- 企业纳税申报额变化情况；
- 企业经营成果变化情况；
- 关联交易变化情况。

可以看出，税务机关在审核跟踪管理期内的同期资料时，重点在于发觉企业的跟踪年度与被调查年度相比，是否在产品结构、业务模式和市场经济环境等方面产生了重大变化。

从实务上来看，如果在这些方面没有发生重大变化，主管税务机关一般会期望企业在跟踪管理期内关联业务下的利润率同双方在调查案件中达成的调整结果基本一致。如果企业在跟踪管理期内的关联交易利润率存在异常，税务机关会与企业沟通，并有可能要求企业进行分解或调整。

第四节 转让定价调查与调整的相关资料

前文提到，在转让定价调查与调整过程中，税务机关会向被调查企业、该企业的关联方，甚至是第三方可比企业搜集各种资料与数据，从而对被调查企业进行分析，并框定调整金额。本节中我们将对这些资料进行逐一分析。

一、转让定价同期资料

转让定价同期资料包括同期资料报告、企业功能风险分析表以及企业年度关联交易财务状况分析表。同期资料详细列示了企业的基本业务情况，关联交易情况以及对该交易是否符合独立交易原则的分析。关于转让定价同期资料的详细内容请参见本书第六章。

对达到转让定价同期资料准备门槛的企业而言，应在每年的 5 月 31 日前准备好上一年度的同期资料并备案。如果税务机关对该类企业进行转让定价调查前尚未要求其递交同期资料，一般会在调查初期向其索取，以详细了解该企业转让定价相关的各方面情况。对于那些税务机关正在实施转让定价调查，但因某些原因（如未达法定标准）而没有准备同期资料的企业，税务机关也可要求其为此准备并递交同期资料。由于转让定价调查没有任何豁免门槛，所以这种情况是非常普遍的。

二、《企业可比性因素分析表》

税务机关会根据企业递交的同期资料或可比性分析资料，要求企业就选用的可比公司与自身的可比度进行详细分析，并填写《企业可比性因素分析表》。该表内容详细，条目众多，共分五个大类。其中《功能风险分析》这一大类与同期资料中《企业功能风险分析表》的内容基本一致。而其他四个大类则更多地从交易特征、合同条款、经济环境以及经营策略等方面来分析企业与其可比公司。

《企业可比性因素分析表》与《企业功能风险分析表》在目的上有着本质性的不同。前者是分析被调查企业与其选择的可比公司在经济状况、交易实质、功能风险状况等各个方面是否真正可比，从而判断可比性分析的技术严密度与可信度。而后者比较的是关联交易下中国企业与其关联方各自承担的功能、风险、资产状况，从而得出中国企业的大致功能定位，并为选择合理的转让定价方法与可比性分析提供依据。

三、海外关联企业信息

中国税务机关在对企业进行转让定价调查时，已经不满足于搜集与分析中国企业的信息，而是越来越重视海外关联方的经营信息以及利润信息，包括：交易模式、功能与风险状况、人员数、利润表状况、产品再销售价格等。除了向企业搜集这些海外信息外，税务机关也可以按有关规定启动税收协定的情报交换程序。

税务机关希望通过这些信息更好地了解集团整个供应链的利润状态，以判断中国企业与海外关联方在当前关联交易下的利润分配状况是否与双方的功能、风险分配状况一致。特别是发现某些跨国集团全球均获利良好，但通过转让定价安排使中国子公司长期处于亏损的情况。对于这样的情况，税务机关可能认为其交易不符合独立交易原则进而调增应纳税所得额。

四、第三方可比企业信息

除了搜集被调查企业本身及其海外关联方的信息外，2号文还赋予了主管税务机关向第三方可比企业搜集信息的权利。

案例7-5：第三方可比企业信息

A企业为电子制造业的知名企业，现在正被主管税务机关施以转让定价调查。B企业也是电子制造行业的知名企业，公司也收到了同一个税务机关的信息递交通知，内容涵盖行业情况、产品信息等。

这一规定有利于税务机关在转让定价调查过程中更好地了解与被调查企业可比的公司的运营情况以及行业特征，从而对当前案件的判定更为准确。

第五节
可比性分析在转让定价调整中的运用

可比性分析是转让定价调查与调整的核心。通过可比性分析，税务机关可以判定被调查企业的关联交易是否符合独立交易原则。在不符合的情况下，税务机关可以进一步通过可比性分析来量化对被调查企业的转让定价调整额。本节描述中国转让定价调整实务中对可比信息选择的考量，以及调整过程中的诸多相关因素。

一、可比信息的选择

1. 公开信息与非公开信息

在转让定价调查调整中，所谓的公开信息与非公开信息一般分别指在可比性分析中使用公开上市公司的信息和非上市公司的信息。

如果使用“交易净利润法”评估被调查企业是否符合独立交易原则，一般需要以可比公司的利润率区间作为参考基准。选用上市公司还是非上市公司作为可比公司在转让定价法规较为发达的国家也未见统一。举例来说：美国与英国的税务机关一般会采用上市公司，而在日本，采用非上市公司作为可比公司的做法非常普遍。尽管如此，目前国际上仍然趋向于使用公开上市公司的信息，因为这些公司相对而言具有更广泛的信息披露义务，其财务数据的真实性也受到监管部门及公众更多的关注与监督，因此公信度更高。

在中国早期的转让定价调查与调整实务中，税务机关有时会运用非公开上市公司的数据，如可比私营企业的财务数据、本地区同行业企业的平均利润率水平等。随着对使用公开上市公司数据这一国际趋向的日益认同以及第三方数据库的逐步完善，中国税务机关基本完全使用公开上市公司数据进行转让定价调查与调整。2005 年 3 月 25 日，对此国家税务总局发布了《国家税务总局关于 2005 年度反避税工作的通知》（国税函【2005】239 号），要求各级税务部门使用 BVD 公司的数据库作为反避税调查和纳税调整的依据。

尽管如此，税务机关仍保留其使用非公开信息资料的权利。2 号文第 37 条指出：“税务机关应选用本办法第四章规定的转让定价方法分析、评估企业关联交易是否符合独立交易原则，分析评估时可以使用公开信息资料，也可以使用非公开信息资料。”

此外，国家税务总局在数据库上的投入也在继续加大，其中就包括非公开信息数据。《国税总局关于 2009 年反避税工作情况的通报》（国税函【2010】84 号）中提到，国家税务总局除购买了 BVD 数据库与标准普尔数据库外，还在不断尝试整合国内各部门的数据，如国家统计局的全国工业企业信息库等，而后者除了包含中国本土上市公司外，也有更多的中国非上市公司信息。

2. 中国可比公司与境外可比公司

评判可比公司与被调查公司的可比度时，除了功能和风险状况、产品等，所处的经营地域环境以及市场情况也是重要的考量因素。出于这个原因，在以往的实务中，中国税务机关首先倾向于接受中国内地的可比公司，认为它们所处的经济环境与被调查公司最为接近。然而，这种做法的缺陷也非常明显，即仅选择中国内地公司作为可比公司可能使得最终可比公司组的样本量不够，从而使得出的四分位区间从统计学意义上无法准确反映相关行业的真实利润水平。由此，目前的可比性分析一般涵盖的地域范围为中国和亚太区其他主要经济实体。

从近两年的情况来看，可比分析中选择到真正适合的可比公司的难度正不断增加，世界各国对此已经达成共识。出于这点考虑，中国税务机关也多次在公开场合提到将视具体情况而定，如果不能选择到合适的中国或亚太地区可比公司，企业和税务机关也可以考虑在可比性分析中使用欧美地区的可比公司。

二、调整过程的考量

1. 调整目标值至中位数

在交易净利润法下，税务机关采用四分位法分析、评估企业利润水平时，企业利润水平低于可比企业利润率区间中位值的，原则上应按照不低于中位值进行调整。也就是说，即使企业的利润率已经高于下四分位，但由于未到达中位，仍有可能被调整至中位值或更高的水平。

2. 资产密度调整

资产密度调整是国际上的通行做法，一般用于可比性分析，目的是将被测试公司与可比公司的资本状况还原到同一水平上，使得双方做利润比较时更为准确。最常见的资产调整项目包括应收账款、应付账款、存货和固定资产。

案例7-6：应收账款调整

A公司与B公司利润表上的销售收入均为100万元，但A公司的100万元销售全部通过现金实现，而B公司的100万元为应收账款，信用期为3个月。从利润表上来看，A与B的销售收入完全相同。但从资本效应来看，A从销售中得到的现金可以直接用于再生产或获得资本利息，而B的销售收入要到3个月后才能变现，在这3个月中，B损失的是用现金获得资本利息抑或是需要投入再生产而借贷资本所需支付的利息这一机会成本。资产密度调整正是从资本的机会成本这一角度出发，对被测试公司与可比公司间的差异进行调整。

但是在中国，资产密度调整在转让定价调查与调整案件中并不常见。2号文规定了因被调查企业与可比企业营运资本占用不同而对营业利润产生的差异原则上不做调整。确需调整的，须层报国家税务总局批准。

3. 还原抵消交易

如果企业与其关联方在收取价款与支付价款的交易中存在相互抵消的，原则上应该还原该抵消交易，并在做可比性分析与纳税调整时分别考虑还原后的两笔交易。

案例7-7：抵消交易的还原

中国企业A是一家电子生产商，主要产品为笔记本电脑配件与家用摄像机配件。其中，笔记本配件全部销售至海外关联企业B，在该业务下A公司是一家合约生产商；而家用摄像机配件则全部销售至第三方客户，在该业务下A公司独立承担产品生产、市场营销与终端销售等职能。并且，A公司拥有与家用摄像机配件相关的专利所有权，这些专利均由A公司委托B公司合同研发取得。A公司与B公司经过协商，决定A公司无需向B公司支付合同研发活动的相关服务费；作为补偿，A公司亦会降低向B公司销售笔记本配件的售价。上述“不收取服务费”与“降低产品售价”显然构成了抵消交易。税务机关做纳税调整时，可对两笔交易分别作如下处理：

- 根据独立交易原则调整A公司对B公司的产品售价，并相应调整A公司在该笔关联业务下的所得税及流转税。
- 根据独立交易原则还原B公司向A公司提供合同研发服务所应收取的服务费，并要求A公司按照拟定的服务费金额为B公司代扣代缴营业税。当然，还原拟定的服务费金额允许A公司做税前抵扣。

4. 还原原始交易金额

从《特别纳税调查调整通知书》可以看出，税务机关做转让定价调整时，并不单单是调增关联交易下的利润额以及计算所得税调增额，而是还原计算交易收入的调增额，并相应计算需要补缴的流转税以及所得税。

______税务局

特别纳税调查调整通知书

______税调〔　　〕号

______：

经调查，你企业自______年至______年纳税年度，违反《中华人民共和国企业所得税法》及其实施条例和《中华人民共和国税收征收管理法》及其实施细则关于特别纳税调整的有关规定，决定调增你企业应纳税收入______元，应补增值税、消费税、营业税等______元；调增你企业应纳税所得额______元，应补企业所得税______元，并按有关规定加收利息。

限你企业自收到本通知书之日起______天内，向______税务局负责税款征收部门缴纳上述税款及利息，逾期未缴纳税款的，从滞纳税款之日起，按日加收滞纳税款万分之五的滞纳金。

案例 7-8：原始交易金额的还原

中国 A 公司向海外关联方 B 公司提供合约研发服务，获得的完全成本加成率为 1%。A 公司按照中国税法的规定缴纳营业税与企业所得税。经过主管税务机关的分析，符合独立交易原则的合约研发服务利润水平应为 8%。因此，税务机关按照该利润率还原了 A 公司应向 B 公司收取的服务费，并相应计算了还原后 A 公司应缴纳的营业税与所得税税额。所以，A 公司需要补缴的税额是应纳税总额与其已经缴纳部分的差额。

值得注意的是，在目前的实务中，不同的税务机关对这种调整方式具有一定的自由裁量权。部分税务机关在进行调整时，可以免除流转税的调整。

5. 加计利息及罚息

根据 2 号文的规定，对 2008 年 1 月 1 日之后发生交易补征的企业所得税税款应按日加收利息。具体规定为：

- 计息期间自税款所属纳税年度的次年 6 月 1 日起至补缴（预缴）税款入库之日止；
- 利息率按照税款所属纳税年度 12 月 31 日实行的与补税期间同期的中国人民银行人民币贷款基准利率加 5 个百分点计算，并按一年 365 天折算日利息率；

• 企业如果按 2 号文的规定提供同期资料和其他相关资料的，5% 的加计率可以免除。

从法理上来解读上述规定，企业因为违反独立交易原则而少缴纳的所得税税款即使在以后年度的调整中补缴，企业仍然延迟了其纳税义务。换句话说，企业相当于在过去的几年中从税务机关获得了一笔融资。在公平的市场环境下，融资是需要支付成本的。该“融资”的本金即为调整的所得税额，利息为公开市场利率（人民银行基准贷款利率），而“贷款”起始日从次年的 6 月 1 日起算是因为在正常情况下，企业当年的所得税应于次年的 6 月 1 日缴入国库。

此外，5% 加计率的设置也主要是为了敦促企业按照独立交易原则开展关联交易，而对提供同期资料与其他资料的企业免除 5% 的加计率也是其他一些转让定价税制较成熟的国家（如美国）所通用的办法，目的在于对依法履行披露义务的企业进行鼓励以及提供一定程度的保护。

案例 7-9：利息计算

在案例 6-9 的基础上，我们就利息计算做进一步说明。因税务机关对凯希米亚中国进行转让定价调查，就 2008 年的销售收入而言，由 1.9095 亿元人民币调整到 2.0140 亿元人民币，则凯希米亚中国相应需补缴企业所得税 261.3 万元人民币。根据 2 号文的规定，“一旦企业作出特别纳税调整，则应在补缴税款的同时按同期银行贷款利率加征利息及额外 5% 的罚息。”因凯希米亚中国未准备同期资料，所以还应缴纳利息 148.8 万元人民币和罚息 125.2 万元人民币。凯希米亚中国需就 2008 年一年的转让定价调查结果，向税务机关缴纳总额约为 535.3 万元人民币的税款和利息。具体计算过程如表 7-1 所示。

表 7-1　凯希米亚中国补缴税款与利息的计算过程　单位：百万元人民币

项　目	计算参数	补缴税款及利息
原始销售额	190.95	
调整后的销售额	201.40	
企业所得税	25%	
补缴企业所得税额		(201.40 - 190.95) × 25% = 2.613

续表

项　目	计算参数	补缴税款及利息
同期银行贷款利率	5.94%	
调整时限	9年又214天	
加收调整税款的利息		2.613×5.94%×(9+214÷365)=1.488
罚息利率	5%	
加收罚息		2.613×5%×(9+214÷365)=1.252
共计	—	5.353

由此案例可以得出，一旦企业被税务机关进行转让定价调查，则可能被进行巨额税款调整。如此一来，将对企业造成很大的财务压力。

需要注意的是，对于准备了同期资料的企业，如果最终被施以纳税调整，可以免除5%的罚息。所以，若凯希米亚中国在2008年便准备了同期资料，仅当年一年即可免除高达125.2万元的罚息。而且该调整仅考虑到2008年的节省，如果之后年度也准备了同期资料，那企业就可以节省下更可观的罚息。

第六节　对特定类型及行业企业的调查

2009年2号文发布时，正值金融危机在全球范围内逐步蔓延。中国税务机关一方面观察到企业的正常利润滑坡导致的税收减少；另一方面，中国税务机关要杜绝企业以金融危机之名，将原本应属于中国的利润通过转让定价操作转移去海外。在此背景下，国家税务总局相继发布若干法令，旨在加强对特定类型及特定行业的企业的转让定价监管以确保税源。

一、对单一功能企业的调查

国家税务总局最早在国税函【2007】236号中规定：“在中国设立的仅根据国外母公司的总体经营计划，按照产品订单从事产品加工制造，只承担单一生产功能的外商投资企业和外国企业，通常应保持一定的利润率水平，原则上不应该出现亏损。规定中指出，该类企业不承担决策、市场开发、营销等功能，相应也不应当承担由于企业集团决策失误、开工不足、产品滞销等原因带来的风险和损失。”

2号文中也相应提到，按照关联方订单从事加工制造，不承担经营决策、产品研发、销售等功能的合约生产商，不应承担由于决策失误、开工不足、产品滞销等原因带来的风险和损失，通常应保持一定的利润率水平。对于发生亏损的此类企业，税务机关可选择适当的可比价格或可比企业，确定企业的利润水平。

2009年，国税函【2009】363号将2号文中对合约生产商应保持一定的利润率这一要求扩展到了“单一功能”企业这一范畴，即：单一功能生产、分销或合约研发服务企业。363号文指出：“跨国企业在中国境内设立的承担单一生产（来料加工或进料加工）、分销或合约研发等有限功能和风险的企业，不应承担金融危机的市场和决策等风险，按照功能风险与利润相配比的转让定价原则，应保持合理的利润水平。”

中国作为一个外向主导型的经济体，拥有大量的由跨国公司设立的符合上述“单一功能”特征的企业，其中尤以来料加工或进料加工类型的单一生产型企业居多。从转让定价原理上来讲，企业所应该获得的回报应与其承担的功能和风险状况相一致。单一功能的企业理应获得相对有限但较为稳定的补偿。尽管如此，由于2号文及363号文单从字面上来讲的定义较为笼统，未对单一功能企业如遇到周期性的产能利用率波动或开办期间的额外成本等特殊因素予以明确，因此给部分由于特殊原因而遭受亏损的单一功能企业带来了一定程度的挑战。

二、对重点行业的调查

2009年4月，国家税务总局发布的国税发【2009】85号要求各级税务机关“继续做好制衣制鞋、电子和通讯设备制造、电脑代工等行业的调查结案工作；在快餐、大型零售、饮料生产、电梯、汽车等行业的调查中取得突破；并重点做好对高速公路等基础设施建设融资、轮胎制造、制药、饭店连锁等受国际金融危机影响较小行业的转让定价调查工作，加大调整补税力度，以提高行业整体利润水平。”

依照该文的精神，中国税务机关在2009年已经基本完成了对制鞋与笔记本电脑代工行业的联查。国家税务总局认为：“对受国际金融危机影响较小的行业、企业展开调查，既不会对这些行业、企业的正常生产经营产生重大影响，容易得到企业的配合，还能有效增加税收。”

2010年，国家税务总局在多个场合提到未来几年重点的调查行业将会是汽车行业与制药行业。众所周知，在金融危机的大环境下，汽车与医药行业在中国非但没有萧条的迹象，反而有了较大幅度的增长。国家税务总局在对这两个行业的调查中，将不会仅仅局限于中国的生产或分销企业所应获得的常规利润，而是会进一步分析本地市场品牌无形资产、超额利润、选址节约、退出支付等转让定价领域的前沿概念，以判断这些行业的部分超常规利润是否来源于中国，因此应该保留在中国。

2012年，国家税务总局在《联合国手册讨论稿》中发表了《中国实践篇》，再次重申了汽车行业。除此之外，还首次提到了奢侈品行业及其他一些特殊行业。众所周知，在金融危机的大环境下，汽车、医药行业以及奢侈品行业在中国非但没有萧条的迹象，反而有了较大幅度的增长。国家税务总局在对这些行业的调查中，将不会仅仅局限于中国的生产或分销企业所应获得的常规利润，而是会进一步分析本地市场品牌无形资产、超额利润、选址节约、退出支付等转让定价领域的前沿概念，以判断这些行业的部分超常规利润是否来源于中国、应该保留在中国。

第七节 中国转让定价调整争议解决

在中国转让定价调查与调整实务中，税务行政复议、相应调整及国际磋商，以及预约定价安排是最为常见的几种争议解决途径。

一、税务行政复议

在转让定价调查与调整过程中，如果被调查企业对主管税务机关的调整结果存在异议，且双方经过进一步磋商后仍存在异议的，被调查企业应根据法律规定先行缴纳税款与利息等，然后在接到《特别纳税调查调整通知书》的60日内向上一级税务管理机关申请复议。

企业如果对复议决定不服，则在接到复议决定书之日起60日内可以向人民法院起诉。但在中国的实务中，目前仍然未有一起税务起诉案件。

二、相应调整及国际磋商

1. 概述

关联交易牵涉到两方。从原理上来讲，交易双方已经就该交易下各自实现的利润在各自的税收管辖区缴纳了所得税。因此，如果交易一方被主管税务机关就该交易施以转让定价调整，而交易另一方未对同一笔交易作出调整的话，对这两家企业总体而言，便形成了事实上的双重征税。相应调整机制正是在交易一方被施以转让定价调整时，允许另一方作出相应调整，以消除双重征税的影响。

当关联交易双方处于不同的国家，相应调整需要两国主管税务机关根据税收协定进行磋商谈判，这便是国际磋商。

在中国，相应调整及国际磋商具有时效性。企业应自自身或其关联方收到转让定价调整通知书之日起3年内提出相应调整的申请。超过3年的，中国税务机关将不予受理。

案例7－10：相应调整及国际磋商

A公司为中国境内的生产企业。其产品全部销往位于Y国的海外关联方B公司。2010年，税务机关对A公司2004年至2009年度的关联交易进行转让定价调查，发现未遵循独立交易原则，并继而调增其税款及利息共计人民币1000余万元。

A公司补缴税款完毕。其后经与集团母公司讨论，决定就刚刚结束的中国转让定价调整向Y国申请相应调整。A市国家税务局核实了中国与Y国之间已经签订了税收协定，并要求A公司根据2号文的规定同时向本局及国家税务总局报送《启动相互协商程序申请书》。B公司也同时向所在地的主管税务机关报送了相关资料。目前，中国与Y国税务机关就该相应调整事项已经开始了初步沟通。

2. 程序

2 号文指出，相应调整涉及税收协定国家或地区关联方的，经企业申请，国家税务总局与税收协定缔约方税务主管当局根据税收协定有关相互协商程序的规定开展磋商谈判。

相关的中国企业应同时向国家税务总局和主管税务机关提出书面申请，报送《启动相互协商程序申请书》，并提供企业或其关联方被转让定价调整的通知书复印件等有关资料。国家税务总局审理后，对具备协商条件的企业，与缔约国税务主管当局进行相互协商。

相应调整或国际磋商的结果，由国家税务总局以书面形式经主管税务机关送达企业。

3. 现状

援引国税函【2012】111 号，截至 2011 年年底，国家税务总局与日本、韩国、美国、新加坡、丹麦、挪威、瑞典等 7 个国家就 29 个案件进行了 10 次双边磋商，双方达成一致案件 7 件，正式签署 5 件，通过双边磋商实现税收增收 7 亿元，为跨国公司消除国际双重税收负担约 32 亿元。

三、预约定价安排

如前文所提，转让定价调查调整结案后，主管税务机关会自企业被调整的最后年度的下一年度起 5 年内实施跟踪管理。在这 5 年的管理期内，除非企业在产品结构、业务模式、市场经济环境等方面产生重大变化，否则主管税务机关一般会期望企业在跟踪管理期内关联业务下的利润率同双方在调查案件中达成的调整结果基本一致。

在这样的背景下，许多企业选择在调查调整结案后直接向主管税务机关申请预约定价安排。虽然 2 号文第 49 条明确说明："预约定价安排的签谈不影响税务机关对企业提交预约定价安排正式书面申请当年或以前年度关联交易的转让定价调查调整。"但预约定价安排却有以下两个好处：其一是由于税务机关通过前期的调查调整已经对企业的基本情况有了充分的了解，可以大大加快预约定价安排的申请进度，降低企业的行政成本；更为重要的是企业可以直接通过该预约定价安排为自身未来年度的转让定价政策获得最大限度的法律确定性。

第八节
中国转让定价调查与调整案例

本节将以综合案例的形式具体诠释上文各节提到的转让定价调查之起因、调查程序、相关资料、可比性分析的应用等方面。

案例 7-11：转让定价调查与调整综合案例

X 市国税局于 2009 年 6 月开始，对辖区内企业报送的企业年度所得税申报表、关联业务往来报告表、转让定价同期资料等进行详细核查。经过 2 个多月的核查，该局认为辖区内企业 A 的转让定价政策具有显失公允、有违独立交易原则的嫌疑。以下为 A 企业的一些基本背景：

- 外商独资企业，由海外母公司 B 控股；
- 主营业务为生产，产品为高端安全警报系统中的核心部件——电子感应器；
- A 公司的产品全部出口至母公司 B。年度销售均在人民币 4 亿—5 亿元。除此之外，A 公司没有其他类型的关联交易；
- A 公司成立于 2000 年度，当年亏损。2001 年弥补完上年亏损后仍有盈利，进入“两免三减半”所得税优惠期。免税期为 2001—2002 年，减半期为 2003—2005 年。A 公司在 2002—2005 年间每年的净利润率（完全成本加成率）均保持在 7%—8%。但公司 2006 年度的利润率陡降至 1%，并在 2007 年与 2008 年发生亏损。

基于上述事实，X 市国家税务局认为 A 公司的关联交易金额较大，且在税收优惠期结束后利润陡降有较为明显的人为操纵转让定价的嫌疑，故欲正式将 A 公司企业立案调查。该国家税务局将该计划上报省国家税务局获得批准，并在国家税务总局备案完毕后，于 2009 年 8 月 1 日向 A 企业发送了《税务检查通知书》，明确了检查内容为该公司的 2006 年至 2008 年间的关联交易。

经事前约定，X 市国家税务局两位负责反避税的官员于 2009 年 8 月 15

日拜访 A 企业，进行现场调查。两位官员通过参观工厂生产线以及与各个营业部门进行访谈，获取了 A 企业与其关联公司 B 的功能、风险状况，如下：

• A 公司基本只承担原材料采购与产品生产功能，公司严格按照 B 公司的销售订单进行原材料采购与产品生产，因此是一家合约生产商。

• 母公司 B 承担的功能包括：核心技术研发、产品设计、市场营销以及面对终端客户的产品销售。

• A 公司只承担与其自身生产相关的风险，即生产风险与产品质保风险。其他任何商业风险，包括但不限于研发风险、存货风险、营销风险、信用风险等均由母公司 B 承担。

• A 公司的重要资产为公司的厂房及机器设备，不拥有任何无形资产。母公司 B 的无形资产主要包括商标、品牌以及技术专利。

两位官员继续对 A 企业的财务主管进行了访谈，并要求后者重点说明公司的转让定价操作以及 2006—2008 年间利润下降并产生亏损的原因。财务主管回答如下：

• A 企业采用标准成本加成的方式进行产品定价。成本基准为完全成本（主营业务成本加上管理费用，A 企业不发生销售费用）；

• 2006—2008 年，公司的利润水平下降甚至亏损是因为终端市场的销售情况恶化，因此母公司 B 要求 A 公司适度降低销售价格而致。

两位官员认为现场访谈的目的基本达到，并要求财务主管追加提供以下资料：

• 集团转让定价手册；

• A 公司 2001—2008 年标准成本及最终销售价格的计算信息；

• B 公司 2001—2008 年的利润表；

• 2001—2008 年电子感应器行业信息。

X 市国家税务局于 2009 年 8 月 30 日收到了上述追加资料，经过分析后，发现以下事实情况：

• 根据集团转让定价手册规定，A 公司作为合约生产商，应以成本加成的方式获得补偿。加成率应根据生产国所在地所进行的基准定位分析得出。但在事实上，集团并未针对 A 公司进行基准定位分析，加成率由母公司 B 与子公司 A 在每年年初协商而定，其中 2006 年前基本为 7%，而 2006—2008 年降至 3%。

• 根据集团转让定价手册规定，A 公司作为合约生产商，其标准成本与实际成本的差异应每年复核一次，并在第二年年初制定标准成本预算时予以调整。A 公司并未执行这一政策，其在 2001—2008 年间均使用固定的标准成本体系。其中 2001—2006 年间，由于原材料价格基本保持稳定，公司的标准成本与实际成本差异很小；而 2007—2008 年度原材料价格普遍上涨，导致公司的实际成本超出标准成本。

• 高端安全警报系统属于特殊细分市场，竞争尚不激烈，行业利润水平也相当可观。这种行业状况在 2001—2008 年间基本没有变化，且直接传递到了上游行业，如电子感应器。

• 2006—2008 年，B 公司的利润水平相比以前年度，并没有明显的下滑趋势。

根据这些事实，X 市国家税务局认为，A 公司在 2006—2008 年间在公司的产品、功能风险状况、交易状况以及外部市场环境等重大经济因素均未发生明显变化的情况下降低加成率以及不按照实际成本及时调整标准成本的做法无正当理由，需要通过可比性分析进一步验证公司这些年度的关联交易是否违背了独立交易原则。

根据 A 公司的关联交易状况，X 市国家税务局选择了交易净利润法作为评估方法。由于 A 与其关联方 B 相比，功能、风险状况较为简单且不拥有无形资产，A 公司被选为了交易净利润法下的被测试方。在该方法下，X 市国家税务局通过 BVD 数据库，寻找在亚太地区公开上市的与 A 公司功能及产品较为可比的公司进行可比性分析。经过分析发现，A 公司 2006—2008 年度单年的完全成本加成率均低于可比公司四分位区间的下四分位值。因此，X 市国税局以可比公司组完全成本加成率四分位区间的中位值为基准对 A 公司的关联交易作出相应调整。调整结果如表 7－2 所示。

表 7－2　　磋商前 X 市国税局的应补所得税计算过程

金额单位：元

	公式	2006 年	2007 年	2008 年
A 公司利润表状况				
主营业务收入	1	535 376 745	556 428 927	528 053 618
完全成本	2	529 028 404	566 339 875	540 816 897
营业利润	3＝1－2	6 348 341	－9 910 947.81	－12 763 278.77

续表

	公式	2006 年	2007 年	2008 年
完全成本加成率	4 = 3/2	1.20%	-1.75%	-2.36%
所得税纳税调整测算				
可比完全成本加成率四分位区间 下四分位	5	2.19%	1.96%	2.02%
可比完全成本加成率四分位区间 中位	6	7.12%	6.03%	5.72%
完全成本加成率差异（调整率）	7 = 6 - 4	5.92%	7.78%	8.08%
应纳税所得额调增值	8 = 2 × 7	31 318 482	44 061 242	43 698 005
所得税率	9	15%	15%	25%
每年应补所得税	10 = 8 × 9	4 697 772	6 609 186	10 924 501
每年 5.4% 利息（2008 年补征税款）2009.6.1—2009.10.31	11			247 283
应补所得税总计	12 = $\sum$ 10 + 11			22 478 742.71

注：按照 2 号文的规定，发生于 2008 年度 1 月 1 日以后的关联交易如被调整，应加计罚息。罚息以银行基准贷款利率另加 5% 计。由于 A 企业按照 2 号文及税务机关的要求，递交了同期资料以及其他相关资料，因此免除 5% 罚息，而只以每年 5.4% 利息的基准贷款利率计。补税款入库时间暂估为 2009 年 10 月 31 日。

X 市国家税务局根据上述调整结果，于 9 月 15 日向 A 企业出具了《特别纳税调整初步调查通知书》。A 企业收到通知书后，对税务机关作出的公司 2006—2008 年度的关联交易未遵循独立交易原则，因此需要作出转让定价调整这一判断并无异议。但对初步调整方案中所选取的部分公司与其自身的可比性存在异议。A 企业将这一意见向 X 市国家税务局提出，双方由此进入调整磋商阶段。

经过几轮的会谈以及审阅了 A 公司针对可比公司递交的资料后，X 市国家税务局认定了原始可比公司组中有两家企业的产品细分市场与 A 相比有很大的差异，因此予以删除。同时又追加了一家 A 公司提供的该行业主要竞争者作为可比企业。由此，双方最终对可比公司组达成了一致。根据最终可比公司的数据计算，调整结果如表 7 - 3[①] 所示。

① 本案中主管税务机关免除了对 A 公司的流转税调整。

表 7－3　　双方磋商后的应补所得税计算过程　　金额单位：元

		公式	2006 年	2007 年	2008 年
A 公司利润表状况					
主营业务收入		1	535 376 745	556 428 927	528 053 618
完全成本		2	529 028 404	566 339 875	540 816 897
营业利润		3＝1－2	6 348 341	－9 910 947.81	－12 763 278.77
完全成本加成率		4＝3/2	1.20%	－1.75%	－2.36%
所得税纳税调整测算					
可比完全成本加成率四分位区间	下四分位	5	1.88%	1.57%	1.60%
	中位	6	5.37%	5.14%	4.86%
完全成本加成率差异（调整率）		7＝6－4	4.17%	6.89%	7.22%
应纳税所得额调增值		8＝2×7	22 060 484	39 020 817	39 046 980
所得税率		9	15%	15%	25%
每年应补所得税		10＝8×9	3 309 073	5 853 123	9 761 745
每年 5.4% 利息（2008 年补征税款）2009.6.1—2009.10.31		11			220.963
应补所得税总计		12＝$\sum$10＋11			19 144 903.38

X 市国家税务局将这一调整方案上报到省国家税务局，并由后者审阅通过后继续上报至国家税务总局。国家税务总局认为 X 市国家税务局与省国家税务局对该案的基本情况认定正确，调整方案所选用的转让定价方法及可比性分析均符合本案的实质及 2 号文的有关规定，因此最终批准了此调整方案。

由此，X 市国家税务局与 2009 年 10 月 8 日向 A 企业送达《特别纳税调整调查通知书》。企业于 2009 年 10 月 31 日将补缴税款汇入国库。本案件正式结束并进入跟踪监管期。X 市国家税务局提醒 A 企业注意，监管期从下一年度，即 2010 年开始，为期 5 年。企业应密切注意自身的转让定价操作，以保证关联交易遵循独立交易原则。同时，A 企业应在次年的 6 月 20 日之前向税务机关提供跟踪年度同期资料，解释自身在该年度的关联交易情况。

此外，A 企业通过与母公司 B 的讨论，决定就刚刚结束的中国转让定价调整申请相应调整与国际磋商程序。X 市国家税务局核实了中国与 B 公司所在国之间已经签订了税收协定，并要求 A 企业根据 2 号文的规定同时向本局及国家税务总局报送《启动相互协商程序申请书》。B 公司也同时向所在地主管税务机关报送了相关资料。目前，两国税务机关就该相应调整及磋商案件已经开始了初步沟通。

第九节 管理转让定价调查风险

如前文所述，转让定价调查在目前中国的大环境下日趋频繁，且个案的平均补税金额较大，整个调查与调整的时间跨度也较长，会对企业的营运及现金流产生重大影响。在本节中，我们在总结自身的实务经验的基础上，向企业介绍一些管理转让定价调查风险的有效手段。

一、制定合理的转让定价政策

所谓治标更需治本，事前防范比事后应对更为有效。对任何一个企业而言，制定并执行一个符合独立交易原则的转让定价政策是降低自身被施以转让定价调查的最有效手段。

特别是一些关联交易额相对较小的企业，可能会认为自身并不足以引起税务机关的注意，一旦在转让定价问题上稍有忽视并被选为调查对象时便已为时过晚。其实对这类企业而言，一个简单的基准定位分析便能有效地帮助其制定符合独立交易原则的转让定价方法，并因此在很大程度上避免被选为调查目标的可能性。

二、随时监控实际结果与设定政策的差异

一些企业尽管已经制定了详尽合理的转让定价政策，但由于忽略了监控实际结果，仍然引发了转让定价调查。

举例来说，大多数的合约生产企业会采用成本加成的方式制定关联销售的价格。而其成本计算一般采用标准成本法。由于实际成本与标准成本间不可避免地存在差异，及时监控该差异并作出及时调整非常重要。不然的话，当实际成本超出标准成本一定比例时，可能导致企业所获取的利润率不足以体现其所承担的功能与风险，甚至引起亏损。在这种情况下，哪怕企业原本

的转让定价政策是合理的，企业也严格按照政策执行定价，但由于成本差异造成的实际结果偏差仍然可能引起税务机关的调查甚至是调整。

三、依法履行披露义务

2 号文的颁布对企业的转让定价披露与申报提出了更高的要求，其中所有进行纳税申报的企业均需报送《企业年度关联业务往来报告表》，而年度关联交易超过一定金额或符合一定条件的企业还需准备同期资料。

许多企业都把法定披露义务视为企业额外需要承担的行政负担。但从另一角度上来讲，企业在完成该法定义务的同时也可以及时发现自身的转让定价问题，甚至在遭遇转让定价调查与调整时，仍然会为企业带来益处。以同期资料为例：

- 同期资料有利于企业内部充分认识自身的转让定价政策，并通过该资料中的核心章节——可比性分析来判定自身关联业务下的价格或利润水平是否符合独立交易原则；
- 在税务机关仍处于案头审核与选案的阶段，依法完成并递交同期资料的企业相比未履行同期资料准备义务的企业而言，会给主管税务机关留下更好的印象，并相应降低自身被选为最终调查对象的可能性；
- 一旦被选为正式调查对象，同期资料可以作为企业与税务机关在沟通与谈判过程中最基本的技术平台，并保持企业内部各团队信息沟通的一致性与有效性；
- 即使最终被施以转让定价调整，同期资料亦可为企业免除 5% 的追加罚息。

四、年终自行调整所得税应纳税额

《国家税务总局关于印发〈中华人民共和国企业所得税年度纳税申报表〉的通知》（国税发【2008】101 号）中首次提出年终自行调整的概念。在现实中，可能会有某些企业因为转让定价政策的不恰当而导致其利润水平明显偏低，年终自行调整的提出恰恰给了这部分企业一次“主动更正”的机会，并有效降低被税务机关施以的转让定价调查甚至调整的被动局面。

值得注意的是，国家税务总局目前只允许企业调增纳税年度当年的应纳税所得额，对于转让定价过高或先前年度应纳税所得额的调整，本方法并不适用。此外，国税发【2008】101号并未对年终自行调整在实际操作程序、会计处理以及是否还有潜在流转税影响等方面作出具体说明或规定，因此，该项新政策在各个区域，甚至同一区域内的不同税务机关层面均有不同的规定与解读。

五、寻求其他筹划机会

将目光放得更远的话，企业可在符合一定条件的前提下，利用预约定价安排或成本分摊协议等手段与税务当局达成事先一致，从而合理避免将来再被施以转让定价调查甚至是调整的可能性。

第八章

预约定价安排

第一节 预约定价安排简介

一、基本概念

预约定价安排，亦称“预约定价协议”（Advance Pricing Arrangement，英文缩写为 APA），是指企业就其未来年度关联交易的定价原则和计算方法，向税务机关提出申请，与税务机关按照独立交易原则协商、确认后达成的协议[①]。预约定价安排一般可涵盖各种关联交易类型，如有形资产的购销、转让和使用、无形资产的转让和使用、融通资金、劳务等。

① 国家税务总局：《中国预约定价安排年度报告（2009）》，http：//www. chinatax. gov. cn/n8136506/n8136608/n9947993/n9948014/10517889. html，2010 年 12 月 30 日。

预约定价安排可分为单边、双边和多边三种类型。企业与一国税务机关签署的预约定价安排为单边预约定价安排。单边预约定价安排只能为企业提供一国内关联交易定价原则和方法的确定性，而不能有效规避企业境外关联方被其所在国家的税务机关进行转让定价调查与调整的风险。因此，单边预约定价安排无法避免国际双重征税。企业与两个或两个以上国家税务当局签署的预约定价安排为双边或多边预约定价安排，双边或多边预约定价安排需要税务主管当局之间就企业跨境关联交易的定价原则和方法达成一致，可以有效避免国际双重征税，为企业转让定价问题提供确定性①。目前越来越多的跨国企业选择提出了双边甚至多边预约定价安排的申请。

预约定价安排一般由纳税人提出申请，需要纳税人、一个或多个关联企业（双边或多边）以及一个或多个税务机关（双边或多边）进行谈判。预约定价安排不仅包括预约定价安排签订过程本身，而且包括预约定价安排签订前后的磋商、跟踪执行、监管等一系列制度安排。

从企业角度来看，预约定价安排增强了对跨国交易税收处理的可预测性，可为纳税人消除不确定性，也可提供有利于投资的税收环境。从税务机关的角度来看，预约定价安排能够帮助税务机关对企业的转让定价安排进行有效管理。此外，其可以通过预约定价安排程序中披露的信息，在合作氛围中获得有用的行业数据以及定价方法的分析资料，以更好地为其他处于类似情况的纳税人提供服务。因此，预约定价安排的出现被誉为转让定价管理制度发展的里程碑。

当然，预约定价安排也具有一定的局限性。例如，单边预约定价安排未得到关联交易另一方税务机关的认可而可能受到转让定价调整，因而并不一定能给纳税人带来税务上的确定性。此外，预约定价安排的时间、人力成本较高，不一定适用于所有纳税人。

二、预约定价安排在全球的发展

随着经济全球化和跨国企业的发展，双边及多边预约定价作为解决跨国公司转让定价问题的一种手段，日益受到各国税务机关和跨国企业的关注和

---

① 国家税务总局：《中国预约定价安排年度报告（2009）》，http：//www.chinatax.gov.cn/n8136506/n8136608/n9947993/n9948014/10517889.html，2010 年 12 月 30 日。

运用。目前，全球只有一部分国家具有预约定价安排方面的经验。美国是世界上最早开展预约定价安排也是最具经验的国家。日本也较早地建立了预约定价安排制度，并获得了广泛的开展。此外，澳大利亚、加拿大、英国、法国、德国等国也具有较为丰富的预约定价安排经验。下面我们将针对这些国家的预约定价安排税制进行简单的介绍。

1. 美国

美国国税局于1991年5月颁布的《税收程序91—22》（Revenue Procedure 91—22）正式赋予了预约定价安排制度的法律地位。1996年，美国国税局对办理预约定价安排的具体程序作了详细规定，并先后于2004年、2006年颁布相关文件，在预约定价收费标准、申请时限、资料报送要求等方面予以完善。美国专门设立了预约定价安排项目。预约定价安排由国家专门小组办理，以保证预约定价安排程序迅速有效地进行。近年来，美国预约定价安排的申请及受理件数日趋增长，其发展较其他国家更为成熟。美国国税局2010年3月发布的预约定价安排报告显示：从1991年预约定价安排开始实施至2009年年底，美国预约定价安排受理小组已收到1379个申请，完成并签订904个预约定价安排（其中，2009年的签订数为63个）。2010年完成预约定价安排69个，未决申请350个，包括新的预约定价安排以及预约定价安排的续签申请。

2. 日本

日本于1987年制定了预约定价安排制度（称之为事先确认制度）。1999年，日本通过颁布《关于认定关联企业间价格的算定方法》、《关于处理相互协商申请》等通告指导单边和双（多）边预约定价事务。2001年6月，日本颁布了《关于转让定价操作局长指引》（后称《转让定价管理指南》）和《关于相互协商程序的局长指引》（后称《相互协商程序管理指南》），对预约定价安排程序和相互协商程序进行了详细规定。近年，日本国税厅检查部门与双边磋商部门加强合作，以加速预约定价安排的谈签过程。日本国税厅2010年9月发布的数据显示：2008财年（2008年6月至2009年7月），预约定价安排的申请数多达111个，日本国税厅已处理完成70个。2009财年（2009年6月至2010年7月），日本国税厅共接受了149项双边预约定价安排申请。

3. 澳大利亚

在澳大利亚，预约定价安排的发展也较为成熟。1995年颁布的税收条例 TR95/23 是澳大利亚预约定价安排程序的法律基础。该条例涉及的内容非常宽泛，其提供了如何申请和获得预约定价安排的详细指南。澳大利亚从 2002 年起，对中小企业提供一种新的预约定价安排形式，仅要求中小企业回答 56 个问题。该规定大大降低了中小企业申请预约定价安排的成本。根据澳大利亚国税局 2013 年发布的数据显示：在 2011/2012 财政年度（截至 2012 年 6 月 30 日），澳大利亚签订了 66 个预约定价安排，相比 2010/2011 财政年度增加了 5 例。其中，双边预约定价安排有 35 例，相比 2010/2011 财政年度的 52 例下降了 17 例。这一现象显示出纳税人更倾向于单边预约定价安排。

4. 加拿大

加拿大于 1993 年开始实行预约定价安排制度，并于 1994 年 12 月发布第一个指导纳税人申请预约定价安排的文件。之后，加拿大国税局公布了《信息公告 94—4R》（Information Circular 94—4R）对预约定价安排申请程序作了明确说明。加拿大专门设立了预约定价安排项目，允许大多数拥有跨国关联交易的企业申请预约定价安排。为了便于小企业申请预约定价安排，加拿大在 2005 年作了相关规定，内容包括降低申请费用、简化审核内容和程序。自 1993 年至 2010 年 3 月，加拿大已签订预约定价安排共计 142 个。其中，双边或多边预约定价安排有 113 个。加拿大 2009/2010 财政年度预约定价安排报告显示：在 2009/2010 财政年度中，加拿大签订了 16 个预约定价安排，比上一财年增加了 6 个。可见，预约定价安排在加拿大的发展呈快速上升的态势。

5. 英国

英国在 1999 年的《财政法》中制定了预约定价安排条款。该法案规定，纳税人在预约定价安排申请中若提交虚假或误导性信息会受到严厉处罚。在英国，可适用的预约定价安排包括单边预约定价安排和双边预约定价安排。在 2006—2008 年间，英国已成功签署 45 个预约定价安排。数据显示，预约定价安排的申请每年呈不断增加趋势①。

① Bureau of National Affairs, EU Joint Transfer Pricing Forum Draft 2009 APA, table. http://taxandaccounting.bna.com/btac/T11500/split _ display.adp? fedfid = 16345819&vname = tmtrnot&wsn = 502082000&searchid = 13009042&doctypeid = 13&type = date&mode = doc&split = 0&scm = T11500&pg = 0, 2010 年 2 月 25 日。

6. 法国

法国的预约定价安排制度，是以法国税收协定中关于相互协商程序的规定为基础，于1999年以《法国行政指导》（French Administrative Guideline of 7/9/1999）的形式正式建立。法国在其于2005年1月颁布的《税收程序规程》（Tax Procedure Code）中，对预约定价安排作了相关规定。在法国，可适用的预约定价安排包括单边预约定价安排和双边预约定价安排。法国的第一例双边预约定价安排，于2001年与英国签订。在之后将近十年的发展中，法国已签订了54个预约定价安排，是欧盟国家中签订数量最多的国家①。

7. 德国

在德国，预约定价安排制度的发展始于2000年首次发布的预约定价安排指导讨论稿。2006年10月，德国发布了关于双边及多边预约定价安排的法规，该法规对于双边及多边预约定价安排的申请、协商，以及签订等方面提供了广泛的指导。自2006年法规颁布至2008年年末，德国已成功签署9个预约定价安排。与德国签署预约定价安排的国家有美国、日本、英国、法国等。在2009年，国家税务局收到了20多个预约定价安排的申请。自2006年法规颁布至2010年年中，已有100多个预约定价安排在案受理②。

8. 中国香港

中国香港税务局2012年3月29日发布的DIPN 48标志着香港预约定价安排机制正式启动。香港预约定价安排主要包括双边预约定价安排和多边预约定价安排。根据DIPN48，香港税务局仅在与境外税务机关协商失败时才会考虑接受香港纳税人关于单边预约定价安排的申请。香港实施的预约定价安排与其主要的税收缔约方（例如中国内地、日本等）在内容上基本一致，并要求参与预约定价安排的各方披露所有相关信息，确保了预约定价安排申请过程的公正和透明。同时，香港税务局鼓励各参与方之间积极进行多边对话，以保证解决相关附属事宜并加速完成整个预约定价安排的谈签。

---

① Bureau of National Affairs, EU Joint Transfer Pricing Forum Draft 2009 APA, table. http://taxandaccounting. bna. com/btac/T11500/split_display. adp? fedfid = 16345819&vname = tmtrnot&wsn = 502082000&searchid = 13009042&doctypeid = 13&type = date&mode = doc&split = 0&scm = T11500&pg = 0, 2010年2月25日。

② 同上。

三、预约定价安排在中国的发展

预约定价安排制度引入我国已有十多年的历史。我国的预约定价安排制度主要借鉴了《OECD转让定价指南》有关规定，并结合近几年国际预约定价安排的实践和发展趋势，对原有法规做了补充和完善，使其更具实务操作性，且更加符合国际惯例。预约定价安排相关法规进程如表8-1所示。

表8-1 中国预约定价安排相关法规进程

年度	相关法规	内容/意义
1998	国税发【1998】59号	首次引入预约定价安排的概念，将预约定价安排作为“转让定价调整方法中的其他合理方法”。
2002	《征管法实施细则》	正式列入预约定价制度，预约定价由转让定价的调整方法上升为一种制度。
2004	国税发【2004】118号	对预约定价安排流程作出了详细而明确的法律规定，使中国企业纳税人申请预约定价安排变得切实可行，因此其被视作中国预约定价安排法规发展的里程碑。
2005	国税发【2005】115号	明确了相互协商程序适用于双边预约定价安排。
2005	《国家税务总局关于预约定价工作有关问题的通知》（国税函【2005】1172号）	规定了预约定价监控管理制度（即各地税务机关在签署单边预约定价安排前必须逐级层报税务总局审核，同时要求各地税务机关要稳步推进预约定价工作，提高预约定价安排的规范程度）；提出了预约定价安排谈签的重点行业；提供了预约定价安排报告的样板。
2007	《所得税法》及《所得税法实施细则》	为预约定价安排的应用作出了正式的却较为总括性的指引，提升了预约定价安排管理的法律层级，增强了其权威性和约束力。
2009	国税发【2009】2号	单列第六章预约定价安排管理，专门针对纳税人的预约定价安排事宜提供了更全面、详细的指引。

2 号文的颁布不仅在法律和实际操作层面给预约定价安排的签订提供了有效的指引，也反映出我国政府和税务机关对于企业运用预约定价安排寻求税务确定性的鼓励。

2010 年 12 月，国家税务总局发布了《中国预约定价安排年度报告(2009)》，使我国成为了公开发布预约定价安排综合报告的少数国家之一。作为中国首个预约定价安排年度报告，其介绍了我国预约定价安排制度、执行程序及实践发展情况，明确地表明了国家税务总局对于预约定价安排工作的支持和重视。对于广大企业理解中国现行预约定价安排税制以及未来趋势而言，无疑极具借鉴和指导意义。我们相信，在 2 号文和《中国预约定价安排年度报告（2009）》的指导性作用下，我国预约定价安排的谈签将会取得进一步发展。

我国预约定价安排的现行法律法规及规范性文件主要包括：

- 我国政府与其他国家（地区）政府签署的避免双重征税协定（安排）的相关规定；
- 《中华人民共和国所得税法》第四十二条；
- 《中华人民共和国所得税法实施条例》第一百一十三条；
- 《中华人民共和国税收征收管理法实施细则》第五十三条；
- 国税发【2009】2 号第六章及相关规定。

过去，我国签署的预约定价安排主要为单边预约定价安排。2005 年，我国与日本签订了中国税务管理史上首例双边预约定价安排，并且第一次实践了税务上的双边磋商。在此之后，我国与美国、韩国先后成功地签订了双边预约定价安排。2009 年 10 月，继中日、中美和中韩成功签署双边预约定价安排后，我国与丹麦正式签署了两国间首例双边预约定价安排，这也是中欧首例双边预约定价安排。根据最新颁布的《中国预约定价安排年度报告(2012)》统计数字显示，自 2005 年至 2012 年间，中国税务机关累计收到 141 个双边预约定价安排书面谈签意向或正式申请（其中 31 个已达成），涉及的国家和地区达 16 个。我国 2005—2012 年单边预约定价安排与双边预约定价安排签署数量的对比情况如图 8 - 1 所示。

从各阶段单边、双边预约定价安排的对比情况来看，2009 年之前单边预约定价安排的数量多于双边预约定价安排。但自 2009 年起，双边预约定价安排的数量及工作量呈大幅增加趋势。如表 8 - 2 所示。

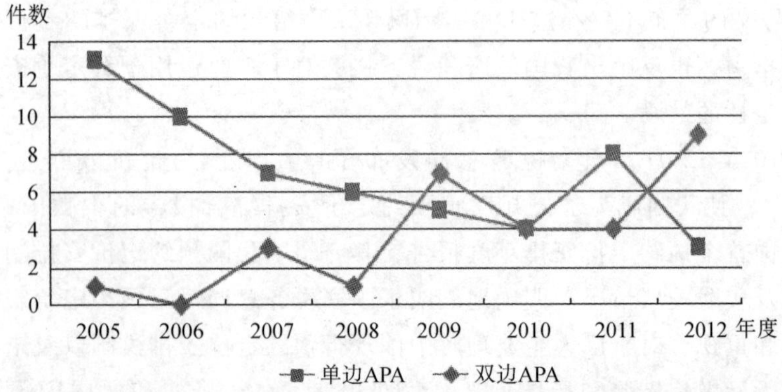

图 8－1　2005—2012 年单边预约定价安排与双边预约定价安排签署数量的对比①

表 8－2　截至 2012 年年底我国预约定价安排分阶段统计数据②

单位：个

预约定价安排所处阶段		单边	双边	合计
受理前期	谈签意向	6	40	46
	预备会谈	0	33	33
	合计	6	73	79
受理预约定价安排③	审核评估	3	27	30
	磋商	2	10	12
	合计	5	37	42
达成预约定价安排④	达成但尚未签署	4	2	6
	监控执行	15	19	34
	安排期满	41	10	51
	合计	60	31	91
总　　计		71	141	212

① 国家税务总局：《中国预约定价安排年度报告（2012）》，http：//www. chinatax. gov. cn/n8136506/n8136608/n9947993/n9948014/12360820. html，2013 年 8 月 13 日。

② 同上。

③ “受理预约定价安排”是指自税务机关收到企业提交的正式申请到预约定价安排达成一致之前的预约定价安排数量，具体涉及审核评估和磋商两个阶段。

④ “达成预约定价安排”包括达成一致但尚未签署、签署并正在执行以及安排已到期三个阶段。

截至2012年12月31日，中国达成的单边预约定价安排共60个，其中4个尚未签署；41个已过期；15个正在执行。正在受理的单边预约定价安排有5个，处于谈签意向阶段的有6个。达成的双边预约定价安排共31个，其中2个尚未签署；10个已过期；19个正在执行。正在受理的双边预约定价安排有37个，其中27个处于审核评估阶段；10个处于磋商阶段。处于预备会谈阶段的有33个，处于谈签意向阶段的有40个。从各阶段单双边预约定价安排的对比看，尽管单边预约定价安排达成的数量较多，远远多于双边，但前几年签署的单边预约定价安排较多，目前大多已到期，且正在执行的单边预约定价安排中很多为续签案件。谈签意向、预备会谈和受理阶段的预约定价安排数量反映了未来预约定价安排的工作量，这三个阶段单边预约定价安排的数量之和少于双边，说明未来双边预约定价安排的数量及工作量将大幅增加。中国税务机关希望稳步推进预约定价安排工作，特别注重提高预约定价安排的审核质量，对预约定价安排申请的前期审核工作比较重视，因此大量企业的预约定价安排申请尚处于谈签意向和预备会谈阶段。

从预约定价安排涉及的关联交易类型来看，目前我国签署的预约定价安排涉及的关联交易主要为有形资产的购销，占全部关联交易类型的65%；涉及无形资产转让和使用以及提供劳务的比重分别为18%和17%。受理预约定价安排涉及有形资产购销的比重虽仍较高，达到45%，但与达成预约定价安排相比，已大幅下降；涉及无形资产转让和使用以及提供劳务的比例有所上升，分别为30%和25%。这一统计结果表明，大多数申请预约定价安排的企业是生产制造企业，主要关联交易类型是有形资产的购销。但从受理与达成情况对比看，未来预约定价安排涉及其他关联交易类型的比重将大幅提高。随着中国第三产业的发展，越来越多的服务业企业将申请预约定价安排，未来预约定价安排也将更多地涉及无形资产转让和使用、提供劳务和融通资金。表8-3列示了截至2012年年底我国受理和达成的预约定价安排涉及的关联交易类型。

从预约定价安排使用的转让定价方法来看，目前我国签署的预约定价安排使用最多的转让定价方法为交易净利润法，使用率达65%。由于可比非受控价格法在使用过程中对产品和交易的可比性要求非常高，而再销售价格法和利润分割法则要求企业提供充足的交易及价格信息，因此这些方法在实际工作中被较少运用。税务机关希望在未来的预约定价安排操作中促进再销

表 8-3 预约定价安排涉及关联交易类型统计表①

受理 APA 涉及关联交易类型			达成 APA 涉及关联交易类型		
关联交易类型	数量	比重	关联交易类型	数量	比重
有形资产购销	32	45%	有形资产购销	72	65%
无形资产转让和使用	21	30%	无形资产转让和使用	20	18%
提供劳务	18	25%	提供劳务	19	17%
融通资金	0	0	融通资金	0	0
合计	71	100%	合计	111	100%

售价格法和利润分割法等转让定价方法的更多运用②。图 8-2 列示了我国 2005—2012 年已签署的单边及双边预约定价安排所使用的转让定价方法。

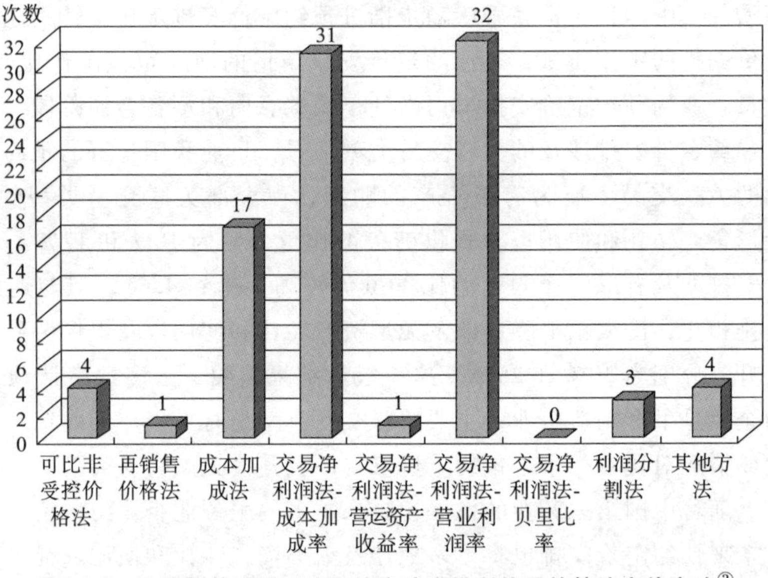

图 8-2 已签署单边及双边预约定价安排所使用的转让定价方法③

---

① “达成预约定价安排”包括达成一致但尚未签署、签署并正在执行以及安排已到期三个阶段。

② 同上。

③ 同上。

第二节 中国预约定价安排规程

一、适用范围

根据国税发【2009】2号的规定，一般只有同时满足以下条件的企业，才可以申请预约定价安排：

- 年度发生的关联交易金额在4000万元人民币以上；
- 依法履行关联申报义务；
- 按规定准备、保存和提供同期资料。

上述条件本质上可总结为两个方面：①关联交易金额要求；②转让定价合规要求（准备申请预约定价安排的企业需遵循关联申报和同期资料相关法律规定）。

“关联交易金额在4000万元人民币以上”这一门槛，会把一部分有进行预约定价安排打算的企业拒之门外。该条款秉承了国家税务总局对于预约定价安排管理的一贯精神，即要求各地税务机关不能盲目追求谈签数量，而应重视谈签质量。其实，对于大多数有关联交易、有预约定价安排实际需求的企业而言，该门槛并不会形成真正的障碍。因为企业也会从成本和效率的角度进行衡量其是否值得进行预约定价安排。若其关联交易未成一定规模，为预约定价安排谈签耗时耗力后却未获得与之成本相符的益处，反而是得不偿失。因此，预约定价安排一般对于关联交易成规模的中、大型企业具有可行性。而对于该类企业，跨过该门槛往往也不是难事。因此，该门槛可以视为中国税务机关鼓励企业申请预约定价安排的信号。

预约定价安排的申请与谈签过程需要税企双方投入大量的资源。为了更好地利用有限的资源、提高效率，中国税务机关在预约定价安排实际工作中往往优先处理以下企业提出的申请：

- 企业提交申请的时间顺序。
- 所提交申请的质量，如材料是否齐备、预约定价安排拟采用的定价原则和计算方法是否合适等。对于不符合要求的申请，要求企业进行补充完善。

• 案件是否具有行业和区域等方面的特殊性。

• 对于双边预约定价安排申请，还需考虑案件所涉对方国家的谈签意愿及其对案件的重视程度。

在上述四个因素中，最需要强调的是所提交申请的质量。如果所提交申请有创新方法，有高质量的无形资产、成本节约或市场溢价的量化分析，则会得到优先处理。

二、种类

与 OECD 和其他发达国家的相关规定一致，在我国可申请的预约定价安排种类有：单边、双边和多边预约定价安排。

三、操作流程

我国预约定价安排的谈签与执行通常经过预备会谈、正式申请、审核评估、磋商、签订安排、监控执行等 6 个阶段。详细操作流程如图 8－3 所示。

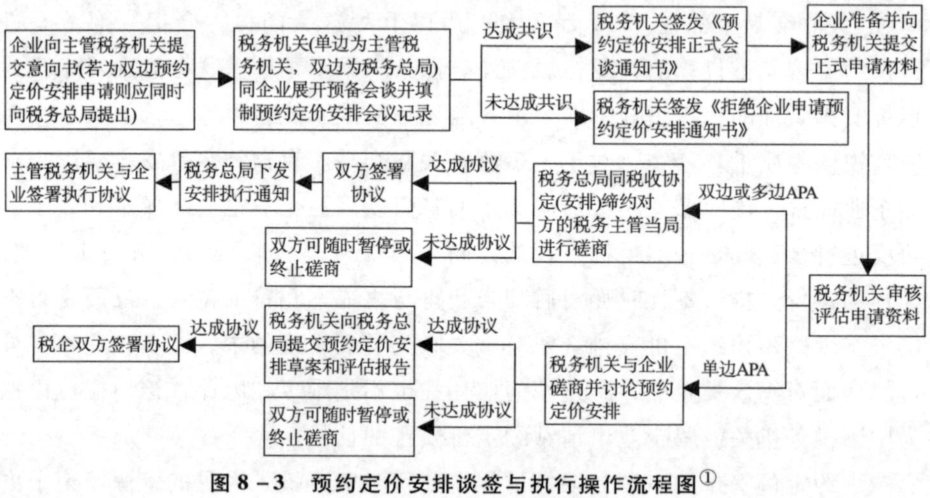

图 8－3　预约定价安排谈签与执行操作流程图[①]

1. 预备会谈

---

① “达成预约定价安排”包括达成一致但尚未签署、签署并正在执行以及安排已到期三个阶段。

在预备会谈期间，欲申请预约定价安排的企业应向税务机关书面提出谈签意向。税务机关可根据企业的书面要求，与企业就预约定价安排的相关内容及达成预约定价安排的可行性开展预备会谈。预备会谈可采用匿名的方式。也就是说，在预约定价安排申请的最初阶段企业可以匿名，甚至聘请第三方咨询机构与主管税务机关进行会谈。这种方式在一定程度上体现了税务机关态度上的公正性。此举的另一个好处是，即使预备会谈以后企业的预约定价安排申请没有被税务局接受，其在预备会谈时向税务机关披露的关联交易信息也不会给企业带来风险。

就国际操作而言，澳大利亚、加拿大、法国等也都允许纳税人以匿名的方式与税务机关进行正式申请前的预备会谈。

2. 正式申请

预备会谈达成一致意见的，企业应在接到税务机关正式会谈通知之日起3个月内，向税务机关提出预约定价安排书面申请报告，并报送《预约定价安排正式申请书》。申请双边或多边预约定价安排的企业，应将《预约定价安排正式申请书》和《启动相互协商程序申请书》同时报送国家税务总局和主管税务机关。

3. 审核评估

税务机关应在收到企业提交的预约定价安排正式书面申请及所需文件、资料之日起5个月内，进行审核和评估。因特殊情况需要延长的，延长期限不得超过3个月。税务机关主要对企业的以下情况进行审核和评估：历史经营状况、功能和风险状况、可比信息、假设条件、转让定价原则和计算方法，以及预期的公平交易价格或利润区间。

4. 磋商

针对单边预约定价安排，税务机关自预约定价安排形成审核评估结论之日起30日内，与企业进行预约定价安排磋商。磋商达成一致后，税务机关将预约定价安排草案和审核评估报告一并层报国家税务总局审定。

针对双边或多边预约定价安排，国家税务总局与税收协定缔约对方税务主管局关进行磋商。磋商达成一致后，双方税务机关根据磋商备忘录拟定预约定价安排草案。

对于单边预约定价安排，国家税务总局通常希望在12个月内完成评估及磋商；对于双边预约定价安排，完成评估与磋商则通常需要18—24个月。

5. 签订安排

针对单边预约定价安排，税务机关与企业就草案内容达成一致后，双方的法定代表人或法定代表人授权的代表正式签订单边预约定价安排。

针对双边或多边预约定价安排，国家税务总局与税收协定缔约对方税务主管当局就草案内容达成一致后，双方或多方税务主管当局授权的代表正式签订双边或多边预约定价安排。主管税务机关根据双边或多边预约定价安排与企业签订《双边（多边）预约定价安排执行协议书》。

6. 监控执行

在预约定价安排执行期内，企业须在纳税年度终了后5个月内向税务机关报送执行预约定价安排情况的年度报告；税务机关则会定期检查企业履行安排的情况。若企业的经营结果偏离预约定价安排预期情况，税务机关按照相关规定进行核准，将企业实际经营结果调整到安排所确定的价格或利润区间内。若企业发生影响致使预约定价安排受到实质性变化的，企业应当按照程序提交该实质变化的详细说明报告。税务机关对此进行审核和处理，根据实际情况修订、终止安排。终止安排后，可按程序和要求，重新谈签新的预约定价安排。

四、过程耗时

预约定价安排的完成时间取决于多种因素，如预约定价安排的类型（单边、双边或多边）、预约定价安排涉及关联交易及有关问题的复杂程度、企业申请文本的质量、税务人员审核速度、对方税务主管当局的审核速度（双边或多边预约定价安排）以及企业的配合速度（提供相关资料是否及时、完整）等[①]。通常情况下，预约定价安排的6个阶段及其相应耗时情况如图8－4所示。

① “达成预约定价安排”包括达成一致但尚未签署、签署并正在执行以及安排已到期三个阶段。

预备会谈	20天+a 15天	企业请求预备会谈 税务局通知企业接受或拒绝预约定价安排申请
正式申请	3个月+a	企业提出书面申请报告
审核评估	5—8个月	税务局审核评估书面申请及文件、资料
磋商	单边30天+a 双边6—12月*	税务局与企业进行磋商
签订	30天	磋商完毕、达成基本草案、签订协议书
执行与监控	正式签订后的3—5年	纳税人申报预约定价安排执行情况 预约定价安排续签

注：* 对于双边预约定价安排来说，还需要双边磋商程序，额外耗时6—12个月
+a 可能需要延期

图 8-4　预约定价安排谈签与执行各阶段耗时情况

一般而言，我国税务机关的目标是在 12 个月内完成单边预约定价安排的审核与磋商，在 24 个月之内完成双边预约定价安排。表 8-4 列示了 2005—2012 年我国已签署的单边预约定价安排和双边预约定价安排的完成时间。

表 8-4　预约定价安排完成时间统计表①

单位：个

类型	从正式申请到签署安排所需时间				
	1 年以内（含 1 年）	1—2 年（含 2 年）	2—3 年（含 3 年）	3 年以上	合计
单边	30	25	1	0	56
双边	17	4	5	3	29

五、申请资料

企业主要在预备会谈、正式申请阶段中向税务机关提交预约定价安排申请的相关资料。税务机关则按规定的程序对资料进行保存与审核。申请资料的主要内容以及税务机关相应的答复资料如表 8-5 所示。

① “达成预约定价安排”包括达成一致但尚未签署、签署并正在执行以及安排已到期三个阶段。

表 8－5 预约定价安排申请资料及税务机关答复资料

	预备会谈阶段	正式申请阶段
企业	书面谈签意向以及预备会谈内容的相关资料： • 单边预约定价安排：①适用年度；②涉及的关联方及关联交易；③企业以前年度生产经营情况；④涉及的各关联方功能及风险说明；⑤是否应用安排确定的方法解决以前年度的转让定价问题；⑥其他需说明的情况。 • 双边/多边预约定价安排：上述①至⑥项外，还包括向税收协定缔约对方税务主管当局提出预备会谈申请的情况、安排涉及的关联方以前年度生产经营情况及关联交易情况、向税收协定缔约对方税务主管当局提出的预约定价安排拟采用的定价原则和计算方法。 预约会谈可以采用匿名的方式。	在接到税务机关正式会谈通知之日起 3 个月内，提出书面申请，报送《预约定价安排正式申请书》。申请双边或多边预约定价安排的企业，应将《预约定价安排正式申请书》和《启动相互协商程序申请书》同时报送国家税务总局和主管税务机关。 预约定价安排书面申请报告包括的内容：①相关的集团组织架构、公司内部结构、关联关系、关联交易情况；②企业近三年财务、会计报表资料，产品功能和资产（包括无形资产和有形资产）的资料；③安排所涉及的关联交易类别和纳税年度；④关联方之间功能和风险划分；⑤安排适用的转让定价原则和计算方法以及支持这一原则和方法的功能风险分析、可比性分析和假设条件；⑥市场情况的说明；⑦安排预约期间的年度经营规模、经营效益预测以及经营规划；⑧与安排有关的关联交易、经营安排及利润水平等财务方面的信息；⑨是否涉及双重征税等问题；⑩涉及境内、外有关法律、税收协定等相关问题。 企业因特殊原因无法按期提交书面申请报告的，可向税务机关提出书面延期申请，并报送《预约定价安排正式申请延期报送申请书》。
税务机关	会谈达成一致的，自达成一致意见之日起 15 日内向企业送达《预约定价安排正式会谈通知书》；未达成一致的，自最后一次预备会谈结束之日起 15 日内向企业送达《拒绝企业申请预约定价安排通知书》。	如企业无法按期提交书面申请报告，向税务机关提出延期申请的，税务机关自收到企业书面延期申请后 15 日内作出书面答复，并向企业送达《预约定价安排正式申请延期报送答复书》。

六、适用期效及追溯

预约定价安排适用于自企业提交证实书面申请年度次年起3—5个连续年度的关联交易。预约定价安排的谈签不影响税务机关对企业提交预约定价安排正式书面申请当年或以前年度关联交易的转让定价调查调整。然而，经过企业申请，税务机关批准，可将预约定价安排确定的定价原则和计算方法适用于申请当年或以前年度关联交易的评估和调整。追溯适用的规定可以帮助企业在预约定价安排申请过程中，一并解决多年潜在的转让定价问题。追溯期适用转让定价调查的有关规定，最长可达10年。

七、相关表证单书

在2号文附件中，表证单书11—21列示了预约定价安排过程中涉及填列的表证单书。其中，表证单书18、19分别列示了税务机关与企业所签订的《预约定价安排（参照文本)》、《双边（多边）预约定价安排执行协议书（参照文本)》。分别详见附件5和附件6。

第三节 预约定价安排可适用的若干情况

如前文所述，预约定价安排可以为纳税人提供税务上的确定性。此外，在某种程度上，预约定价安排能为企业和税务机关在处理转让定价问题时提供机动性。根据我们的观察，具有但不仅限于以下特征的中国企业可以考虑进行预约定价安排：

- 企业已经受到转让定价调查（及调整)；
- 企业的关联交易重大，尤其企业仅具单一功能及风险、且处于亏损或不合理的低利润水平；
- 企业的关联交易较为复杂，如涉及无形资产的关联交易；
- 企业所处行业特殊，难以寻找到可比公司；
- 企业基于中国市场所获得的成本节约、市场溢价对于集团作出特殊贡献；

• 企业进行重组，涉及部分功能与风险的转变或无形资产的转移等情况。

下面，我们通过两个简单案例对可能适合纳税人申请预约定价安排的情况进行分析。

案例8－1

假设甲国母公司A企业在中国设有生产型子公司B企业，B企业主要将自产产品销售给A企业，再由A企业销售给海外终端客户。由于金融危机的影响，海外终端市场的不景气导致B企业2008年度、2009年度订单大幅下降而出现亏损状况。因此，B企业在2008年度、2009年度存在着较大的转让定价风险。据预计，B企业所处行业可在不久的将来回暖，利润会出现大幅反弹。在这种情况下，B企业可通过向税局申请预约定价安排将企业未来3—5年利润率绑定在一个合理的区间内，以获得更大的转让定价法律确定性。假设B企业于2009年正式向税务机关申请并于2010年成功签署了预约定价安排。该安排所确定的定价原则和计算方法适用于2010—2014年度关联交易。此外，企业还可以申请并经过税务机关批准，将该安排内容适用于当年度（即2009年度）或以前年度（即2008年度）关联交易的评估和调整，以有效地控制和降低企业转让定价风险。

案例8－2

假设有一家中国企业，拥有生产销售和分销两块业务。该企业在生产销售和分销活动中，均涉及关联交易。由于受到经济低迷的负面影响，该企业对其生产销售业务进行了部分削弱，而对更能获取利润的分销业务加大了投入。对于该企业，要判断其转让定价是否符合独立交易原则，传统的分析办法是对两块业务分别进行测试并得出结论。如采用这样的分析办法，企业就很可能面临由于生产销售业务利润下降而导致的转让定价调查风险。若通过申请预约定价安排，企业可与主管税务机关进行协商，对企业两块业务不进行拆分，而直接对企业进行整体分析，以确定企业在特殊经济环境下、调整后的经营模式下应获取的利润水平。

第四节 预约定价安排申请过程中的若干考虑

一、降低利润率的可行性

通常情况下，税务机关不太会愿意接受企业（在未改变经营实质的情况下）提出的利润水平低于其原有利润水平的预约定价安排申请，即企业通过预约定价安排下调利润水平的可能性较小。例如，某跨国集团在中国设立的制药企业A企业，从事医药制剂的灌装及充填。在申请预约定价安排之前的年平均利润率高达15%左右。然而，通过可比性分析可以获知该行业合理的利润水平区间为8%—10%。A企业较高的利润水平是由于集团错误的内部转让定价政策导致，并从而引发了海外关联方受到当地税务机关进行的转让定价调整。因而，A企业希望通过预约定价安排，与税务机关达成企业利润率保持为8%—10%的协议，以确保集团未来转让定价政策符合独立交易原则。考虑到医药行业本身利润水平较高的特性，以及该企业历年来较高的税款缴纳情况，税务当局很有可能驳回该预约定价安排的申请。

二、敏感信息的披露

在谈签预约定价安排的过程中，纳税人必须首先向税务机关披露详细的关联交易信息。而有些资料都是企业当期交易或交易前资料，这些信息对纳税人来说则更为机密和敏感。许多企业不愿意涉足预约定价安排的原因主要是担心过于详细的信息一旦披露，而预约定价安排却未成功签订，纳税人将会面临信息泄露而可能造成损失的窘境。

三、实际利润与预期利润的差异

在预约定价安排执行期内，企业实际的价格或利润水平有可能不在安排所预期的价格和利润水平区间内。若企业实际利润率低于预定利润率，税务机关会要求企业根据预约定价安排所确定的利润水平来缴纳税款；而若企业实际利润率高于预定利润率，则分为两种情况。若是双边预约定价安排，企业仅需按照与税务机关谈定的利润水平纳税，以避免双重征税。若是单边预约定价安排，不同地区的具体操作有所差异。有些地区按预定的利润水平纳税，有些地区按实际的利润水平纳税。按实际的利润水平纳税后，若日后有利润率不足的情况，之前多纳的部分可以抵扣。

第九章

成本分摊协议

本章旨在介绍成本分摊协议的定义和相关的概念，阐明如何判定成本分摊协议之内容是否符合独立交易原则。此外本章还就中国成本分摊协议的法律环境和实际操作进行了简要描述。

第一节 成本分摊协议概述

一、什么是成本分摊协议①

简单来讲，成本分摊协议是不同企业之间达成的框架协议，用以确定各

① 《OECD 转让定价指南》：第八章 8.3。

参与方共同承担开发或获取资产、劳务、权利等产生的成本和风险，并确定各参与者在这些资产、劳务和权利中预期收益的性质和范围。在税法上，成本分摊协议只是一种契约性协议，而不构成独立的法人或其参与方的常设机构。

在成本分摊协议中，各参与方对协议的贡献应当与各方在协议中获得的预期收益份额相一致。同时，各参与方均有权以实际拥有者的名义（而非被授权人的名义）独立行使其在成本分摊协议中的权益，且无需就此向任何一方支付特许权使用费或其他报酬。相反地，参与者以外的其他方如需使用成本分摊协议所涉及的权益时，应当向参与方支付报酬（如针对无形资产的许可使用而支付特许权使用费）。

二、成本分摊协议的类型

成本分摊协议的产生原因在于企业间希望就资产的开发或受让、劳务提供或接受等活动进行成本和收益的共享。在商业运作中，当某个企业无法独立开拓某项商业机会时，可能选择与多个企业集中资源进行合作开发。例如，某家全球性的时尚产品制造商计划推出一系列时尚新品。若将该广告方案交由集团中一家子公司独立开发，则有可能出现因无法兼顾其他地区的需求而产生执行困难或成本浪费的现象。因此，相关的多个子公司会决定通过成本分摊协议的方式共同开发所在市场的广告方案。

在实务中，常见的成本分摊协议主要包括两类：

- 无形资产的共同开发；
- 劳务的安排。

其中，无形资产的共同开发是最为常见的成本分摊协议。各参与方对研发活动产生的无形资产享有一定份额的权利。在这种成本分摊协议中，各参与方均被授予单独使用该资产的权利，这种权利可能是法律所有权或经济所有权（在这种情况下，参与方中仅一方为法定拥有者；而从经济学角度来讲，所有参与方都是共同拥有者）。参与方无需为使用该资产而支付特许权使用费。在某些情况下，开发的资产不属于可以注册的类型，则不存在法律所有权的问题。

第二类的劳务安排常见于管理和行政服务、采购和市场营销等活动的集中化。例如，某集团可能基于提高效率和集中控制的考虑，安排旗下几个子公司进行有关采购业务的成本分摊协议，即由各子公司负责针对各参与方之采购需求进行面向其所在区域的供应商的集中采购。

需要说明的是，按照国际执行惯例，适用于成本分摊协议的劳务安排目前还只针对于上述几种服务，除此以外一般的劳务提供还只能通过服务费的方式执行。因为成本分摊协议与一般的集团内劳务最大的区别就在于成本分摊协议所获得的成果将为所有参与者带来收益。

第二节 中国成本分摊协议的历史沿革

虽然成本分摊协议在国际税收中已广为使用，但这一概念在中国税法中的提出及其规范化却可谓姗姗来迟。长期以来，国家税务总局除了在特定的案例中对于个别企业作出过有关共同分摊费用的批复，一直没有形成法律条文来落实成本分摊协议的具体执行。但是，实际经验的缺乏并不代表中国不重视成本分摊协议。近年来中国针对成本分摊协议的管理悉数出台了几条法律法规，对其进行了详细的界定。

正如前文所述，中国有关成本分摊协议的记载最早出现于国家税务总局对于两家跨国公司与其境内子公司执行共同业务的批复中。其中一则发生于2001年的案例（详见本章后文）更被视作是中国成本分摊协议的雏形。细读这两则批复，我们会发现其实早在相关法规出台前，国家税务总局已经对这些案例中关于成本分摊的客体、税务处理以及所需提供的证明文件等均已做过探索和规范。然而，这两则批复并没有对参与者的贡献应当如何计量，以及成本分摊协议中的独立交易原则应当怎样确立作出详细的说明。难以借鉴的分摊方式让这两则案例最终只能成为成本分摊协议具体法规的开拓者，却没有转化成普适的判例，从而也未能惠及其他企业。

2007年颁布的《所得税法》及《所得税法实施条例》首次包含了成本分摊协议的条款，明确允许成本分摊协议可在中国境内使用，并将其视作企业间共同开发或受让无形资产、提供或接受服务时可以采用的合法途径。

《所得税法》第四十一条规定：“企业与其关联方共同开发、受让无形资产，或者共同提供、接受劳务发生的成本，在计算应纳税所得额时应当按照独立交易原则进行分摊。”

与此同时，《所得税法实施条例》第一百一十二条进一步明确：“企业与其关联方分配成本时，应当按照成本与预期收益相配比的原则进行分摊。”此外，第一百一十二条还对达成成本分摊协议的行政程序作了如下规定：“企业应在税务机关规定的期限内，按照税务机关的要求报送有关资料。企业若违反本条规定的，其自行分摊的成本不得在计算应纳税所得额时扣除。”

如果说《所得税法》及其实施条例为企业执行包括成本分摊协议在内的转让定价方案提供了一个框架，那么2号文的出台则好比在这个框架上搭建了平台，使得跨国公司能够在中国境内通过成本分摊协议的方式具体实施集团层面的无形资产开发和劳务提供活动，同时使参与成本分摊协议的中国子公司从中受益。其中，2号文第七章成本分摊协议管理对成本分摊协议的适用范围、基本内容、变更与终止等具体操作问题进行了明确规定，因此被认为是截至目前，中国关于成本分摊协议最详细的法规。

总的来说，中国现行有关成本分摊协议的法规基本遵循了《OECD转让定价指南》中对于成本分摊的规定，但是，我国法规也依据实际操作对某些归纳笼统的事项作了进一步解释。例如，OECD此前并未对劳务的范围作出过具体规范，有时这会造成税务机关和企业对于同一个成本分摊协议理解的偏差。而2号文第六十七条即规定：“涉及劳务的成本分摊协议一般适用于集团采购和集团营销策划。”也就是说和国际惯例一致，我国也将大多数集团内部劳务排除在了可执行成本分摊协议的范围之外。此外，我国也明确了企业可以采取预约定价安排的方式达成成本分摊协议。

第三节
有关成本分摊协议的基础理论

2号文第七章对成本分摊协议的具体规定包括：

- 成本分摊协议的参与方；
- 独立交易原则；

- 成本分摊协议的内容；
- 成本分摊协议的加入、退出或终止；
- 成本分摊协议的税务处理；
- 预约定价安排与成本分摊协议；
- 同期资料文档要求；
- 成本分摊协议中不可税前扣除的情形。

其中，独立交易原则作为关联交易所必须遵循的原则，也被认为是成本分摊协议中确定各参与方的贡献和预期收益的基础。下文我们即对相关的基础理论进行更详细的阐述。需要说明的是，2 号文在规定上较为简略，但其基本沿用了《OECD 转让定价指南》关于成本分摊协议的规定，所以我们在下文中将结合 2 号文和《OECD 转让定价指南》中的规定加以分析。

一、成本分摊协议中独立交易原则的应用

《OECD 转让定价指南》规定："在符合独立交易原则的成本分摊协议中，各参与方所作的贡献必须与独立企业在可比情形下为能从成本分摊协议中获取的合理预期收益而愿意作出的贡献相一致。将预期的共同收益视为对贡献的补偿，是成本分摊协议同其他形式关联方交易的差别所在。"

2 号文规定："成本分摊协议的参与方对开发、受让的无形资产或参与的劳务活动享有受益权，并承担相应的活动成本。关联方承担的成本应与非关联方在可比条件下为获得上述受益权而支付的成本相一致。"

可见，成本分摊协议的基本理念是各参与方对协议的贡献应当与预期收益的分配相称。因此，为了使成本分摊协议符合独立交易原则，企业应确定如下事宜：

- 协议的各参与方均有预期收益，并且预期收益能够合理准确计量；
- 各参与方在联合活动中的实际贡献能够被合理准确计量；
- 各参与方的实际贡献份额与其预期收益比例相一致。

二、参与方的确定

《OECD 转让定价指南》规定："在成本分摊协议中，共同收益的概念是最为关键和重要的。因此，如果某一方无法合理预期其能从成本分摊协议活动中获得收益，那么就不应将其视为成本分摊协议的一个参与方。"也就

是说，各参与方均须获得成本分摊协议标的之资产或劳务的受益权，并且各参与方须具备合理的预期，能够直接或间接（如通过与关联企业或独立企业间的许可安排或销售）地利用由此获得的权益。

在某些情况下，一家公司可能会参与成本分摊协议涉及的部分或全部活动，例如承担委托研发的职能。通常，这样的安排是因为各参与方担心相关活动无法实现预期收益而将高风险活动限制在某个公司开展从而对风险进行有效控制。此时，如果该公司仅承担委托研发功能，对开发的无形资产不拥有权益，无法预期从中获取收益，那么该公司所承担的活动应当被看作是为成本分摊协议参与方提供服务，而不应被视作成本分摊协议的参与方。

案例 9－1

A 企业和 B 企业委托 C 研究院为其开发一项生产技术，同时，A 企业和 B 企业也向 C 研究院支付了相关的服务费，作为 C 研究院从事研发活动成本的补偿。在这种情况下，C 研究院就不能被认定为成本分摊协议的参与者。因为 C 研究院虽然承担了相关的研发活动，其收益仅限于收到的服务费，但其并不能在未来享有相关研发活动所带来的预期收益。简单地讲，研发活动产生的生产技术最终为 A 企业和 B 企业所拥有，因此，只有 A 企业和 B 企业才是该成本分摊协议的参与方。

三、贡献及其计量

成本分摊协议符合独立交易原则的前提条件之一是衡量各参与方对成本分摊协议之贡献的价值或数量。

贡献的形式可以分为很多种类，涵盖范围从最简单的现金形式到相对复杂的提供另一种无形资产的形式。在独立交易原则下，各参与方贡献的价值应当与独立企业在可比情形下赋予该贡献的价值相一致。

在实务上，目前还没有总结出统一的衡量贡献的方法，较为可行的方法是针对案例逐个分析。现金或者外部购买服务的计量相对简便；而资产的计量，不论是有形资产还是无形资产，则要困难得多。此外，如果某些资产和劳务既用于成本分摊协议活动，又用于参与方自身独立的商业活动，就会让估计成本分摊协议所涉及的这部分贡献变得更为复杂。在衡量参与方的贡献时，另一个问题是涉及成本分摊协议参与方所在地政府给予的补贴或税收优惠带来的节省。对于在衡量参与方贡献时是否应考虑上述节省或应在多大程度上考虑上述节省，目前尚无准确说法。同样，独立企业在可比情形下的处理方式值得参考。

案例 9－2：无形资产的贡献计量

美国软件公司 Veritas 曾因一项成本分摊协议中贡献的计量与美国国税局产生过分歧，并诉诸税务法庭。该案例是近年来较为知名的成本分摊协议判例，也存在某种程度上的借鉴意义。Veritas 美国曾与其爱尔兰子公司达成一项成本分摊协议。Veritas 爱尔兰以现金形式，Veritas 美国以其既有无形资产参与该成本分摊协议，双方均可以使用该无形资产生产和销售产品，并共同开拓全球市场。在支付这笔现金时，Veritas 爱尔兰参考了市场上类似的第三方技术许可协议，计划投入 1.18 亿美元作为参与成本分摊协议的贡献。而税务当局却认为在确定这笔现金金额时，应该全盘考虑该无形资产未来所有的收益，将其折现后按双方未来预期收益的份额配比该笔收入，并得出 25 亿美元的“天价”。

虽然美国国税局的计算方法有一定的依据，但在这项成本分摊协议中，这样的评估方法却是不合适的，因为考虑未来收益的现值存在几个限制。首先，这项无形资产必须被 100% 使用于成本分摊协议中。但事实上，未来 Veritas 美国还会在除分摊协议规定范围之外使用此无形资产生产产品。正如前文所述，对于某些既用于成本分摊协议活动，又用于参与方自身独立商业活动的资产，其贡献的计量是十分复杂的。仅仅简单地将其统一计算是不够的。其次，未来收益的现值计算往往基于一个固定的摊销年限和折现率。但有时候，过多的预计无形资产的寿命、过高的预计折现率以及过于乐观的预计未来的经济形势都有可能导致预测出的未来收益与实际偏差过大。事实上，无形资产带来的竞争优势能维持的时间有时要比人们预想的短得多，尤其是 Veritas 所处的软件行业。Veritas 美国若想让既有的无形资产在未来持续发挥功效，可能需要对其进行更新，这就需要额外投入。相应的，在不知道投入具体的金额时，简单地将无形资产按照一个预想的水平进行摊销是有失偏颇的。再次，也是最重要的，美国国税局没有考虑到 Veritas 爱尔兰需要在成本分摊协议中投入的其他贡献。其实在该案例中，Veritas 爱尔兰实际在很大程度上接管了原由 Veritas 美国执行的市场营销职能，况且其在欧洲市场的开拓和原有市场的维护上都卓有成效，这些工作也进一步增加了无形资产的价值。如果把这部分努力转化成实际贡献，Veritas 爱尔兰所需支付的现金贡献就应该相应减少。至此，美国国税局过于理论化的方案被证明在实际应用中存在诸多限制条件，而 Veritas 美国提出的类似于“可比非受控法”的评估方法则简单易行得多。

上述案例只是从几方面列举了贡献计量时需要考虑的因素，但其实贡献计量需要考虑的因素远远不止以上提到的几点。所以，目前最好的办法就是结合实际案例逐一分析。

四、预期收益及其分摊

成本分摊协议符合独立交易原则的另一个前提条件是准确衡量各参与方的预期收益。

对预期收益的评估既可以直接参照各参与方，因为该项协议而预期产生的额外收入或成本节约，也可以通过间接的方法将总体预期收益用“分摊指标”在各参与方之间进行划分。在间接法中，分摊指标可以包括销售收入、销售数量、毛利润或营业利润、员工人数、资本投入等。例如，几家制药企业间达成一项成本分摊协议，商定联合研制一种新药，便可采用各参与者可以预见的销售收入来分配预期收益。或者，一项人力资源服务的成本分摊协议可将各参与方的员工人数作为分摊指标。

若在总体预期收益的分摊过程中需要参考预测数据，那么参与方就有必要核实有关预测的准确性，并制定可行的方法以调整实际结果和预测数据间的差异。

其实在所有的分摊方法中（不管有无涉及预测数据），针对各分摊方法本身的调整机制在成本分摊协议中也非常重要，其目的同样在于修正预期收益与实际结果可能产生的差异，如预期收益的时间跨度、权利是否具有排他性、获得预期收益时不同的风险状况等等。通常，较为有效的方法是在进行总体预期收益分摊的同时使用多个分摊指标。例如，某个成本分摊协议中共有五个参与方，有一方无法从协议中的某研发活动中受益，那么在该参与方的贡献无法获得某种形式的抵消或减少的情况下，与此研发活动有关的成本就只能在其他四个参与方之间分配。在这种情况下，可能要使用两个分摊指标来分摊成本。①

五、贡献与预期收益的匹配

在满足上述前提条件之后，我们还需要确保各参与方的实际贡献份额与其预期收益比例一致，以确保成本分摊协议确实符合独立交易原则。然而，目前并没有通用的原则或方法。在实务操作上，我们往往先对各参与方所能获得的预期收益份额进行评估，然后以各参与方预期收益的比例对成本分摊协议的总体贡献在各参与方之间进行分摊。

在确定了各参与方的预期收益份额后，如果发现各参与方实际贡献比例与其预期收益份额不一致，那么就需要通过补偿调整（或者称为"平衡支付"）以调节各参与方的贡献。所谓补偿调整，是指一笔用来调整各参与方的贡献比例的支付，这笔支付作为付出方的成本能增加其贡献份额；相应的，接收方在接受了补偿调整后，其在成本分摊协议中的贡献份额也会减少。根据我们的经验，此类调整的发生一般出于以下两种目的：其一是当成本分摊协议各参与方的实际贡献比例与现实收益比例不符时，多收益方应向多贡献方进行补偿调整以消除两者间的差异；其二是涉及新加入者的成本分摊协议，若新加入者贡献了无形资产，那么作为补偿，原有的参与方需要为此向加入者支付一笔费用，作为以后在成本分摊协议中使用该无形资产的补偿。

在实际操作中，若发现贡献与预期收益间存在重大差异，税务部门有权要求进行调整，并在某些情况下要求废除该成本分摊协议。

第四节 成本分摊协议的加入、退出和终止

成本分摊协议并非一成不变，在执行过程中，成本分摊协议也会随着主观意愿和客观环境的变化而改变。正如前文讲到的，成本分摊协议可以有新加入者；同时，也可能会有参与者要求退出。

---

① 《OECD 转让定价指南》：第八章 8.22。

一、成本分摊协议的加入：加入支付

《OECD 转让定价指南》规定：当一家企业希望加入一个业已生效的成本分摊协议时，由于取得了一部分属于原参与方在成本分摊协议之前活动成果中的权益，新加入的企业需要对所有参与方之前为该成本分摊协议所作的先期贡献予以补偿。这种补偿就叫做“加入支付”。

加入支付的金额应根据新参与方所获得已有协议资产的独立交易价格来确定（某些情况下，已有协议资产可能没有价值）。同时，加入支付应当考虑该新参与方可能获得的成本分摊协议全部预期收益中的收益比例。

如果新参与方为成本分摊协议提供了现成的无形资产，那原本应由各成员就该无形资产而向该新参与方支付的补偿，即“平衡支付”就可以和新参与方本身需要支付的加入支付在计算时相互抵消、取其净值。当然，记账时仍应分别列示两种支付的金额，以备税务核算之用。

2 号文规定：“新参与方为获得已有协议成果的受益权应作出合理的支付。”

新参与者加入后，成本分摊协议的贡献比例应重新计算。

二、成本分摊协议的退出：退出补偿

与加入支付相似，退出补偿在某参与方退出成本分摊协议时发生，尤其是在参与方将已有协议成果的受益权转让给其他参与方的情形下。

退出补偿的金额应根据已有协议资产的独立交易价格来确定（某些情况下，已有协议资产可能没有价值）。退出补偿也应考虑到这一退出对剩余参与方的影响。例如，有时成本分摊协议的预期利益可能因为某参与方的退出而减少。

2 号文规定：“原参与方退出协议安排，将已有协议成果的受益权转让给其他参与方应获得合理的补偿。”

原有参与方退出后，也可能需要对剩余参与方在成本分摊协议中的贡献比例进行调整，从而更准确地反映各自预期收益份额的变化。

三、成本分摊协议的终止

当成本分摊协议终止时，各参与方应获得与其对协议活动贡献份额相一致的受益权，或者就其转让给其他参与方的受益权获得合理补偿。

2 号文规定：“协议终止时，各参与方应对已有协议成果作出合理分配。”

第五节 成本分摊协议的税务处理

成本分摊协议的税务处理主要涉及税前抵扣项的认定。企业执行成本分摊协议时，须满足一定条件方可税前抵扣。

一、成本及补偿调整的税务处理

通常情况下，参与方承担的有关成本分摊协议的成本可以税前扣除。原则上讲，所有支付的成本均不构成特许权使用费，除非该企业仅获得相关无形资产的使用权，而未获得该无形资产本身的受益权。

补偿调整可视为支付方的增加成本，所以支付方通常可以对此进行税前扣除。

2 号文规定："对于符合独立交易原则的成本分摊协议，有关税务处理如下：①企业按照协议分摊的成本，应在协议规定的各年度税前扣除；②涉及补偿调整的，应在补偿调整的年度计入应纳税所得额。"

因此，2 号文与《OECD 转让定价指南》是一致的，即对成本分摊协议的成本可以税前扣除。对于补偿调整的支付方，该支付即为成本，也适用于上段第①点而可税前扣除；而补偿调整的接受方则应将此作为收入，与其多付成本进行抵消。

案例 9－3

中国 A 公司就成本分摊协议中其被授权使用的一项研发成果向研发活动承担方瑞士 B 公司支付一笔费用。在未签订成本分摊协议的情况下，中国 A 公司需要就此付款代扣代缴预提所得税和营业税。在成本分摊的情况下，不会涉及任何特许权使用费的支付（除非是某企业仅获得相关无形资产的使用权，而未获得该无形资产本身的受益权），因此，如果涉及中国 A 公司向瑞士 B 公司支付由后者在研发过程中发生成本进行的补偿调整，那么就不需要缴纳营业税和预提所得税。

二、加入支付和退出补偿的税务处理

加入支付被视作为获取已有协议各参与方拥有的资产所发生的支付。对支付方而言，加入支付可以在计算所得税时予以扣除。对接受方而言，该笔支付应视为收入。

2 号文规定：“涉及无形资产的成本分摊协议，加入支付、退出补偿或终止协议时对协议成果分配的，应按资产购置或处置的有关规定处理。”

三、其他不可抵扣的情况

根据 2 号文，企业与其关联方签署成本分摊协议，有下列情形之一的，其自行分摊的成本不得税前扣除：

- 不具有合理商业目的和经济实质；
- 不符合独立交易原则；
- 没有遵循成本与收益配比原则；
- 未按本办法有关规定备案或准备、保存和提供有关成本分摊协议的同期资料；
- 涉及劳务的成本分摊协议没有得到国家税务总局批准；
- 自签署成本分摊协议之日起经营期限少于 20 年。

可见，2 号文对成本分摊协议，尤其是有效期之内的成本分摊协议要求非常严格。

第六节
成本分摊协议的具体实践

一、中国成本分摊协议的雏形——福州麦当劳案例

中国最早的成本分摊协议的雏形可追溯至 2001 年的福州麦当劳公司案例。

国家税务总局于 2001 年批复了福州麦当劳公司关于境外费用扣除的问

题。回函明确了我国境内各家麦当劳公司对其若干共同业务，如适用于中国市场的广告制作、专为适合中国顾客口味而进行的技术研究和开发、中国地区麦当劳公司员工的培训、专为中国地区使用的特殊软件开发等，首先由境内各家麦当劳公司与香港麦当劳中国发展公司签订“代垫款项服务协议书”，委托香港麦当劳中国发展公司在境外代为安排、联络其他企业或其关联企业进行制作、研究、开发等，并由香港麦当劳中国发展公司统一垫付相关费用；再根据各家麦当劳公司的规模、销售收入以及所需服务的实际使用量计算分摊，同时向各家麦当劳公司提供相关费用凭证。我国境内各家麦当劳公司所支付的上述各项费用，只要满足下列条件，就可以在计算企业所得税时予以扣除：

- 提供双方所签订的“代垫款项服务协议书”；
- 提供各项服务相关费用的凭证以及费用分摊办法、标准说明；
- 经所在地主管税务机关审核确认。

遗憾的是，由于麦当劳公司特许加盟模式在运作上的特殊性，这项规定未能适用于其他行业中的企业。

二、成本分摊协议在中国的实例——ABC 公司案例

2004 年，国家税务总局函件对一项纳税裁决作出批复，认可了一家外商投资企业——上海 ABC 公司的成本分摊协议。在该决议中，国家税务总局明确了上海 ABC 公司作为一项新技术开发成本分摊协议的参与方，其支付的相关费用准予在计算企业应纳税所得额时扣除。同时，对上述支付给法国 ABC 公司的费用，不视为特许权使用费，无需扣缴预提所得税。上述规定执行时还应满足以下条件：

- 上海 ABC 公司支付研发评估费后，即对新技术享有相应所有权、收益权；
- 实际使用新技术成果时，上海 ABC 公司不再以其他方式支付使用费；
- 法国 ABC 公司应对其分摊标准和方法出具相应凭证及说明材料，并提交境外公证会计师的审计报告。

然而，业界普遍认为该裁决事实上从未付诸实施，因为有关地方税务局认为这笔支出更像是一笔特许权使用费支付。

三、成本分摊协议的申请

企业有意愿申请成本分摊协议的，需与主管税务当局进行沟通、提出申请、递交成本分摊协议以及其他税务当局要求的相关材料。

2 号文要求，企业应在成本分摊协议达成之日起 30 天内，层报国家税务总局备案。同时，也要求税务机关判定成本分摊协议是否符合独立交易原则须层报国家税务总局审核。

根据以往成本分摊协议申请的案例，纳税人所需准备、保存、并按税务机关的要求报送的资料可能会包含一些说明成本分摊协议参与方、实施方法和预期成果的副本，以及解释会计原则、估算原理、分摊预期收益或控制补偿调整（平衡支付）的程序。这些副本或程序说明协议大多与成本分摊协议的同期资料要求类似，所以我们会在下文中特别列明。

四、成本分摊协议的同期资料要求

在目前的成本分摊协议的申请和执行中，企业需要做好相关的文档，具体可以包括成本分摊协议和同期资料文档等材料。此外，与成本和预期收益等相关的财务资料也至关重要。

根据 2 号文规定，成本分摊协议应当主要包括以下内容：

- 参与方的名称、所在国家（地区）、关联关系、在协议中的权利和义务；
- 成本分摊协议所涉及的无形资产或劳务的内容、范围，协议涉及研发或劳务活动的具体承担者及其职责、任务；
- 协议期限；
- 参与方预期收益的计算方法和假设；
- 参与方初始投入和后续成本支付的金额、形式、价值确认的方法以及符合独立交易原则的说明；
- 参与方会计方法的运用及变更说明；
- 参与方加入或退出协议的程序及处理规定；
- 参与方之间补偿支付的条件及处理规定；
- 协议变更或终止的条件及处理规定；
- 非参与方使用协议成果的规定。

此外，2号文规定企业在执行成本分摊协议期间还应准备和保存以下成本分摊协议的同期资料：

- 成本分摊协议副本；
- 成本分摊协议各参与方之间达成的为实施该协议的其他协议；
- 非参与方使用协议成果的情况、支付的金额及形式；
- 本年度成本分摊协议的参与方加入或退出的情况，包括加入或退出的参与方名称、所在国家（地区）、关联关系，加入支付或退出补偿的金额及形式；
- 成本分摊协议的变更或终止情况，包括变更或终止的原因、对已形成协议成果的处理或分配；
- 本年度按照成本分摊协议发生的成本总额及构成情况；
- 本年度各参与方成本分摊的情况，包括成本支付的金额、形式、对象，作出或接受补偿支付的金额、形式、对象；
- 本年度协议预期收益与实际结果的比较及由此作出的调整。

此外，企业执行成本分摊协议期间，无论该成本分摊协议是否采取预约定价安排的方式，均应在次年的6月20日之前向税务机关提供有关成本分摊协议的同期资料。

第七节 成本分摊协议的优势和税务筹划机会

一、优势分析

值得注意的是，成本分摊协议不仅适用于关联方，非关联方之间也可能基于某些公司运作的考虑而签订成本分摊协议。那么成本分摊协议的优势究竟有哪些呢？

首先，成本分摊协议能实现税务优化。一项针对劳务的成本分摊协议所能享受的税负较之于一般跨辖区的服务协议更为优惠。在一些共同开发无形资产的案例中，成本分摊协议可以避免双边许可协议的使用，从而避免针对相关支付产生的营业税（在某些税务辖区）和预提所得税。

其次，成本分摊协议可以为各参与方提供更好的灵活性。举例而言，各参与方可以针对任一开发的无形资产享有共同的所有权；参与方可以自由选择为成本分摊协议的执行提供的资源到底是资金、人力，还是两者兼而有之。

再次，成本分摊协议还可能给某些亚太国家长期存在的特殊问题提供另一种解决思路。例如，服务费支付历来是中国转让定价领域较为棘手的问题，企业对外付汇常常会遇到各种难题。服务费的税务处理通常需要与主管税务机关就个案进行旷日持久的谈判。因此，如果能使用成本分摊协议来安排一些服务项目，至少能为企业提供较为一致的税务处理方式并实现税务优化。

二、通过技术成本分摊协议降低集团整体税负

案例 9－4

Delta 是一家建材集团，总部位于日本。日本 Delta 作为研发中心，承担新建筑材料的研发职能，此外该公司还具有生产职能。该集团在其他国家设有几家子公司，主要从事本地生产业务；与此同时，这些子公司在当地也有研发部门从事开发新建筑材料。目前，日本 Delta 公司由于承担主要的研发功能，发生巨额研发费用而处于亏损状态；而各子公司持续盈利，如图9－1所示。

该集团目前正计划开发一种新型防火材料，与以往向子公司收取专利权使用费不同，这次 Delta 集团提出了一项成本分摊协议，具体措施有：

- 日本 Delta 公司和其子公司均参与此种防火材料的研发，且各自发生的研发费用即为各自对成本分摊协议的贡献；
- 各参与方的贡献以预期销量占总销量的比例进行评估和核算。

通过上述成本分摊协议，由于日本 Delta 公司发生的研发费用占主要份额，通过总销量的比例来分摊预期收益后发现：为了实现贡献与预期收益的匹配，其他国家子公司需要向日本 Delta 公司支付补偿调整。因此，Delta 集团可以实现整体节税：

- 子公司可将各自的研发成本及向日本 Delta 公司支付的补偿调整在现有利润中扣除，从而降低各子公司的应税收入；

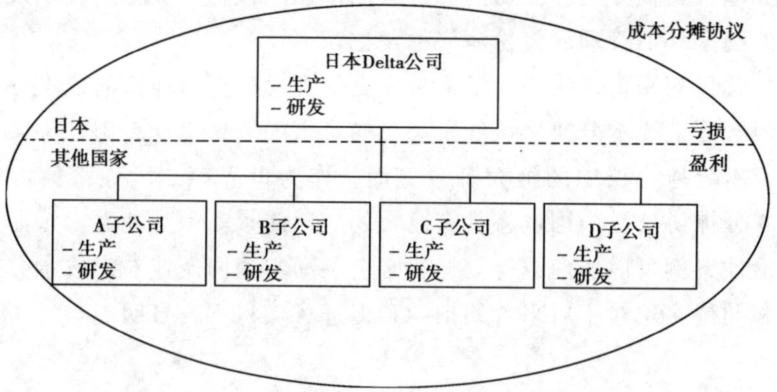

图 9－1 Delta 集团概览

- 日本 Delta 公司可以通过收取的补偿调整使用其累计亏损；
- 任何支付均不会被视为特许权使用费，因此不涉及预提所得税的支付。

第八节 2 号文颁布后的展望

2 号文颁布之后中国对成本分摊协议的关注正持续升温，国家税务总局也在不同场合表达过鼓励纳税人开始尝试成本分摊协议的想法。正如前文所述，2 号文和所得税法等中国法规给那些意欲将其中国业务纳入全球成本分摊协议的企业，以及被对外支付问题所困扰而想要借助成本分摊协议走出困局的企业提供了法律基础。然而，就成本分摊协议具体操作而言，尚有一些问题需要明确，例如：

- 成本分摊协议的成本在何时需要加以一定的利润率？
- 如何处理第三方费用——能否作为代垫费用处理而不加成？
- 针对跨国成本分摊协议和涉及多个税收管辖区的成本分摊协议，其报批流程分别是怎么样的？
- 将来在成本分摊协议中，税务局以外的审批机关，如负责特许权合同的商务部、负责专利和注册商标备案的知识产权局和商标局，以及负责外汇汇款的国家外汇管理局将扮演何种角色？

虽然就目前来说，我国除了2号文之外尚没有更为详细的成本分摊协议细则，但国际上成本分摊协议的发展已初具水准。事实上，国外许多案例已涵盖了成本分摊协议中的绝大多数方面。作为世界第二大经济体，笔者认为，成本分摊协议在中国也将具有巨大的应用前景。乐观地看，短期内若有几宗前沿性案例可以协商或订立，势必会调动起国内企业对于成本分摊协议的兴趣和期待，这对于后来者的指导和促进意义将不言自明。

第十章

受控外国企业

第一节 受控外国企业概述

一、受控外国企业的概念

广义而言，由本国居民企业或者居民直接或间接控制的外国企业即为受控外国企业（Controlled Foreign Corporation，英文缩写为 CFC）。在全球经济一体化背景下，鉴于企业在各国税收负担的差异，受控外国企业往往成为跨国公司及其股东用来进行国际避税的工具。因此，在反避税税制和受控外国企业税制领域，受控外国企业往往也专指那些在零税负的避税地或低税区设立的，由本国居民企业或者居民直接或间接控制的，被其利用于聚积利润以达到延迟甚至避免纳税目的的企业。

与市场规模、劳动力成本、技术开发水平等非税因素对商品制造、加工等生产性业务活动的影响不同，对于一些特殊职能的营业机构来说，税收因素所发挥的作用显得更为重要。为了减轻集团的整体税负，跨国公司往往将一些具备销售、财务、研发等管理性或投资性业务职能的机构设立在那些能够提供税收减免的国家（地区）。除了这些业务活动本身能够享受避税地或低税区给予的优惠以外，跨国公司的控股股东还可以通过转让定价的形式，将集团全球范围内实现的所得（甚至包括在控股股东居住国实现的所得）在各国或地区之间进行调整，以达到避税的目的。简而言之，就是将利润聚积在那些税负较低的国家和地区。这样，所得一方面可以享受避税地或低税区给予的优惠；另一方面，通过控制受控外国企业的股息分配政策，又可以延迟纳税甚至逃避居住国的纳税义务，获取实质上的税收利益。该部分具体利益大小，通常由受控外国企业所在地的税率与股东居住国的税率关系所决定，即受控外国企业所在地的所得税税率越低，则居民股东因此获得的该部分利益也就越大。

二、受控外国企业税制的产生

如前文所述，跨国公司利用受控外国企业的避税行为无疑会造成对集团内其他实体所在国以及股东居住国税基的严重侵蚀，同时使得股东居住国无法就其投资所产生的利润按股息所得及时征税，从而损害了这些国家的税收利益。因此，以美国为首的西方发达国家从 20 世纪 60 年代开始，对国际避税问题进行了深入的研究探讨，并有针对性地制定出一系列的反避税税制。

从立法角度来看，“受控外国企业条款”的征税对象是对受控外国企业构成控制的本国居民股东，而不是外国企业。作为世界上最大的资本输出国，美国针对其居民股东的境外所得延迟纳税问题，率先于 1962 年在其《国内税收法典》关于所得税部分的第 1 章第 N 分章第 3 节“美国境外来源所得”的第 F 分节中规定了“受控外国企业”相关的税收条文，专门用来规定和管制居民股东利用在海外低税区设立受控外国企业来聚积海外所得、延迟缴纳美国税收的避税行为。随后，加拿大、德国、日本等国家也纷纷仿效美国，相继制定了各自受控外国企业税制。

综观各国受控外国企业税制，虽然各自的具体规定存在着差别，但是其基本框架相同。主要包括以下几个方面的内容（见图 10-1）：

- 受控外国企业税制
  - 1. 受控外国企业的定义
    - 控制标准
    - 实质利益标准
    - 推定拥有标准
  - 2. 受控外国企业税制适用的地域范围
  - 3. 受控外国企业税制适用的所得范围
    - 交易法
    - 实体法
  - 4. 受控外国企业所得的计算、划归及亏损的处理
  - 5. 重复征税的处理
  - 6. 受控外国企业税制适用的例外
    - 积极营业活动例外
    - 行业例外
    - 小额例外

图 10－1　受控外国企业税制基本框架

1. 受控外国企业的定义

在如何界定一外国企业是否属于受控外国企业的问题上，目前主要有控制标准、实质利益标准和推定拥有标准。其详细定义见表 10－1 所示。

表 10－1　关于界定受控外国企业的三项标准

控制标准	指以本国居民对外国公司享有控制权为标准，包括控股和通过有关安排而实际控制公司。其中，实际控制标准是指以能够实际支配公司的活动和事务为标准。
实质利益标准	即本国居民如果在某外国公司中拥有实质利益，那么该公司就属于受控外国企业，通常是根据本国居民直接或者间接拥有的股份比例来确定。
推定拥有标准	指将纳税人的关联方或者与纳税人不按照独立交易原则进行交易的当事方对该外国公司所拥有的利益与纳税人对该外国公司拥有的控制权或者重大利益结合在一起一并考虑。

2. 受控外国企业税制适用的地域范围

世界各国的受控外国企业税制适用的地域范围一般有两种情况。一部分国家的受控外国企业规则适用于全球范围的受控外国企业，此类国家较少，主要有美国和加拿大。而大多数国家则是将此规则适用于某些避税港和实行低税政策的国家和地区。

将受控外国企业规则适用于特定区域的国家界定避税港或低税区的方法，主要有以下四种：

（1）名义税率考察法

该方法往往将外国税收的名义税率与股东居住国税收的名义税率进行对比以便确立避税港或低税区的存在。

（2）实际税率考察法

该方法以外国税收的实际税率来界定低税国是否存在，往往将外国税收的实际税率与股东居住国税收的实际税率进行对比。

（3）实缴税额对比法

该方法以受控外国企业所实际缴纳的外国税额来确定低税区是否存在，往往是将受控外国企业的实缴外国税额与假定该公司为股东居住国居民时应缴的本国税额进行对比。

（4）列举法

有些国家不对避税港和低税区作出法律定义，而是直接确定一份或者多份清单，载明哪些是低税区或者哪些不是低税区。

3. 受控外国企业税制适用的所得范围

对于如何界定哪些所得适用受控外国企业税制，存在着交易法和实体法两种方法。其详细定义如表 10－2 所示。

表 10－2　受控外国企业所得适用的两项规则

交易法	只将本国受控外国企业税制适用于受控外国企业取得的“瑕疵所得”而非全部所得，那些通过真实的生产性业务活动而产生的积极所得，通常免于适用受控外国企业规则。在交易法下，税务机关需要对受控外国企业的各项交易活动进行逐一的审查，因此交易法会给税务机关带来较大的征管成本。
实体法	即受控外国企业作为一个实体，如果符合适用受控外国企业税制的条件，那么其全部收入将受到该规则的约束；相反地，如果受控外国企业不符合适用受控外国企业规则的条件，则其全部所得均免于适用受控外国企业规则。与交易法相比，实体法由于无需对受控外国企业的各项所得作逐一审查，因此征管成本较小，但是该方法存在“瑕疵所得”可能被免税或者非“瑕疵所得”可能被征税的缺点。

上述“瑕疵所得”通常是指受控外国企业的消极所得和基地公司所得。消极所得，通常指股息、利息、租金、特许权使用费和资本转让收益，包括从受控外国企业关联方和非关联方取得的这些所得项目；基地公司所得，主

要是指为了适用受控外国企业规则的目的而界定的消极所得以外的被认为属于“瑕疵所得”的任何所得，最主要的部分是受控外国企业向其所在国之外（包括受控外国企业股东居住国）的交易方或者关联方出售财产或者提供服务而产生的所得。

4. 受控外国企业所得的计算、划归及亏损的处理

受控外国企业所得额的计算一般根据各国的税法规定来进行，部分国家也会在本国税法规定的基础上作适当的调整。然而大部分国家都不允许多个受控外国企业合并计算所得和亏损，而是要求每个受控外国企业单独进行核算。

各国受控外国企业税制的划归机制均涉及如何把受控外国企业未分配的利润全部或者部分地根据一定的比例划归给对该受控外国企业拥有利益的本国纳税人。将所得划归这一过程中涉及的具体问题主要有：划归所得的时间、划归所得的比例和划归所得的性质。在划归所得的时间上，大部分国家都规定，受控外国企业税制适用于在纳税年度末对受控外国企业拥有利益的本国纳税人；在划归所得的比例上，大部分国家都规定，分配给某特定纳税人的所得额相当于受控外国企业将其未分配利润以股息形式分配给股东时该纳税人可以得到的股息额；最后，在划归所得的性质方面，大部分国家采用股息推定法，将受控外国企业所得划归视同股息分配。因此，国内法或税收协定中给予股息所得的各种特别税收政策对于受控外国企业也同样适用。只有少数国家是采用直接获利法，将受控外国企业的所得视为纳税人的相关业务所得。

受控外国企业发生的亏损的处理取决于采用“实体法”还是采用“交易法”。一般而言，在采用“实体法”的国家，因为是将受控外国企业的全部所得划归本国纳税人，所以受控外国企业发生的亏损是可以在计算受控外国企业全部所得时予以扣除的。而在采用“交易法”的国家，计算“消极所得”时可以扣除旨在为取得“消极所得”而开展的经营活动中产生的亏损，而积极经营活动所得由于不受受控外国企业税制规制，其亏损不能用于抵消消极所得。

5. 重复征税的处理

由于受控外国企业的某类所得或者全部所得在未以股息分配给本国纳税人之前，就已经划归本国纳税人的应税所得之内而在纳税人的居住国纳税，

因此，当受控外国企业实际从这些利润中分配给本国纳税人股息时，如果纳税人居住国再次对该股息征税，那么就会产生重复征税问题。与受控外国企业实际分配的股息的税收问题相同，当本国纳税人在已经就划归给它的受控外国企业所得在居住国纳税之后，将其在受控外国企业拥有的股份（利益）转让给他人而产生资本收益时，如果纳税人居住国对该资本收益征税，同样会产生重复征税问题，因为该资本收益中体现了已经划归给纳税人的未分配利润。对此，制定受控外国企业税制的国家一般都给予相关减免税待遇。但是，具体的减免税的方法各国存在一定的差异。例如，根据英国的规定，纳税人先前已经缴纳的本国税收在这时被看做是外国税收而从该股息的征税中予以抵免。而就转让受控外国企业股份产生资本收益可能产生的重复征税问题，目前给予资本收益减免税待遇的国家有，澳大利亚、加拿大、德国、挪威、英国和美国等。当然，给予减免税待遇的方法也存在差异。

6. 受控外国企业税制适用的例外

受控外国企业税制并非绝对适用于本国纳税人在境外设立的所有受控外国企业或受控外国企业所有的所得项目，而是存在着一定的适用例外。根据各国受控外国企业税制的实践，这种例外主要包括积极营业活动例外、行业例外和小额例外。详见表 10－3。

表 10－3　　受控外国企业税制适用的三种例外情况

积极营业活动例外	大多数国家都对从事工业、商业活动或者主要从事此类积极营业活动的受控外国企业免于适用受控外国企业规则。
行业例外	免于适用受控外国企业规则的待遇仅仅给予从事工业生产、制造、服务业、农业以及海运业的受控外国企业，不包括投资、租赁、银行和保险业。
小额例外	如果受控外国企业的所得额或取得的瑕疵所得额不超过一定数额，则免于适用受控外国企业规则，其目的主要是为了简化和方便税收管理。

第二节 主要国家的受控外国企业法规概览

美国早在 1962 年便颁布了受控外国企业税制，是世界上第一个颁布受控外国企业法规的国家。在此之后，较早颁布实施类似法规的国家包括：加拿大(1972年)、德国（1972年)、日本（1978年)、法国（1980年)、英国（1984年)、新西兰（1988年)、澳大利亚（1990年)、瑞典（1990年)、挪威（1992年）等。下面我们将针对美国、德国、日本三国进行较为详细的介绍。

一、美国

在20世纪60年代以前，作为实施居民所在地和收入来源地双重税收管辖权的国家，美国允许本国居民将其拥有股权的外国公司进行利润分配并且将所获得的股息汇回本国时，才要就此项股息履行纳税义务，这就是所谓“延迟纳税”。这样，美国居民纳税人只要不将避税地子公司利润进行分配并汇回本国，而是在避税地公司积累，就不需要向所在美国履行所得税纳税义务。随着这一现象的愈演愈烈，美国于1962年通过了肯尼迪法案（后纳入《国内税收法典》F分节)，用以限制纳税人通过在避税地建立子公司累积利润的延迟纳税行为。

1. 受控外国企业的判定

《国内税收法典》F分节条款规定，如果一家外国公司各类有表决权股票总额中，有50%以上分属于一些美国股东，而这些美国股东每人所持有的有表决权股票又在10%以上，那么该公司即为受控外国企业。美国股东指直接、间接或者推定拥有一家外国公司10%以上的表决权利益的美国公民、居民或企业。这种拥有股权的标准，只要在某一公司纳税年度的任何时点发生过，整个年度就可视其为受控外国企业。

2. 受控外国企业适用所得的界定

F分节条款规定，凡是受控外国企业，其利润归属于美国股东的部分，即使当年不分配，也不汇回美国，也要视同当年分配的股息，要分别计入各股东名下，与其他所得一并缴纳美国所得税。此类所得主要包括基地公司所得、消极所得等。以后此项利润真正作为股息分配时可以不再缴纳所得税。此外，这一部分当年实际未分配而视同已分配的所得，在外国缴纳的所得税可以按照规定获得抵免。

3. 豁免条款

F分节条款规定，若基地公司所得少于受控外国企业总所得的5%，或者所得金额低于100万美元，又或所得在外国承担的实际税率大于美国税率的 90%，那么它将不受 F 分节约束。此外，还包括非避税动机免税等准许某些所得不被视作应缴美国所得税所得。

美国受控外国企业税制自建立后经历了多次变化，但其法规的整体框架一直保持稳定。概括而言，其受控外国企业税制针对美国股东控制的外国企业的消极所得，只是消极所得的范围随着金融市场的发展而有所扩大。此外，有针对银行和保险业的特殊规定，以及少量例外和“总括规则”（full inclusion rule）。相对而言，1997 年出台的“打钩规则”（check the box rule）以及 2005 年的“透视规则”（look through rule）是美国受控外国企业法规发展中的两个至关重要的规则。“打钩规则”赋予纳税人对其纳税地位进行选择的权利，纳税人可选择“公司”（per se corporation）或者“透明税务实体”，透明税务实体包括合伙和非独立实体（disregarded entity）。利用“打钩规则”进行相关筹划，跨国公司可避免其海外实体的某些收入受制于受控外国企业税制。而“透视规则”是对“打钩规则”的进一步简化和扩大。

二、德国

德国于 1972 年颁布的《德国对外关系税法》第一次引入受控外国企业税收规定，其法规在很大程度上沿袭了美国的规定。

1. 受控外国企业的判定

根据德国税法的规定，如果对德国负有无限纳税责任的一个或以上居民、公司或实体控制了低税率地区的一家外国公司且产生了消极所得，将受该法规约束。其中，控制是指德国居民纳税人直接或间接拥有 50% 或以上表决权和利润分配权，而低税率地区是指在没有营业亏损、外国税收抵免优惠或外国税收扣除原因引起减税的情况下，实际税率不足 30% 的国家和地区。此后，德国又颁布了《2001 年减税法》，将低税起点从 30% 降为 25% 且控股最低标准从 50% 降至 10%。这也就是说，如果德国股东拥有一家外国公司 10% 的资产或表决权，只要实际税率低于 25%，就应适用对于受控外国企业的规定。

2. 受控外国企业适用所得的界定

德国在计算所得范围时与美国一致，适用交易法原则。按照德国税法规定，凡受控外国企业的利润归属于德国股东的部分，即使当年没有实际分配，也不汇回德国，也要视为当年分配的股息，分别计入股东名下与其他所得一并纳税。

3. 豁免条款

德国受控外国企业法规也制订了豁免条款。例如，对于不超过受控外国企业总收入10%的消极所得，其可在一定限额内免除适用归属规则。此外，如果受控外国企业直接持有主要从事积极营业活动的二级子公司25%以上的产权，且持续时间不低于12个月，那么，该受控外国企业从该二级子公司获得的股息也不适用受控外国企业税制。

此外，根据欧洲法院对Cadbury案[①]审理的结果，在2008年度的德国税收修正法案中调整了受控外国企业的相关规定。如果满足以下条件，德国受控外国企业税制将不再适用：纳税人能够证明在欧盟（EU）范围内或者欧盟经济区（EEA）设立的外国公司实际从事商业业务；或者在避免双重征税条约中存在欧盟互助条款和税收信息交换条款。

三、日本

日本在1978年的《特别税收措施法》中采纳了反避税地的措施。与美德两国相比，日本的税制采用的是实体法。按照日本的规定，要依据受控外国企业的地点和其所得的性质判定是否受受控外国企业法律制度的约束。日本原来的受控外国企业立法包括了详尽的避税地"黑名单"。假如受控外国企业是名单中国家的居民，那么其全部所得都要按照比例划分给那些持有该股份不低于10%的居民股东，这些所得按照受控外国企业所得的性质享受特定的免税。

但是，从1992年4月1日起，日本取消了列举黑名单的做法，取而代之的是严格按照外国辖区的有效税率的一种测试。同时，归属于居民股东的所有权起点从10%降低到了5%。

---

① 在2006年9月12日，欧洲法院对Cadbury案作出判决，认定英国受控外国企业制度违背了欧共体条约第43条和48条等所规定的自由设立的原则。而且，欧洲法院认为，即使外国公司存在税收动机，但只要该子公司在其他成员国从事实际经济活动，那么受控外国企业税制将不得适用。换言之，该税制只有在外国公司为股东完全人为安排的条件下才予以适用。

第三节
中国受控外国企业法规的介绍

改革开放初期，中国经济刚刚处于起步阶段，中国居民企业和居民在海外投资的规模还很小，加上当时存在严格的外汇管理制度，有效地限制了受控外国企业的设立以及在该避税模式下所造成的不良影响。但近年来，随着我国国力的不断增强以及对外开放程度的逐渐加深，国内企业海外投资的规模有了很大幅度的增长，其所得税占我国财政收入的比重也在不断增大。这一切使得税务机关对受控外国企业的存在及其影响增加了比以往更多的关注。针对目前中国受控外国企业的相关法规，本节将围绕受控外国企业的几个关键问题作出详细的分析，并举例说明。

一、中国受控外国企业的定义

《所得税法》引入了受控外国企业税制，其中第四十五条规定："由居民企业，或者由居民企业和中国居民控制的设立在实际税负明显低于本法第四条第一款规定税率水平的国家（地区）的企业，并非由于合理的经营需要而对利润不作分配或者减少分配的，上述利润中应归属于该居民企业的部分，应当计入该居民企业的当期收入。"这是我国第一次在正式的税收法律中对受控外国企业作出明确规定。此后，《所得税法实施条例》第一百一十六、一百一十七条又对上述条款中的"中国居民"、"控制"等概念作出进一步解释。

- 中国居民，指根据《中华人民共和国个人所得税法》的规定，其从中国境内、境外取得的所得在中国缴纳个人所得税的个人。
- 关于受控外国企业之间控制关系的判定，主要从以下两个角度：

第一，从股份控制的角度来看，居民企业或者中国居民直接或者间接单一持有外国企业10%以上有表决权股份，且由其共同持有该外国企业50%以上股份。

案例 10－1

甲、乙、丙没有相互控股关系，甲、乙、丙分别拥有 A 公司 30%、15%、8% 的表决权股份。虽然三方的持股比例加总超过 50%，但由于丙的股份并没有超过 10%，所以不能判定甲、乙、丙三方对 A 公司具有控制能力。

第二，除上述股份控制之外，居民企业，或者居民企业和中国居民持股比例没有达到第一项规定的标准，但在资金、经营、购销等方面对该外国企业构成实质控制。

案例 10－2

甲公司虽然只拥有 A 公司 30% 的股份，但却持有 A 公司生产经营所需的核心研发技术的使用许可，对 A 公司日常经营决策产生重大影响。因此，即使甲公司及其关联方的共同持股比例没有达到上述 50% 的要求，我们依然可以认定 A 公司为甲所控制。

在此之后，2 号文在《所得税法》及《所得税法实施条例》相关规定的基础上又进一步明确了股权控制中间接控股比例的定义。其第七十七条规定："中国居民股东多层间接持有股份按各层持股比例相乘计算，中间层持有股份超过 50% 的，按 100% 计算。"

案例 10－3

境内公司 A 拥有 B 公司 80% 的表决权股份，B 公司又拥有 C 公司 70% 的股份，而 C 公司又拥有 D 公司 60% 的股份。根据上述中间层超过 50% 按 100% 计算的规定，我们可以推定 A 公司持有 D 公司股权为 100% ×100% ×60% =60%。所以，D 公司达到受控标准，为 A 公司的受控外国企业。在后面关于中国居民企业股东当期所得计算部分，我们还将在此基础上做更进一步的探讨。

二、受控外国企业税制适用的地域范围——实际税负偏低国家和地区的判定

对于受控外国企业税制所适用的地域范围，中国采用的是"实际税率

考察法”。针对《所得税法》中提到的关于“受控外国企业”实际税负偏低的标准，《所得税法实施条例》第一百一十八条对此作出明确规定：“企业所得税法第四十五条所称实际税负明显低于企业所得税法第四条第一款规定税率水平，是指低于企业所得税法第四条第一款规定税率的50%。”即：现中国的法定所得税率为25%，实际税负偏低的国家或地区是指所得税率低于12.5%的国家或地区。

三、受控外国企业税制适用的所得范围及计算方法

关于受控外国企业税制适用的所得范围，我国采用的是“实体法”，即一旦被判定为中国居民企业的受控外国企业，则该受控外国企业的全部经营所得均适用于受控外国企业税制，用于计算其在中国的纳税义务。

1. 中国居民企业股东当期所得

计入中国居民企业股东当期的视同受控外国企业股息分配的所得，应按以下公式计算：

中国居民企业股东当期所得 = 视同股息分配额 × 实际持股天数 ÷ 受控外国企业纳税年度天数 × 股东持股比例

这里应注意：①中国居民股东多层间接持有股份的，其股东持股比例按各层持股比例相乘计算。②受控外国企业与中国居民企业股东纳税年度存在差异的，应将视同股息分配所得计入受控外国企业纳税年度终止日所属的中国居民企业股东的纳税年度。

需要注意的还有，上述受控外国企业判定方法中持股比例计算的规定和后文在股东当期所得计算的股东控股比例规定有所区别。

2. 案例说明

下面我们将结合案例对居民股东当期所得的计算进行简明扼要的说明。

案例10－4

一家中国居民企业A公司拥有中国居民企业B公司60%的股权，而B公司又拥有设立在避税地的C公司60%的股权。2010年，C公司盈利100万元且未分配，而该年A、B持股比例未发生变化。依据前文中受控外国企业的判定标准，A公司持有C公司股权为100%×60%＝60%，因此，C公

司系 A 公司在境外设立的受控外国企业。根据 2 号文规定，在计算 A 公司当期的视同外国企业股息分配的所得时，股东持股比例按各层实际持股比例相乘计算，A 公司对 D 公司的持股比例为 36%（60% ×60%）。

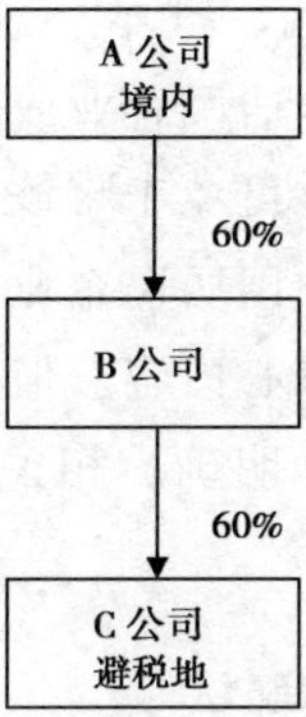

图 10－2　集团股权结构图

A 公司当期所得 = 视同股息分配额 × 实际持股天数 ÷ 受控外国企业纳税年度天数 × 股东持股比例

$$= 100 \times 365 \div 365 \times 36\% = 36 \text{（万元）}$$

四、重复征税的处理

重复征税主要涉及两种情形，即：计入中国居民企业股东当期所得已在境外缴纳企业所得税税款的和已按视同股息分配征税后作实际利润分配的。对于计入中国居民企业股东当期所得已在境外缴纳的企业所得税税款，2 号文规定可根据间接抵免及税收协定的相关规定避免双重征税情况的发生。而对于已按视同股息分配征税后作实际利润分配的，受控外国企业作实际利润分配时，将不再计入中国居民企业股东当期所得。

五、免除条款

与国外受控外国企业税制类似，2 号文中也引入了免除条款。中国居民企业股东能够提供资料证明其控制的外国企业满足以下条件之一的，可免于将外国企业不作分配或减少分配的利润视同股息分配额，计入中国居民企业股东的当期所得：

- 设立在国家税务总局指定的非低税率国家（地区）；

- 主要取得积极经营活动所得；
- 年度利润总额低于500万元人民币。

其中，根据国税函【2009】37号的规定，非低税率国家（地区）具体包括：美国、英国、法国、德国、日本、意大利、加拿大、澳大利亚、印度、南非、新西兰和挪威。中国居民企业或居民个人能够提供资料证明其控制的外国企业设立在上述国家，可免于将该外国企业不作分配或者减少分配的利润视同股息分配额，计入中国居民企业的当期所得。此外，主要取得积极经营活动所得是免除条款的核心内容。但是，能否构成主要取得积极经营活动所得的判定标准尚需进一步明确。相关标准所需考虑的因素包括行业、企业承担的功能、风险等。

六、受控外国企业的申报和确认

2号文规定，中国居民企业股东应在年度企业所得税纳税申报时提供对外投资信息，附送《对外投资情况表》，相关表单详见本书第五章。税务机关则在汇总、审核中国居民企业股东申报的对外投资信息的基础上，向受控外国企业的中国居民企业股东送达《受控外国企业中国居民股东确认通知书》。

第四节
受控外国企业税制对企业的影响和意义

随着中国经济的蓬勃发展，越来越多的内资企业将目光投注到了全球化、一体化的新领域。以对外投资为核心的“走出去”发展已然成为内地企业做大做强的重要举措。目前，中国企业对外投资基本形成以亚非为主，拓展欧美的多元化格局。截至2009年年底，中国对外投资的存量约2460亿美元，居全球第15位。但从区域分布来看，对中国香港、英属维尔京群岛和开曼群岛三个地区的直接投资总数就占全国对外投资存量的78%以上。随着企业与海外低税率国家或地区的联系日益密切，受控外国企业的问题也逐渐为中国的税务机关所关注（表10-4）。

表 10－4 2009 年年末中国对外直接投资存量前十位的国家（地区）[①]

序号	国家（地区）	存量（亿美元）
1	中国香港	1644.99
2	英属维尔京群岛	150.61
3	开曼群岛	135.77
4	澳大利亚	58.63
5	新加坡	48.57
6	美国	33.38
7	卢森堡	24.84
8	南非	23.07
9	俄罗斯联邦	22.20
10	中国澳门	18.37
合计		2160.43

从本质上讲，建立受控外国企业税制的主要立法目的是为了保护本国的税收利益，然而世界各国受控外国企业税制的不断完善也在客观上为企业的跨国经营营造了一个日趋有序和规范的环境，有利于跨国企业长久和稳定的发展。当然这也给企业的规范化经营提出了更高的要求。

随着中国受控外国企业税制的出台，对于数量日益增长的中国的“走出去”企业而言，需要注意两个方面的内容。

一、强化税收风险管理意识

虽然外资企业仍是我国的反避税工作的主要对象，随着企业所得税法及其实施条例和 2 号文的出台，税务机关已经开始关注内资企业的一些避税安排。其中，我国居民企业（包括内资企业）或居民个人通过受控外国企业进行避税的情况是税务机关的重点关注对象。对存在利用避税地或低税区避税的企业，税务机关可以启动一般反避税调查。因此，无论是对于现行的还是拟实施的税收筹划安排，企业应当根据新的法规要求审视其合理性和商业

① 商务部、国家统计局、国家外汇管理局：《2009 年度中国对外直接投资统计公报》，2010 年 9 月 5 日。

实质，以评估是否存在风险并作出相应的改进。

二、规范文档准备、强化举证意识

税务机关判断企业是否存在避税事实、是否需要进行纳税调整和调整的具体金额以及是否进行行政处罚，都是通过对企业境外投资的相关信息进行收集、分析和调查、取证后作出的。因此，企业应充分认识到履行好举证义务是保护自身权利的最好方法，以降低被税务机关进行反避税调查和被处罚的风险。企业应从以下两个方面做好工作：一是要真实、准确、完整、及时地申报关联业务往来情况和境外投资情况；二是要提供相关证据证明受控外国企业经营的实质性，说明受控外国企业对利润不作分配或减少分配是合理的经营需要，并非是以减少或规避我国税收为主要目的。

第五节 受控外国企业的案例分析

我们将通过一个具体案例来进一步理解受控外国企业的现实意义。

案例 10－5

A 公司是国内一家出口加工型企业，主要生产 Smart 牌电动割草机。由于产品深受欧美消费者的青睐，该类产品主要以外销为主。A 公司经过成本费用的综合计量，得出该类割草机的生产成本为每台 180 美元左右。假设现有一笔来自美国的产品订单，订购 1000 台该类型的电动割草机，目标市场的售价大约为每台 250 美元。

模型一：

作为具备出口资质的企业，A 公司将产品直接以市场价格出口销售给美国终端客户。与产品相关的无形资产均由 A 公司拥有。具体流程如图 10－3 所示。

按照上述交易流程，A 公司作为一家中国居民纳税企业，应就 1000×（250－180）＝70000 美元的应纳税所得在国内缴纳企业所得税。根据目前的所得税率 25%，A 公司将对该笔交易缴纳 70000×25%＝17500 美元的所得税。

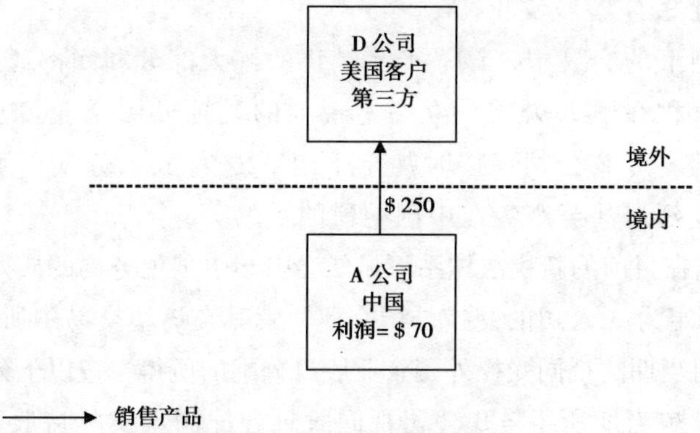

图 10-3 模型一交易流程图

模型二:

产品销售模式与模型一一致，即由 A 公司直接销售给海外客户。然而，A 公司于避税港开曼群岛设立了 B 公司，并将其产品核心技术的所有权转移至 B 公司。B 公司据此向 A 公司收取特许权使用费。除此之外，B 公司不具有任何生产和市场推广职能，该模型下的交易流程如图 10-4 所示。

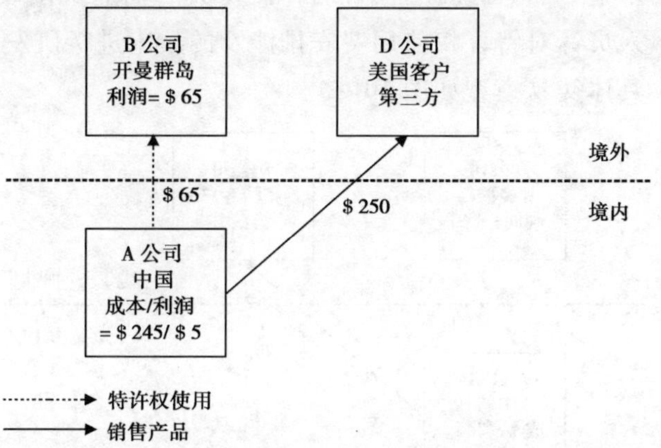

图 10-4 模型二交易流程图

如图 10-4 所示，A 公司将割草机以每台 250 美元的价格销售给 D 公司，并按每台 65 美元向 B 公司支付特许权使用费。在此交易流程中，A 公司的应纳税所得额 1000×（250-180-65）=5000 美元，按照 25% 的税率需缴纳 5000×25% =1250 美元的所得税。相比之前，直接从中国出口至美国，减少了近93%税收支出。

在该模型下的交易中，该类产品销售的绝大部分利润都通过支付特许权使用费方式聚积在了A公司设立在避税地的受控外国企业B公司，使其获利65000美元。若B公司不按时甚至不向A进行股息分配，则对A公司来说，可以达到延迟甚至避免在中国纳税的目的。

上述操作在目前的新税法体系下显然会引起中国税务局的质疑。按规定，B公司将会被判定为A公司的受控外国企业，就其在该笔交易中所取得的利润应当计入A公司当期的视同受控外国企业股息分配的所得，按以下公式计算：

A公司股东当期所得 = B公司视同股息分配额 × 实际持股天数 ÷ 纳税年度天数 × A公司股东持股比例

= 1000 × 65 × 365 ÷ 365 × 100% = 65000（美元）

此外，上述交易流程中的特许权使用费安排也存在相当的转让定价风险，很有可能受到中国税务部门的质疑。

模型三：

产品销售以及特许权使用费安排与模型二完全一致。然而，模型三下，B公司的设立并非出于单纯的避税目的，而是具有商业实质。具体而言，B公司拥有技术人员针对特许权使用费安排涉及的技术进行研发活动，并形成了无形资产。具体交易模型如图10-5。

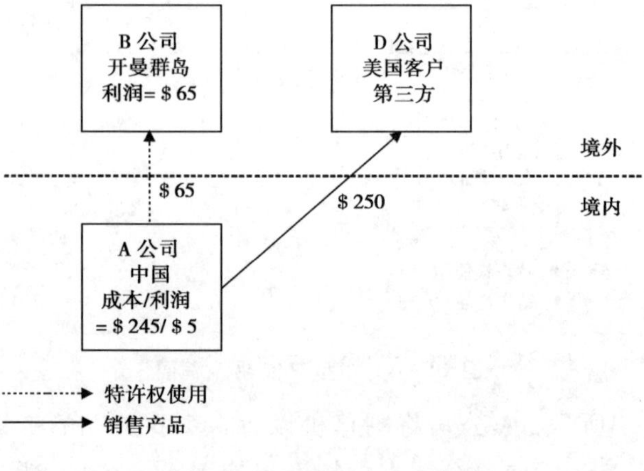

图10-5　模型三交易流程图

由于B公司设立在避税港，很容易引起中国税务部门的密切关注，甚至进而判定B公司为A公司的受控外国企业。根据2号文中受控外国企业的免除条款，如有充分的资料向税务机关证明 B 公司的设立具有商业实质，则有可能避免被中国税务机关判定为受控外国企业。

在模型三下，B 公司承担技术研发职能，具有明显的商业实质。因此，B 公司商业实质相关证明资料的准备就尤为重要。中国受控外国企业税制并没有对证明资料的形式提出具体的要求，也没有就商业实质的内容提出具体的规定。因此，企业可根据其海外公司运营的实际情况准备相关证明资料。转让定价同期资料的准备可以为此提供一个可行的解决方法，如能在准备转让定价同期资料时就将海外企业的商业实质包括进来，即可达到一举两得的效果。当然，从关联交易是否符合独立交易原则角度而言，上述特许权使用费收取金额是否合理也需要进行分析和考量。

第十一章

资 本 弱 化

第一节 资本弱化的概念和主要国家的资本弱化法规概览

一、资本弱化的概念

资本弱化（Thin Capitalization）又被称为资本隐藏、股份隐藏或收益抽取，是指跨国投资者为了获得更多的税前利息扣除，在企业资本结构的选择上，不恰当地提高贷款比重从而相应地降低股本的比重，以减少应纳税所得额的一种国际避税形式。资本弱化的一般特征是企业注册资本与负债的比重不合理，即注册资本偏低而负债偏高，资本结构弱化。

资本弱化吸引跨国投资者的原因主要有以下几点：从非税收方面考虑，第一，投资者通过借贷方式可以更加灵活地调动资金。由于一些本土企业的融资能力十分有限，跨国投资者便可以充分利用这一点，避开加入权益资本的合资方式，以流动资金不足为借口从境外关联企业借入高息贷款。第二，在实行外汇管制的情况下，投资者可以将利润以利息的形式进行对外付汇，从而避开外汇管制的严格约束。从税收角度来看，资本弱化一方面可以减少外国子公司的经营利润，相应减少在当地缴纳的所得税；另一方面，非居民取得的利息收入与商业经营利润相比，往往按较低的税率纳税，这促使跨国企业将商业利润转变成支付给关联方的利息，以减少税收支出。

二、最初的资本弱化法规

随着利用资本弱化来降低企业所得税这一现象的日益频繁，许多国家都制定了相关的法律条文以阻止本国或跨国企业融资中债务资本的滥用，以达到防范资本弱化对本国税收利益侵蚀的目的。

《1963 年 OECD 协定范本草案》和《联合国范本》在避免国际双重征税和避税上起到了指导性作用，尤其是其中关于关联企业、利息、股息等的相关规定为规制“资本弱化”提供了范本。

针对跨国公司利用资本弱化避税的行为，OECD 又提出了两点应对措施：第一，固定债务权益比率法（安全港原则）：对资本结构，即债务资金与权益资金的比例作出限定。第二，正常交易法（独立交易原则）：通过审查关联方的贷款条件是否与独立企业间的贷款条件相同，来判断关联方的债权投资是否为隐蔽的股权投资。

在上述两种方法中，对于企业借款超过规定标准所支付的利息，均不允许作为税前扣除项目。

三、主要国家的资本弱化法规概览

从 20 世纪 80 年代开始，美国、英国、德国、法国、加拿大、日本、澳大利亚和新西兰等国家相继建立起资本弱化税制来规制这种避税行为。目前发达国家税务当局在实践中采用的方法与 OECD 提倡的上述两种方法一致。其中，美国、加拿大、澳大利亚、新西兰等大多数发达国家采用固定比率法，而英国等少数发达国家采用正常交易法。本节将以一些发达国家为例，对这两种方法进行简单介绍。

1. 固定比率法

（1）美国

美国针对资本弱化问题有着较为严密的税法规定，其资本弱化税制主要表现为“收益剥离法则”[①]，以防止受控美国公司通过向其关联方（直接或间接拥有50%以上公司股份）支付利息进行税前扣除而破坏税基。该关联方包括享受美国免税或税收优惠的个人、合伙人或公司（包括居民企业和非居民企业）。根据该规则，如果一家美国公司在一个纳税年度中出现超额利息费用，则其利息抵扣将受到限制。超额利息是指超过利息支付前的应纳税收入（调整后）50%的利息费用。但是，如果该美国公司在税收年度末的债务股本比例低于1.5∶1，则这一年对该公司不适用收益剥离法则，即可将利息全额抵扣。

（2）澳大利亚

针对资本弱化问题，澳大利亚在其《所得税征收法》第3部分中的第16F条规定，澳大利亚的居民纳税人不得将其支付给外国控制方的“超额利息”作为商业经营费用在税前扣除。其中，“外国控制方”是指在居民企业直接或间接拥有15%或以上的股权，或者有权直接或间接地获得15%或以上股息或资本分配的非居民企业。“超额利息”是指外国控制方提供的贷款超过了股份投资的一定比例时，居民企业向外国控制方支付的贷款利息。1997年，澳大利亚进一步规定，居民企业向外国控制方的贷款，不能超过该外国控制方拥有该居民企业股份的2倍（金融机构为6倍），即在一年中居民企业日平均外国债务超过上述比例，则居民企业就外国债务支付的利息超过比例的部分不允许扣除。此外，根据2001年7月澳大利亚对资本弱化规则的新修订，如果外国控制方的资产负债率超过75%，则利息扣除就将受到限制。

（3）日本

日本于1992年建立了资本弱化制度。日本资本弱化条款的适用对象包括国内外资法人、外国法人在日本的分公司、内资法人（主要指从国外关联企业借款数额较大的法人）。与其他各国相比，日本资本弱化条款的最大特点在于同时规定了国外控股股东的债务股本比例和该法人债务股本比例两

---

① 美国《国内收入法典》第163（j）条的“收益剥离法则”是一种“资本弱化”制度，如果年内公司净利息费用超过其“调整后应课税收入”的50%，则对这些利息的当年抵扣施加限制。

大标准。只有当这两个比例均超过3，利息的扣除才受限制。因此，如果某企业的国外控股股东的债务股本比例达到3∶1，只要日本企业总的付息债务（包括关联和非关联方负债）等于或者少于该企业在本营业年度资本净值的三倍，则其利息抵扣时就不受资本弱化条款的限制。此外，日本税务局还引入了可比比率法，即日本税务局允许外资企业以其他类似日本外资企业的总债务和净资产的比率为参照物来取代3∶1的债务股本比例。

值得一提的是，尽管日本税法采用了以固定比率法为主的方法模式，但在实际利息扣除中也遵守了独立交易原则，即不允许外资企业或者外国法人在日本的分支机构向关联方以超过独立交易的市场利息率支付利息。

2. 正常交易法

（1）英国

英国税务局在资本弱化方面主要采用正常交易法进行判断，而且对于债资比例超过1∶1的企业会格外关注。英国公司向关联方借款时，如果没有按照独立交易原则支付利息，则利息的超额部分不允许扣除，并将超额的这部分利息视为股息，按照股息的规定征税。当然，在此之前要判断双方是否为关联公司，判断的标准是：①提供贷款的公司（非金融企业）对英国公司的贷款占该公司贷款总额的75%以上；②英国公司被一非居民企业持股75%以上，或者双方被另一非居民企业持股75%以上；③英国公司和国外关联公司同被另一英国公司持股75%以上。

第二节 中国资本弱化法规的相关规定

随着我国经济的迅速发展，跨国公司对我国的投资持续增加，资本弱化问题也愈发受到重视。目前，我国关于借款利息扣除等与资本弱化密切相关的法律条文主要有《所得税法》、《所得税法实施条例》、《关于企业关联方利息支出税前扣除标准有关税收政策问题的通知》（财税【2008】121号）、2号文、《关于企业向自然人借款的利息支出企业所得税税前扣除问题的通知》（国税函【2009】777号）等。针对目前中国资本弱化法规，本节将围绕资本弱化的几个关键问题作出详细的分析，并一一举例说明。

一、资本弱化的基本规定

《所得税法》第四十六条规定：“企业从其关联方接受的债权性投资与权益性投资的比例超过规定标准而发生的利息支出，不得在计算应纳税所得额时扣除。”这是我国第一次在正式的税收法律中引入资本弱化的概念。

二、关于“债权性投资”的定义

《所得税法实施条例》第一百一十九条又对《所得税法》中的债权性投资作出进一步解释。债权性投资，是指企业直接或者间接从关联方获得的，需要偿还本金和支付利息或者需要以其他具有支付利息性质的方式予以补偿的融资。其中，企业间接从关联方获得的债权性投资，包括以下三种形式：

1. 关联方通过无关联第三方提供的债权性投资

案例 11－1

B 公司通过某银行向其关联方 A 公司提供 100 万元的委托贷款，则该 100 万元即构成 A 公司的关联债权性投资。

2. 无关联第三方提供的，由关联方担保且负有连带责任的债权性投资

案例 11－2

A 公司与银行签订 200 万元的借款合同，该笔贷款由 A 公司的关联方 B 公司提供负有连带责任的贷款担保，并收取担保费 10 万元。则该借款也为关联债权性投资。

3. 其他间接从关联方获得的具有负债实质的债权性投资

案例 11－3

三年前，A 公司与关联方 B 公司因贸易发生一笔应付账款，B 公司于今年支付该应收账款时，向 A 公司额外支付了拖欠应付账款的利息，则该笔应付账款已具有负债实质，亦属于 A 公司的关联债权性投资。

此外，国税函【2009】777号进一步扩大了资本弱化的适用范围，即资本弱化的各项规定以及比例计算不仅适用于企业与企业之间，也适用于企业与关联个人之间。

三、关于“权益性投资”的定义

一般来说，权益性投资为企业资产负债表所列示的所有者权益金额。但2号文指出，在计算关联债资比例时所选用的权益性投资应按照如下原则：

- 如果所有者权益小于实收资本（股本）与资本公积之和，则权益投资为实收资本（股本）与资本公积之和。
- 如果实收资本（股本）与资本公积之和小于实收资本（股本）金额，则权益投资为实收资本（股本）金额。

案例11-4：权益投资计算

A公司连续三年资产负债表所有者权益部分如表11-1所示。

表11-1　A公司三年所有者权益情况　　单位：万元

	2007年	2008年	2009年
实收资本	1000	1000	1000
资本公积	120	100	-30
盈余公积	40	60	20
未分配利润	10	-120	-30
所有者权益合计	1170	1040	960
即：	1170 > 1000 + 120	1040 < 1000 + 100	960 < 1000 - 30 且 1000 - 30 < 1000
该年权益性投资	1170	1100	1000

四、关联债资比例的计算

1. 法规要求

2号文对资本弱化提供了详细的指导意见，并对一些实际问题进行了解释说明，同时给出了关联债资比例的计算方法。具体公式如下：

不得扣除利息支出 = 年度实际支付的全部关联方利息 ×（1 - 标准比例/关联债资比例）

注意：此处所称的利息支出包括直接或间接关联债权投资实际支付的利息、担保费、抵押费和其他具有利息性质的费用。

其中：

关联债资比例 = 年度各月平均关联债权投资之和 ÷ 年度各月平均权益投资之和

各月平均关联债权投资 =（关联债权投资月初账面余额 + 月末账面余额）÷2

各月平均权益投资 =（权益投资月初账面余额 + 月末账面余额）÷2

2. 案例说明

下面我们将结合具体操作对关联债资比例计算进行简明扼要的举例说明。

案例 11 -5：关联债资比例计算

A 公司 2009 年所有者权益仅在年末发生变动，其他各月保持不变。已知该年所有者权益年初数和 1—11 月的期末数都为 550 万元，年末数为 650 万元，故 2009 年平均所有者权益之和为 6650 万元。

即：年度各月平均权益投资之和 = 550 × 11 + （550 + 650） ÷2

= 6650（万元）

已知 A 公司各月关联债权投资的余额如表 11 - 2 所示。

表 11 - 2　　**2009 年 A 公司关联债权投资数据**　　单位：万元

月份	期末数	平均数
2008 年 12 月	138	
2009 年 1 月	146	142
2 月	106	126
3 月	133	119.5
4 月	148	140.5
5 月	160	154
6 月	120	140
7 月	156	138
8 月	137	146.5
9 月	125	131
10 月	130	127.5
11 月	170	150
12 月	200	185
合计		1700

其中，1 月平均关联债权投资 =（关联债权投资月初账面余额 + 月末账面余额）÷2

=（138 + 146）÷2

= 142

同理，按照上述公式计算 2—12 月平均关联债权投资，并得到各月平均关联债权投资之和为 1700 万元。

关联债资比例 = 年度各月平均关联债权投资之和 ÷ 年度各月平均权益投资之和

= 1700 ÷ 6650

= 0.256

五、标准债资比例

关于标准债资比例的问题，财税【2008】121 号规定，企业实际支付给关联方的利息支出，其接受关联债权性投资与其权益性投资比例如下：

- 金融企业，为 5∶1；
- 其他企业，为 2∶1。

若企业同时从事金融业务和非金融业务，其实际支付给关联方的利息支出，应按照合理方法分开计算；否则，一律按其他企业的比例计算准予税前扣除的利息支出。

六、违反资本弱化规定的后果

在计算应纳税所得额时，企业实际支付给关联方的利息支出不超过标准债资比例的部分准予扣除，超出部分的利息支出不得在发生当期和以后年度扣除，且不得结转到以后纳税年度，并应按照实际支付给各关联方利息占关联方利息总额的比例，在各关联方之间进行分配。其中，分配给实际税负高于企业的境内关联方的利息准予扣除；直接或间接实际支付给境外关联方的利息应视同分配的股息，按照股息和利息分别适用的所得税税率差补征企业所得税，如已扣缴的所得税税款多于按股息计算应征所得税税款，多出的部分不予退税。

七、豁免情况

企业关联债资比例超过标准比例的利息支出，在两种情形下仍然可以获得税前扣除。

情形一：该企业的实际税负不高于境内关联方。

案例 11-6

A 公司是境内一家非金融企业，已知企业所得税率为 20%。2009 年，A 公司盈利 2000 万元，且无累计亏损。B 公司为 A 公司的境内关联方，其企业所得税率为 25%。2009 年 B 公司盈利 1500 万元，也无累计亏损。该年 A 公司从 B 公司取得 500 万元借款，并使得关联债资比例达到了 3.78，超过税法 2:1 的标准比例。但由于 A 公司的实际税负低于境内关联方 B 公司，因此 A 公司支付给 B 公司的利息仍可税前扣除。

从实际情况来看，一般企业不会进行上述的税务安排。因为在上述情况下，虽然超过标准比例的利息支出可获得税前扣除，但因抵扣方的税率较低，而利息收入获得方的税率较高，集团整体税收负担会加重。

情形二：能够按照税法及其实施条例的有关规定提供相关资料，并证明相关交易活动符合独立交易原则。下文中我们将对此专门针对资本弱化问题的同期资料进行详细描述。

八、资本弱化同期资料

2 号文再次强调了资本弱化文档的重要性。为了保证纳税人提供完整的信息，税法详细列举了资本弱化同期资料必须具备的相关内容，具体如下所示：

- 企业偿债能力和举债能力分析；
- 企业集团举债能力及融资结构情况分析；
- 企业注册资本等权益投资的变动情况说明；
- 关联债权投资的性质、目的及取得时的市场状况；
- 关联债权投资的货币种类、金额、利率、期限及融资条件；
- 企业提供的抵押品情况及条件；
- 担保人状况及担保条件；
- 同类同期贷款的利率情况及融资条件；
- 可转换公司债券的转换条件；

• 其他能够证明符合独立交易原则的资料。

企业可通过资本弱化同期资料来证明其关联债权投资金额、利率、期限、融资条件及债资比例等均符合独立交易原则。

此外，对于现金池这样一种越来越多地被中国企业所采用的资金管理工具，随着关联债权投资定义的拓宽，现金池的操作可能很容易让企业超过2:1的标准关联债资比例，导致关联企业间利息支出不可抵扣。资本弱化资料也许可以为此提供一个可行的解决方法。在后文中，我们将结合案例针对关联债资比例计算及一些资本弱化的相关问题作出进一步的解释。

第三节 企业资本弱化问题实际操作

为了使企业更好地应对资本弱化在实际操作中可能出现的各种情况，我们将结合以下案例进行进一步的解释说明。

案例 11－7：企业资本弱化问题综合案例

A 公司 2009 年发生如下三笔借款支出：向甲银行申请 200 万元贷款，合同约定年利率为 8%，支付利息 16 万元。该笔贷款由 A 公司的境内关联企业 B 公司提供负有连带责任的贷款担保，A 公司向 B 公司支付担保费 20 万元。同时，该企业另直接向其关联企业 C 公司借款 500 万元，合同约定利率与金融企业同类同期贷款利率相同，均为 8%，支付利息 40 万元。此外，A 公司的境内母公司 C 公司通过乙银行向该企业提供委托贷款，贷款金额 1000 万元，合同约定利率为 9%，支付利息 90 万元。

为了简化计算，我们做了如下假设：

• A 公司 2009 年度的所有者权益仅在年末发生变动，其他各月保持不变，全年平均所有者权益之和为 600 万元。

• 除以上借款外，企业未发生其他借款支出。

• 以上三笔借款的期限均为 2009 年 1 月 1 日到 2009 年 12 月 31 日。

根据以上资料，现将具体计算和分析过程列示如下：

第一步，界定关联债权投资和利息支出。

根据《所得税法实施条例》和2号文的规定，A公司向甲银行取得的200万元贷款，由其关联企业B公司提供负有连带责任的贷款担保，因此属于关联债权投资。向银行支付的16万元利息以及向B公司支付的20万元担保费均属于利息支出。

关联企业C公司直接提供的500万元借款，很显然属于关联债权投资。该借款下的利息支出为40万元。

另外，该企业从乙银行获得的1000万元，是由其母公司C提供的委托贷款，所以也属于关联债权投资。该借款下的利息支出为90万元。

综上，年度关联债权投资总额 = 200 + 500 + 1000 = 1700（万元）

年度实际支付的全部关联方利息 = 16 + 20 + 40 + 90 = 166（万元）

第二步，计算关联债资比例。

关联债资比例 = 年度各月平均关联债权投资之和 ÷ 年度各月平均权益投资之和

= 1700 ÷ 600

= 2.83

该比例超过了2号文中规定的非金融企业的标准债资比例，即2∶1。

第三步，计算不得扣除利息支出。

不得扣除利息支出 = 年度实际支付的全部关联方利息 ×（1 − 标准比例 ÷ 关联债资比例）

= 166 ×（1 − 2 ÷ 2.83）

= 48.69（万元）

从理论上来讲，A公司在计算本年度应纳税所得额时，将有48.69万元的利息支出不能税前扣除。若A公司希望对此进行扣除，则应按照前文中的要求准备和提供资本弱化同期资料，以证明关联债权投资符合独立交易原则。

第十二章

一般反避税

第一节 国际税收中关于避税和反避税的概念

一、国际避税

避税是指纳税人通过对个人或企业事务的人为安排，利用税法的漏洞、特例和缺陷，规避或减轻其纳税义务的行为。避税原本是指通过合法手段减轻纳税义务的行为，但后来越来越多的国家政府否定了该行为的合法性，认为其是错用或滥用税法的行为，与避税相区别的另一个概念是税收筹划。税收筹划是通过不违法的手段对经营活动和财务活动进行安排，以遵守税法为前提，减轻税收负担。

国际避税是指跨国纳税人利用两个或两个以上国家或地区的税法和国际

税收协定的差别、漏洞、特例和缺陷，规避或减轻其纳税义务的行为。由于国际避税行为涉及两个或两个以上的国家或地区，因此国际避税比国内避税问题更为复杂，矛盾更为突出。

与国际避税相关的另一问题则是国际逃税。国际避税和国际逃税的最终结果都导致有关国家的财政收入减少、税收利益受到损失，但两者性质却并不相同，因此对国际避税与逃税的处理方法也不一样。区别国际避税和国际逃税的主要依据是判别纳税人为少缴税款而采取的手段是否具有违法性。针对国际避税，有关国家一般通过调整纳税人的收入或费用，对纳税人的应纳税所得额进行调整。对于税收法规的漏洞等问题，有关国家会对其国内税法或税收协定作修改和补充，使其不断完善，防止避税行为的再次发生。对于国际逃税，则一般是根据税收协定的规定，由有关国家依照其国内税法和有关法律、法规追缴税款、加处罚金，直至查封财产、追究刑事责任。

国际避税的基本方式包括：通过纳税人的国际转移、纳税人虚假迁移、征税对象的国际转移、征税对象的不转移以及利用避税地等进行国际避税。

1. 通过纳税人的国际转移进行避税

纳税人的国际转移，是指一个国家税收管辖权下的纳税人迁移出该国，成为另一个国家税收管辖权下的纳税人，或没有成为任何一个国家税收管辖权下的纳税人，以规避或减轻其总纳税义务的国际避税方式。如纳税人从高税率国家迁往低税率国家成为低税率国的居民。

2. 纳税人不迁移进行国际避税

纳税人为规避其纳税义务，一般会设法迁移。但有时纳税人利用有关国家税法和税收协定的漏洞和缺陷，在不迁移的条件下也可达到规避或减轻其纳税义务的目的。因为各个国家和地区关于住所或居所的法律规定、法律解释并不相同，使纳税人利用住所或居所的虚假迁移进行国际避税成为可能。

3. 通过征税对象的国际转移进行避税

征税对象的国际转移，是指一个国家税收管辖权下的征税对象转移出该国，成为另一个国家税收管辖权下的征税对象，或没有成为任何一个国家税收管辖权下的征税对象，以规避或减轻纳税人总纳税义务的国际避税方式，如通过建立免税常设机构转移应税所得。目前，许多国家的双边税收协定都对跨国纳税人常设机构的经营活动给予了大量免税待遇。这些经营活动包括货物仓储、存货管理、货物购买、广告宣传、信息提供或其他准备性、辅助性营业活动等。这样，跨国纳税人就可以将此类活动转移到有免税规定的有关国家的常设机构中去，以转移应税所得，达到避税目的。

此外，跨国企业还通过关联企业间的转让定价安排，人为转移应税所得进行避税。这也是目前跨国企业在世界范围采取的一种较为普遍的国际避税方法。如高税率国企业向其低税率国关联企业销售货物、提供劳务、转让无形资产、提供贷款时制定低价，将利润从高税率国转移到低税率国，从而降低了集团的整体税负。

4. 不转移征税对象进行国际避税

有时可以利用有关国家税法和国际税收协定的漏洞和缺陷，在不转移征税对象的情况下也可规避或减轻税收负担。例如，作为总分公司，需要就其世界范围的所得合并计算征收所得税，而作为母子公司，则就各自的所得分别计算征收所得税。因此，利用企业组织形式的变化就可在征税对象不进行国际转移的条件下规避税收。

5. 利用避税地进行国际避税

避税地，亦称“避税港”、“避税天堂”，是指国际上低税率甚至无税率的场所，即外国人可以在该地取得收入或拥有资产，而不必为此支付税金或仅需支付少量税金的地方。该场所或地方可以是一个国家，也可以是一个国家的某个地区，如港口、岛屿、沿海地区或交通方便的城市，因而也被称为“避税港”。目前，国际上共有350多个避税港，遍及75个国家和地区。其中国际上著名的避税港有巴哈马联邦、巴巴多斯、英属维尔京群岛等。跨国公司可以通过多种方式利用避税地进行避税。如选择在与总公司所在国签订有可利用的税收协定的国际避税地建立最适合于避税的常设机构。又如通过收入与费用的分配向避税地常设机构转移应税所得等。

二、国际反避税

国际避税对国际经济交往和有关国家的税收利益影响重大。如何有效防止国际避税行为的发生，无疑成为国际税收活动中的一个重要课题。因此，有关国家针对跨国纳税人的国际避税行为采取了相应的措施加以限制。国际反避税措施主要包括防止通过纳税主体国际转移、征税对象国际转移、利用避税地等方式进行避税的一般措施以及加强征收管理等措施。

1. 防止通过纳税主体国际转移进行国际避税的一般措施

对于自然人利用移居国外规避税收负担的，有的国家只承认“真正的”和“全部的”移居，该移居的纳税主体方可脱离与本国的税收征纳关系，而对“部分的”和“虚假的”移居则不予承认。如德国规定，纳税自然人虽已失去本国居民身份，但仍有经济联系的，应连续对其征收有关的所得税，视其为特殊的“非居民”。对于法人利用变更居民或公民身份规避税收负担的，各国也作出了相应的规定。有的国家对法人的国际转移给予有条件的允许。如英国规定，如果一家公司未取得同意而迁出境外，将受到两种惩罚：一是公司将继续负有在英国的纳税义务，如同根本未迁移出境一样；二是将可能受到刑法中附加条款的制裁。目前多数国家已按照“主要管理机构所在地”的原则掌握法人居民身份的改变，有的国家对“主要管理机构”的具体标准也作了较详细的规定，但由于没有统一的口径，仍有一些漏洞存在。

2. 防止通过征税对象国际转移进行国际避税的一般措施

通过征税对象国际转移进行避税主要发生在跨国关联企业之间。这些企业之间的财务收支活动、利润分配形式体现着“集团利益”的特征。因此，对于该类避税活动的限制与监管，应当遵循独立交易原则。对于不符合独立交易原则的关联交易，税务机关在征税时就可以对关联交易按照该原则进行调整，以达到防止避税的目的。

3. 防止利用避税地避税的措施

针对利用国际避税地的税收优惠进行避税的行为，一些国家在本国的税法中相应作出规定，以防止该行为的发生。其中，美国的防范措施最为复杂，也最具典型性。例如，如第十章所述，美国《国内税收法典》对外国受控企业进行了相应的规定，以防止美国企业通过向国际避税地转移利润，长期积累所得进行避税。

4. 加强征收管理

如何有效地防止或限制国际避税，需要从税收立法到征收管理整个过程的协调。近几十年来，随着各国税法的不断完善，跨国纳税人为进行国际避税，采取了更加迂回、变通的方法，使国际避税行为更加复杂，同时给国际反避税工作增加了难度。对此，许多国家加强了征收管理，制定了比较严密的税收管理制度，如纳税申报制度、会计审计制度、所得核定制度等。

第二节 国际税收协定中的反避税

一、滥用国际税收协定

所谓滥用国际税收协定（Tax Treaty Shopping），是指某个第三国的居民利用其他国家之间签订的国际税收协定获取其本不应得到的税收利益。[①] 滥用国际税收协定，主要是针对间接性收益，如股息、利息、特许权使用费及财产租赁收入等，以减轻预提所得税负担。该行为主要是通过在协定国组建中介公司来享受不应得的税收优惠待遇，如在缔约国组建各种控股公司、导管公司、信托公司等。OECD、联合国和大多数的国家都对滥用国际税收协定这一做法持否定态度。

在实践中，滥用国际税收协定的具体方式一般包括建立直接导管公司（direct conduit company）和建立踏脚石导管公司（stepping - stone conduit company）。下面，我们对该两种方法通过简单的例子加以说明。

1. 设立直接导管公司

案例 12 - 1

X 国与 Y 国之间缔结了双边税收协定，给予 X 国居民来自于 Y 国的所得以税收优惠。同时，Y 国和 Z 国之间有税收协定，给予 Y 国居民来自于 Z 国的所得以税收优惠。X 国和 Z 国之间没有税收优惠协定。在这种情况下，X 国居民 A 公司在 Y 国设立 B 公司（B 公司仅在 Y 国注册，并无实质经营活动）。B 公司从 Z 国获得所得时可以享受 Y 国与 Z 国之间税收协定给予的优惠。B 公司再把所得汇回 A 公司时，A 公司能够享受 X 国与 Y 国之间的税收协定给予的优惠。这样，A 公司就通过在 Y 国设立一家直接导管公司减轻了其在 Z 国所得税收负担。如图 12 - 1 所示。

2. 设立踏脚石导管公司

---

① 王传纶、朱青：《国际税收》，中国人民大学出版社 1997 年版，第 135 页。

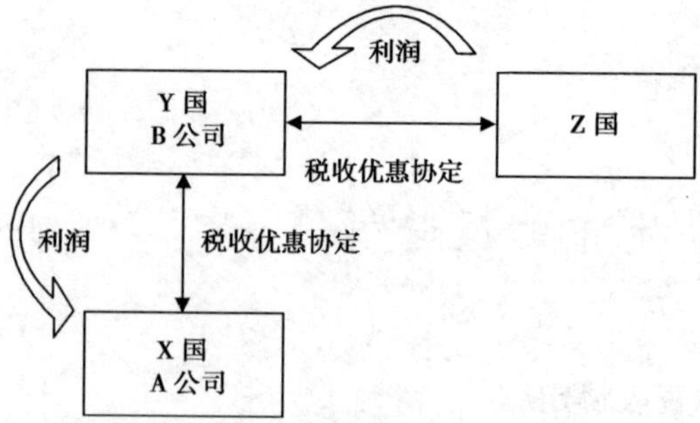

图 12－1　案例 12－1 中直接导管公司示意图

该形式与设立直接导管公司的形式相类似，但层次稍多。

案例 12－2

X 国与 Z 国之间没有税收协定或税收协定只给予有限的税收优惠，但 X 国与 W 国之间缔结有税收协定，给予 X 国居民来自于 W 国的所得以税收优惠，或者 X 国国内法给予税收优惠。W 国的税收制度对所有公司或者是某一类型的公司是优惠的。在 Y 国，向外国公司支付的费用可以作为成本扣除，而来自于 Z 国的所得可以享受 Y 国与 Z 国之间税收协定给予的优惠。在这种情况下，X 国居民 A 公司就可以在 W 国设立 B 公司（B 公司仅在 W 国注册，并无实质经营活动）。B 在 Z 国实现其利润并可享受 Y 国与 Z 国之间的税收协定给予的优惠。这样，来自于 Z 国的利润就可以在几乎没有任何成本的情况下转移到 W 国。由于这笔利润在 W 国免税或税很低，这样来自于 Z 国的所得最终可以在几乎没有任何成本的情况下返回到 X 国。如图 12－2 所示。

二、滥用国际税收协定的防范措施

鉴于滥用国际税收协定导致的危害，绝大多数国家都将滥用税收协定的行为视为一种不正当行为，一些国家已开始采取措施防范税收协定被滥用。该防范措施有多种，如单方面国内立法以防范该行为以及通过在双边税收协定中设立条文防范该行为等措施。

从国际上已签订的双边税收协定来看，涉及防范滥用税收协定的措施颇多。归纳起来，主要有以下几种：

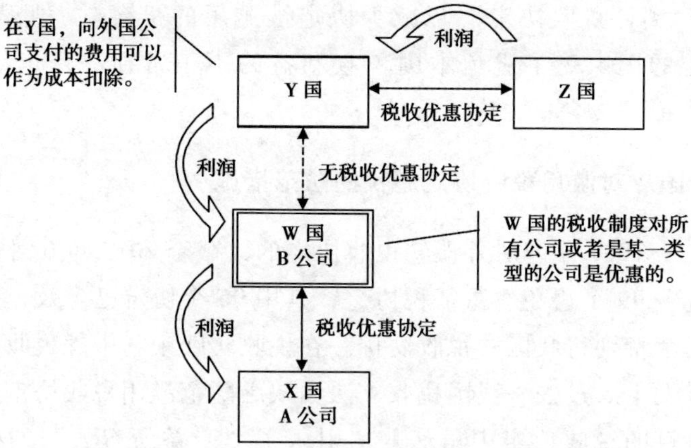

图 12－2　案例 12－2 中踏脚石导管公司示意图

1. 透视法（look through approach）

透视法，即在税收协定中明确规定协定的利益只能给予缔约国双方居民的最后、真正受益所有人。该方法较早见诸于税收协定的防范措施。通常体现在关于股息、利息、特许权使用费的规定条款中。以股息条款为例，向缔约方的居民支付股息时，只有在该笔股息的收款人是缔约方的居民，且为真正的受益所有人时，缔约方居民方可申请享受股息条款规定的税收协定待遇。

2. 渠道法（channel approach）

渠道法，即在税收协定中对缔约国任何一方居民支付给第三国居民的股息、利息、特许权使用费的途径和比例加以限定，符合限定的可享受税收协定优惠待遇，否则不得享受税收协定优惠待遇。

3. 善意法（bona fide approach）

善意法指缔约国双方税务当局有权对第三国公司在缔约任何一方进行生产经营的真实动机加以考察。双方如果认定该公司是基于获取税收协定利益为主要目的而成为缔约国一方居民的，可以经协商取消该公司的优惠并施以相应制裁。此方法对于意欲滥用税收协定者不失为一种强有力的威慑。

4. 回避法（abstinence approach）

鉴于滥用税收协定避税的最常见手法是在提供税收优惠待遇的国家或地区设立导管公司，“许多国家都尽量避免与这些被认为是避税地的国家（地区）签订税收协定”以减少协定被滥用的机会。一些与避税地订有税收协定的国家为了避免本国税收利益的不正常损失，也纷纷要求重新谈判。

三、中国应对滥用税收协定避税的防范措施

我国是从1981年起对外谈签税收协定的，截至2013年6月底，我国已对外正式签署99个避免双重征税协定，其中96个协定已生效，并签署了香港、澳门两个特别行政区的税收安排。在税收实践中，中外税收协定被滥用的现象时有发生。过去，我国税收立法尚缺乏防范滥用税收协定避税的有力措施，所签订的税收协定中虽然普遍引入了“受益所有人”的概念，但对于滥用税收协定的防范总体而言还不够全面和严密。

但近年来，国家税务总局相继发布了一系列关于税收协定执行的法规，如《国家税务总局关于执行税收协定股息条款有关问题的通知》（国税函【2009】81号）、《国家税务总局关于执行税收协定特许权使用费条款有关问题的通知》（国税函【2009】507号）、国税函【2009】601号、《国家税务总局关于税收协定有关条款执行问题的通知》（国税函【2010】46号）和《国家税务总局关于印发〈《中华人民共和国政府和新加坡共和国政府关于对所得避免双重征税和防止偷漏税的协定》及议定书条文解释〉的通知》（国税发【2010】75号）等，进一步解释、明确相关实施问题，对滥用税收协定避税行为给予了有效的遏制。

例如，在国税函【2009】507号中，国家税务总局对执行税收协定中有争议的诸多问题，如特许权使用费中的设备租金问题、转让或许可技术与提供服务的区别、限定税收协定特许权使用费条款适用范围等内容给予了明确。

又如，国家税务总局在国税函【2009】601号中，对于“受益所有人”和“导管公司”给出了如下明确定义：

“‘受益所有人’是指对所得或所得据以产生的权利或财产具有所有权和支配权的人。‘受益所有人’一般从事实质性的经营活动，可以是个人、公司或其他任何团体。代理人、导管公司等不属于‘受益所有人’。”

“‘导管公司’是指通常以逃避或减少税收、转移或累积利润等为目的而设立的公司。这类公司仅在所在国登记注册，以满足法律所要求的组织形

式，而不从事制造、经销、管理等实质性经营活动。”

该法规强调了受益所有人必须从事实质性经营活动。因此，对于某些拟享受协定优惠但仅持有投资，不从事生产、销售、服务等实际活动的控股公司而言，将构成很大的挑战。

此外，国税发【2010】75号中，国家税务总局对于税收协定中“居民”和“国民”概念辨析、境外机构劳务派遣常设机构认定等问题也做了具体规定。

这些法规的发布表明，中国对通过滥用税收协定而避税的监管将变得越来越严格。

第三节 主要国家关于一般反避税的规定概览

目前，只有少数国家在税法中明确“一般反避税条款”，其他国家更多的是通过“个别反避税条款”和司法判例来解决避税问题。

世界各国反避税的基本方法主要体现在以下三个方面：一是建立转让定价税制，以控制应税所得向境外转移；二是对避税港的反措施，以遏制资金和财产流入避税港；三是防止国际税收协定的滥用，以保护正当的税收利益。在下面的章节中，我们对世界主要国家的反避税规定进行概述。

一、美国

美国在反避税方面的防范措施规定最为复杂、典型，为许多国家所效仿。美国的反避税措施主要表现在立法和国际税务合作方面。

在一般性立法方面，美国税法明确规定了“报告公司”制度，即凡美国直接或间接控股25%以上的公司，或与美国公司有其他特殊关系的公司均为“报告公司”；报告公司有义务向美国税务机关报告经营情况、与其关联公司的往来情况及税务机关指定的其他材料。否则，税务机关就要对其在美国的关联企业罚款1万美元，并限期30天内提供上述材料，如在限期内仍不提供再加罚 1 万美元，如此连续加罚，直至提供材料为止。为了防止纳税人利用本国税法中提供的减免税进行避税，美国税法又另行规定：有关纳税人所发生的业务能否享受税收优惠，须经税务当局裁定，以加强对避税的控制。

除一般性规定外，美国对于反避税还作了特殊性规定，如对于国内公司及外国机构税收抵免、外国实体的合并和重组、所得税调整等的规定，对于外国公司常设机构、费用分摊的规定，对于避税地受控外国公司的规定，对于滥用税收协定的规定等。

在国际反避税合作方面，美国与大多数缔约国均有关于情报交换的协定。在一些税收协定中，美国还对征收过程中的一般协助作了规定。大多数协定所规定的协助，只限于防止协定未授权的个人享受免税或低税待遇。

二、英国

英国的反避税立法内容最早主要体现在 1970 年《收入及公司税务法》(Income and Corporation Taxes Act 1970）第 478 条款（针对个人避税活动）和第 482 条款（针对公司避税活动）。

在制约个人避税活动方面，由于英国的税收是根据居住地来判定，第 478 条款规定：凡是对英国境外人或实体（包括公司或信托）的所得拥有"享有权"（power to enjoy）的英国居民，应在英国就享有的国外所得纳税。在计算所得税和附加税时，这类所得被作为英国居民的所得来对待。

在制约公司避税活动方面，第 482 条款对以下主要内容作了规定：

- 针对移居出境，法规作了具体规定。根据英国的法律，公司住所是由公司实施控制和管理的地点决定的。所以，一个在英国注册的公司在税收上可能是个非居民，而一个在外国注册的公司则可能成为英国的居民。为防止企业特别是在国外从事贸易的英国公司利用居所转移来避税，第 482 条规定，一个公司若要迁移到国外去经营，必须获得英国财政部的同意。
- 针对营业的转让，英国禁止具有居民身份的法人团体将贸易或经营、部分贸易或经营转让给非居民，以防止一个拥有外国分支机构的英国公司将其外国分支机构组建成为独立的当地居民子公司进行避税。
- 针对股份的产生，英国对于由一个英国居民公司发起或允许一个受其控制的非居民子公司发行股票或债券等内容进行规定，以防止纳税人组建避税地公司。

• 针对股份的出售，英国规定居民公司向任何人转让公司拥有的股票和债券，以及发起或允许转让它在受其控制的非居民公司中拥有的或有利益所在的股票和债券时，须经财政部同意，以防止其将子公司转移到公司控制范围之外进行避税。

作为第482条款的附加规定，第485条规定英国当局有权对关联英国居民、非居民实体之间的交易按独立核算的价格征税。此外，英国还就国外的税收优惠，采用两种方式进行限制：一是对实际建立的避税地关联公司给予限制；二是英国居民必须就其在外国的未分配所得和收益以及应计入外国信托公司的所得和收益在英国缴纳所得税。

三、德国

德国的税收制度与美国、英国的税收制度差异较大，是直接税和间接税并重的税制模式。在反避税措施上，德国也有其独特的一面。德国的反避税立法，不仅适用于所得税，而且还适用于贸易税、资产净值税和继承税。德国的避税措施主要体现在以下方面：

• 针对按低于正常交易价格进行交易而造成企业所得减少的现象，税务当局可以对纳税人所得作向上调整。然而，当纳税人的交易利润减少并不源于避税目的，而是由特殊合同规定或交易性质引起时，税务当局会根据实际情况进行评估，不一定作向上调整。这表明德国在实施转让定价调整时更注重企业管理目标及具体实施中的灵活性。

• 针对移居到避税地国家和地区的德国居民，德国将其视作居民纳税人（就其全球范围内的所得纳税），以防止其利用转移居所的方式进行避税。

• 针对移居国外的实际投资者，德国对其居民身份的规定、资本利得的推算及征税作了具体规定。

• 针对居民纳税人的外国受控企业不向德国股东分配其实现的所得，且在国外未缴纳相关税款的情况，德国规定可以延期对其征缴德国所得税以达到反避税目的。

• 针对主要管理地点或法定所在地设在德国境外的家族基金[①]，德国作了具体规定，以制止德国纳税人使用避税地导管公司和家庭信托进行的避税行为。

近年来，德国加强与其他国家的国际合作，以更好地打击国际避税活动。目前，德国对外签订的税收协定已达100多个。通过与瑞士签订的税收协定有效地防止了德国的纳税人通过瑞士这个避税地而进行避税活动；通过与欧共体内部国家合作，互相交换情报、协调行为，有效地打击了国际避税活动的发生。另外，德国还与美国、英国、法国共同组成了“四国集团”，进行多边合作，促进国际情报的交流。这些举措有力地支持了德国的反避税斗争。

四、加拿大

加拿大反避税措施分为一般措施和特殊措施。

一般措施主要是针对预提所得税的规定。加拿大规定：当个人向非居民做支付时，支付者负有为加拿大预提税款的义务。预提所得税通常为向非居民支付款项的25%；如果支付款符合加拿大国际税收协定的规定，则可减为15%或15%以下。此外，非居民因在加拿大提供劳务而获得收入的，所适用税率为15%。

特殊措施主要针对纳税个人、公司实体等方面。在纳税个人的反避税方面，加拿大税法对于居住的定义、所得的定义、是否受到税收协定的约束、非居民股东的计税基础、非居民处置加拿大应税财产等作出了相应的规定与阐述。在公司实体的反避税方面，加拿大主要采取以下措施：

• 针对于加拿大公司在国外获取所得的课税，法规对抵免条件、方法、期限作了详细规定，以防止滥用外国税收抵免条款。

• 针对非居民纳税人，加拿大对管理费用税前扣除、管理费用支付所适用的预提所得税，以及居民企业向非居民企业分配股息时适用的预提所得税等问题作了相应规定和解释。

• 加拿大特别重视关联企业间的定价问题。对企业实施产业审计计划和双向检查计划，其对关联企业定价的检查较为详细，特别是针对石化、医药、电子等行业。此外，与其他国家税务机关所进行的情报交换也日益扩大。

---

① 所谓家庭基金是指基金创建人的后裔有资格拥有50%以上的基金所得或清算收益。

• 针对资本弱化现象，加拿大规定：公司债务与自有资本的比例不得超过3∶1，否则公司过度负债所支付的利息不能税前扣除。

此外，加拿大还制定了一些反利用避税港避税、反滥用税收协定等措施。在国际情报交换方面，与美国进行的情报交换正广泛地运用于对有关产业（如制药业、石油进口业和运输业）的检查之中。

五、澳大利亚

1997年《所得税评估法》第177款是澳大利亚最主要的一般反避税法规。根据第177款，任一避税行为要成立，必须满足以下条件：①纳税人存在一个“计划”（Scheme），即纳税人实行的某一行为、协定、安排等。②纳税人从该计划中获得“税收利益”（Tax Benefit）。税收利益是指纳税人因某种行为而减少其应税收入。③纳税人上述行为须发生在1981年5月27日以后，该时间范围是第177款涵盖的时间范围。纳税人符合上述基本条件时，则很可能被税务机关认为该纳税人将获取税收利益作为其从事某一计划时的单纯或主要目的，则可断定该计划已构成了避税事实。

另外，澳大利亚税务机关对于反避税的特殊措施也有详细规定。例如向关联方付款时，税务机关会考量该笔支付款项是否具有合理性。若该支付金额高于正常水平，则税务机关可以认为该笔支付不可进行抵扣。相关的条款体现在1997年澳大利亚《所得税评估法》第26—35节关于关联方支付以及第82KH—82KL条关于预付款项等章节。为了防止纳税人将非商业实质活动产生的亏损用以抵扣其他收入（如工资收入）以减少应纳税额，1997年《所得税评估法》第35部分规定该类活动引起的亏损仅可以递延抵扣未来年度类似商业实质活动（即非商业实质活动）产生的收益。此外，该法对于固定资产转让收入、个人劳务收入等方面做了具体规定，以防止纳税人的避税行为。

六、日本

日本制止避税的一般措施体现了对避税和偷税的三项原则，即实质重于形式、计算净所得和对家族公司特殊对待。

• 按照日本的实质重于形式的原则，应税所得将归属于经济收益的实际最终拥有人而非中间人，以防止一部分跨国纳税人的逃避税收的行为。

• 税法规定当公司将财产无偿转让或以很低的价格转让时，应当对该交易价格进行合理调整。该条款可用于防止关联企业之间在国际经营中的避税行为。

• 针对家族公司通过内部交易不合理地降低该公司的税收负担，税务当局可以认为家族公司的该类交易或账目无效，并可在合理的限度内重新计算应税所得。

日本制止避税的特殊措施主要针对利用预提税制、利用避税港避税、滥用税收协定避税的避税行为。日本通过采用预提税退款制度以及加强国际合作、互换情报等方式有效地控制滥用税收协定行为，防止逃税避税行为的发生。

第四节 中国一般反避税法规发展演进

为防止跨国纳税人的国际避税行为，我国自 1991 年起就在《外商投资企业所得税法》及《外商投资企业所得税法实施细则》中对关联企业间转让定价问题加以了规定，并且先后出台了国税发【1998】59 号、《国家税务总局关于进一步加强反避税工作的通知》（国税发【2004】70 号）、国税发【2004】118 号、国税发【2004】143 号、国税发【2007】363 号、国税发【2008】114 号等法规，这些法规对于规制跨国纳税人的国际避税行为起到了一定积极作用。

2008 年生效的《所得税法》中包含了很多与反避税相关的内容，如第六章特别纳税调整专门针对企业的关联业务往来，这进一步提高了转让定价立法的法律层级，增强了其权威性和约束力。针对实施不具有合理商业目的安排而减少纳税收入或所得额的企业，《所得税法》第四十七条明确了其法律后果，即税务机关有权按照合理方法进行调整。

2 号文第十章——一般反避税管理中，税务机关对与一般反避税相关的问题，如对于避税安排的形式（第十二条）、内容（第九十三条）、法律后果（第九十四条）分别作出了详细的法律规定。

中国税务机关认为避税安排的形式主要包括：滥用税收优惠、滥用税收协定、滥用公司组织形式、利用避税港避税，以及其他不具有合理商业目的安排等。在此，我们结合国家税务总局发布的另一则国内税法规定《国家税务总局关于加强白酒消费税征收管理的通知》（国税函【2009】380号）对滥用公司组织形式这一避税安排进行介绍。我国的消费税只在生产环节征收，一些企业意图利用这一规定，通过设立生产企业和贸易公司，并利用生产企业低价销售产品给销售公司的办法来达到降低消费税的目的。为了防止滥用公司组织形式进行避税的行为，税务机关对设立销售公司的生产企业制订消费税最低计税价格核定办法，以防止关联销售企业通过转移定价的手段避税。

税务机关在审核企业是否存在避税安排时，除遵循实质重于形式原则外，还会综合考虑避税安排的内容，包括安排的形式和实质、安排订立的时间和执行期间、安排实现的方式、安排各个步骤或组成部分之间的联系、安排涉及各方财务状况的变化以及安排的税收结果。

针对企业的避税安排，税务机关可以按照经济实质对其重新定性，取消企业从避税安排获得的税收利益。对于没有经济实质的企业，特别是设在避税港并导致其关联方或非关联方避税的企业，可在税收上否定该企业的存在。

除前文所述的国税函【2009】81号、国税函【2009】507号、国税函【2009】601号以及国税函【2010】46号外，国家税务总局还相继颁布了《国家税务总局关于2008年反避税工作情况的通报》（国税函【2009】106号）、国税函【2009】363号，从税收协定和一般反避税的角度对转让定价相关问题作出规定。

这些规定的颁布与实施，体现了中国反避税工作在企业所得税法及其实施条例初始实施阶段的顺利过渡，并与税收征管法及其实施细则共同形成了我国涵盖法律、法规、规范性文件各层面的反避税法律框架和管理指南。

第五节 企业转让定价筹划及并购重组中的一般反避税问题

从实践中发现，跨国企业主要通过以下手段进行避税：在跨境贸易方面，按高于或低于正常市价确定内部转让价格，以达到规避或降低纳税的目的；在服务贸易方面，通过管理费分摊以及咨询费、技术专利费的转移支付，可以达到转移利润的目的；在资本项目交易方面，企业不仅可以通过股权转让或注册空壳公司的方式，将母公司注册地变更为离岸中心等税收优惠地区，并通过关联交易将利润转移到母公司；还可以通过增加股东贷款及资本弱化的手段，尽可能多地汇出债务利息，减少税前利润。

下面，我们通过三个案例加以分析说明。

一、利用转让定价进行税收避税

在跨国交易中，许多企业利用转让定价进行税收筹划。该行为可能会导致各国税务机关对纳税企业进行转让定价调整。然而，各国税务机关在对转让定价进行调整时，一般只考虑本国的税收利益，导致重复征税，使跨国企业利益受损。

案例 12-3

案例背景：

设在马来西亚的母公司 A，从事计算机生产活动，通过设在印度的子公司 B 销售其生产的计算机。A 公司的制造成本为 500 美元，销售至 B 公司的产品售价为 600 美元。B 公司向国内终端市场销售，产品定价为 700 美元，而在销售过程中产生的销售费用为 100 美元，即 B 公司的营业利润为零。B 公司所在地的印度税务机关不能从中征到企业所得税。对此，印度税务机关认为，该跨国集团有意将利润转移到税负较轻的马来西亚（马来西亚的实际税率为 25%，印度的实际税率为 41.2%），因此将 B 公司的采购价格调整为 500 美元。但马来西亚税务机关认为，如果把转让定价调整为 500 美元（即计算机的成本价），则 A 公司的利润为 0，因此马来西亚税务机关将无法从 A 公司获得任何税收。

印度税务机关最终调整了该关联交易的转让定价，即将 B 公司的应税利润调整为每台 100 美元，并据此征收所得税。由于 A 公司在当地税务机关已按照利润 100 美元据以征税。而且，从整个公司集团角度来看，该产品的实际利润只有 100 美元，即集团整体应税利润为 100 美元。而印度和马来西亚两地税务机关都对该笔关联交易征税，即集团整体应税利润变为 200 美元，从而导致了对该笔关联交易的双重征税。按 OECD 转让定价调整原则，当印度税务机关调低转让定价 100 美元时，经协商马来西亚税务机关应调降应税利润 100 美元。但事实上，由于相关国家税务机关为了保护本国的税收利益，难以通过协商达成一致。因此，结果是关联方一国调整转让定价，而另一国并未随之作相应调整，导致双重征税最终无法消除。如图 12－3 所示。

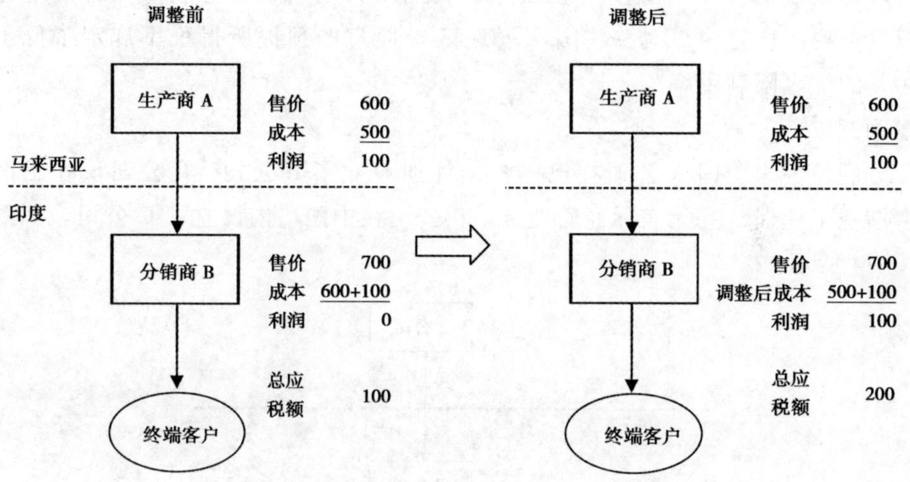

图 12－3　案例 12－3 中交易流程图

案例透析：

由此案中可以看出，转让定价制定是否合理，对有关国家合理分享征税权和企业避免双重征税有着至关重要的影响。利用合理的转让定价进行税收筹划，可以降低跨国集团的整体税收负担。但是，关联企业间进行转让定价时，不可一味地寻求税负最低化，而必须符合各国税法的合规性要求，平衡国际税负。

二、利用避税地进行避税

利用避税地（即在避税地建立控股公司，再由控股公司向外投资建立其他的公司）进行税务筹划是当前跨国企业采用的较为普遍的手法之一，例如利用税收协定享受股息红利的预提所得税优惠。

案例 12－4

法规背景：

根据我国税法规定，非居民企业在中国境内未设立机构、场所，或虽设立机构、场所但取得的所得（主要是指非居民企业从中国境内取得的股息红利等权益性投资所得、转让财产所得、利息所得、租金所得和特许权使用费所得等）是与所设机构、场所没有实际联系的来源于中国境内的所得，一般适用于10%的预提所得税税率。我国与其他国家（地区）签订的避免双重征税的协定中，对一些国家（地区）股息的预提所得税率规定了低于10%的优惠限制税率。

案例背景：

假设一家美国 A 公司在巴巴多斯注册设立了 B 公司。B 公司仅在巴巴多斯登记注册，并无实际经营业务。B 公司在中国境内设立了 C 公司。如图 12－4 所示。

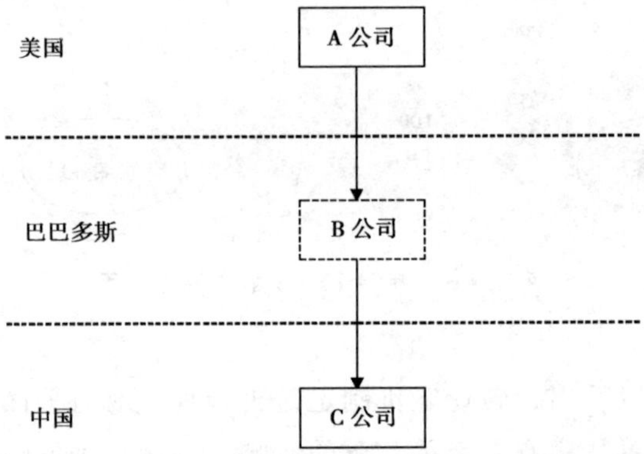

图 12－4　案例 12－4 中公司结构及交易流程图

根据中巴双边税收协定，B 公司从 C 公司获得的股息可按照 5% 的优惠税率征收预提所得税。然而，根据国税函【2009】81 号关于税收协定股息执行条款以及国税函【2009】601 号关于“受益所有人”的规定，B 公司因缺乏商业实质，不从事实质性的经营活动，将不会被认定为受益所有人。因此，B 公司从 C 公司获得的股息不能享受 5% 的税收优惠，而适用 10% 的税率。

案例透析：

对于在中国设立不具有商业实质的离岸公司享受税收优惠的现象，国税函【2009】81号进行了限制和规范。该法规规定：中国居民公司向税收协定缔约方税收居民支付股息，且该方税收居民（或股息收取人）是该股息的受益所有人，则该方税收居民取得的该项股息可享受税收协定待遇。

关于“受益所有人”和“导管公司”，国家税务总局在之后发布的国税函【2009】601号文中进行了规定（详见本章第二节第三部分）。该文指出，在判定“受益所有人”身份时，不能仅从技术层面或国内法的角度理解，还应从税收协定的目的（即避免双重征税和防止偷漏税）出发，按照实质重于形式的原则，结合具体案例的实际情况进行分析和判定。此外，以获取优惠的税收地位为主要目的的交易或安排不应构成适用税收协定股息条款优惠规定的理由，纳税人因该交易或安排而不当享受税收协定待遇的，主管税务机关有权进行调整。

因此，对于某些不具有实质经营活动、拟滥用税收协定获取本不属于其的税收优惠的空壳公司，将构成很大的挑战。随着国家一系列法规政策的出台，中国税务机关将注重对企业商业实质的调查，对于带有避税动机的税务安排的审查将更为严格。

三、企业并购重组中涉及的避税问题

为了促进企业的资产重组和产业升级，不同国家和地区都积极鼓励符合产业政策和经济发展的并购，给予了很多税收优惠政策。跨国企业可以利用亏损递延条款、允许企业集团统一纳税、减免并购产生的税费等优惠政策进行避税。西方发达国家如美国、英国、德国针对企业并购重组设立了一些反避税措施，如对免税重组和亏损结转弥补的严格限制（美国《国内税收法典》）、对重组后的公司利用原公司的经营亏损设定了限制条件（德国《重组税收法案》）。在过去，我国企业并购重组税制的反避税措施相对薄弱。但近年来，我国出台了一系列法规，如《关于企业重组业务企业所得税处理若干问题的通知》（财税【2009】59号）、国税函【2009】698号分别对企业重组清算的所得税纳税、间接转让中国居民企业股权等问题作出说明，以防止规避中国所得税义务行为的发生。

案例 12－5

案例背景：

设立于美国的集团公司（“美国集团”），于中国境外设立一家的全资中间控股公司（“境外中间控股公司”）。该境外中间控股公司通过中国香港全资子公司（“香港公司”）持有中国公司（“中国公司”）49%股权。境外中间控股公司和中国香港公司无经营实质。2010年年初，美国集团将对中国香港公司持有的100%股权转让给一家美国公司（“美国受让公司”）。从而，美国受让公司也获得持有中国公司100%股权。如图12－5所示。

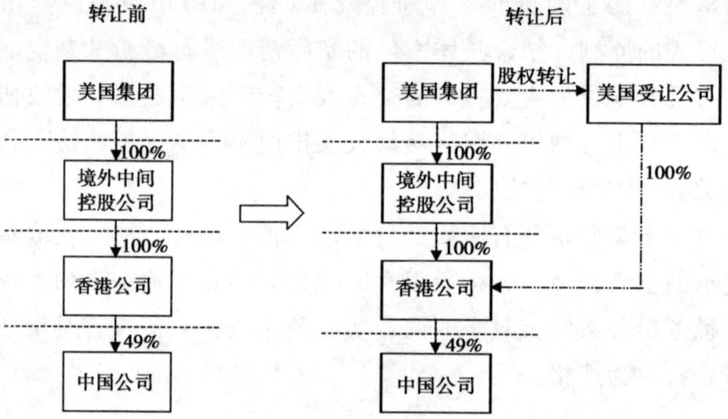

图 12－5　案例 12－5 中公司结构及交易流程图

转让交易发生后，中国公司当地税务机关获得相关信息，初步得出中国公司外方通过境外股权转让的方式间接转让中国公司的推测，从而开始采集交易信息。该集团表示该股权转让购买方、交易均在境外，在中国不负有纳税义务。当地税务机关一方面从集团公司提交的股权转让协议等相关交易资料，另一方面从美国受让公司的母公司网站获悉该美国受让公司集团已完成了对中国公司49%股权的收购。新闻稿件详尽介绍了中国公司的相关情况，却未提及中国香港公司，间接证明该公司购买中国香港公司仅仅是形式，而交易的实质是为了购买中国公司49%的股份。税务机关通过对购买协议及相关资料的深入分析、相互印证，逐渐理清了香港公司“无雇员，无其他资产、负债，无其他投资，无其他经营业务”的经济实质。根据国税函【2009】698号文的指导性原则，即按照经济实质对股权转让交易重新定性，否定被用作税收安排的境外控股公司的存在。因此，该股权转让应在中国予以征税。

案例透析：

国税函【2009】698号文的发布，显示了中国税务机关已决心遏制外国投资者通过转让特殊目的公司来间接转让中国境内公司股权，从而逃避中国税收的行为，也使得对间接股权转让行为征税有了政策依据。

同时，结合案例12－2和案例12－3，我们可以发现在现行法规背景下，中国税务机关将注重调查企业的商业实质，以打击利用税务协定进行逃税的行为。非居民企业通过设立不具有合理商业目的和商业实质的中间实体，将难以规避企业所得税纳税义务。因此，跨国企业在进行转让定价筹划和企业重组时将需从实质重于形式原则出发，以遵循法律法规。

第十三章

转让定价在税务实践中的应用

第一节 对外支付

跨国企业在中国投资时，通常会考虑资金的遣返，即如何实现中国境内企业的对外支付。对外支付也因此成为税务筹划的一个重要课题。根据中国的外汇管制制度，在对外付汇的实务中，外资企业日常经营涉及的经常项目主要有两大类：①通过贸易账户项目下的产品购销；②通过非贸易账户项目，主要包括服务费、特许权使用费、总部费用分摊、利息、租金、股息红利等。其中，非贸易账户项目的对外付汇尤其受到国内机关，如银行、税务局、外汇管理局等的关注，相应的法律规定也较为严格。

在上述各类非贸易账户项目对外支付中，服务费、特许权使用费和股息是常见的几种交易形式。在税务筹划和实施的过程中，转让定价方面的考虑也是极为重要的一环。如果对外支付没有合理的转让定价政策支持，国内企业可能会受到税务当局质疑从而面临转让定价调查风险。

下文针对企业在服务费、特许权使用费和股息的对外支付过程中需要考虑的主要问题，包括相关的税负、转让定价考虑、对外付汇程序等，进行阐述和分析。

一、服务费

1. 服务费税负

作为对外支付中最常见的方式之一，国家税务总局始终致力于相关税收的征收管理工作。相关的税负主要包括营业税、增值税和企业所得税。

（1）营业税税负

企业对外支付服务费势必会涉及流转税。2009 年年初，新营业税法规及其实施细则的颁布实施增加了服务费对外支付的税收负担。新营业税法规遵循“属地原则”和“属人原则”并重，即当服务在境内发生时该服务费需要缴纳营业税，同时，只要提供或者接受劳务的单位或者个人位于中国境内，该服务收入就需要缴纳营业税。

2011 年 11 月 16 日，国家税务总局和财政部共同印发《营业税改征增值税试点方案》（财税【2011】110 号）和关于《在上海市开展交通运输业和部分现代服务业营业税改征增值税试点》（财税【2011】111 号）。营业税改增值税以上海市为试点，自 2012 年 1 月 1 日起施行，涉及的行业为交通运输业和部分现代服务业。交通运输业所指的应税服务包括：（1）陆路运输服务；（2）水路运输服务；（3）航空运输服务；（4）管道运输服务。部分现代服务业所指的应税服务包括：（1）研发和技术服务；（2）信息技术服务；（3）文化创意服务；（4）物流辅助服务；（5）有形动产租赁服务；（6）鉴证咨询服务。2012 年 7 月 31 日，财政部和国家税务总局联合发布《关于在北京等 8 省市开展交通运输业和部分现代服务业营业税改征增值税试点的通知》（财税【2012】71 号），将交通运输业和部分现代服务业营业税改征增值税试点范围由上海市分批扩大至北京市、天津市、江苏省、安徽省、浙江省（含宁波市）、福建省（含厦门市）、湖北省、广东省（含深圳市）8 个省市。北京市于 2012 年 9 月 1 日开始施行，江苏省和安徽省于 2012 年 10 月 1 日开始施行，福建省和广东省于 2012 年 11 月 1 日开始施行，天津市、浙江省和湖北省于2012年12月1日开始施行。2013年5月24日，财政部和国家税务总局联合发布《关于在全国开展交通运输业和部分现代服务业营业税改征增值税试点税收政策的通知》（财税【2013】37号），明确了自2013年8月1日起在全国范围内开展营业税改增值税试点的政策法规。财税【2013】37号文新增广播影视服务业为增值税应税服务，将试点范围内的部分现代服务业由原先的6类增加为7类。随着财税【2013】37号文的发布，上述有关营业税改增值税的规范性文件废止。该阶段试点完成后，其余尚未纳入试点范围的行业，如邮政通信业、建筑和房地产业、金融服务和保险业、娱乐业以及其他行业也将陆续开始施行营改增试点。上述行业的营改增工作预计将在2015年前启动。因此，对于目前尚未在营改增范围内的服务，企业仍需缴纳营业税。

（2）增值税税负

如上文所述，在现行营业税和增值税双税制并行下，交通运输业和部分现代服务业属于增值税的应税范围。因此，对于营业税改增值税试点范围内的服务，企业需缴纳增值税。

从对外支付的角度来讲，营业税改增值税能为企业减轻税负。境内支付方在对外支付服务费时代扣代缴的营业税只能成为集团的交易成本，不能进行任何抵扣；而在增值税情况下，如果境内支付方是一般增值税纳税人，其在对外支付服务费时代扣代缴的增值税可以作为进项税进行抵扣。

（3）企业所得税税负

企业对外支付服务费可能还涉及企业所得税的问题。2010年2月20日国家税务总局颁布了《非居民企业所得税核定征收管理办法》（国税发【2010】19号），明确了有关对外支付的服务费之企业所得税处理问题，该文阐明了如何确定在中国境内设立机构、场所的非居民企业的应纳税所得额。先从企业所得税的纳税义务来看，根据规定，非居民企业对其在中国境内提供的服务需要缴纳企业所得税，即其在境外提供的服务无需在中国缴纳企业所得税。当服务部分或全部在中国境内提供时，如果非居民企业所在国家与中国之间尚未签订避免双重征税的税收协定，那么需要就其在境内提供的服务缴纳企业所得税。若存在税收协定，那么一般而言只有当非居民企业在中国构成常设机构时才需就其境内服务部分缴纳企业所得税。我们可以通过图13－1更简洁地说明企业所得税的纳税义务。

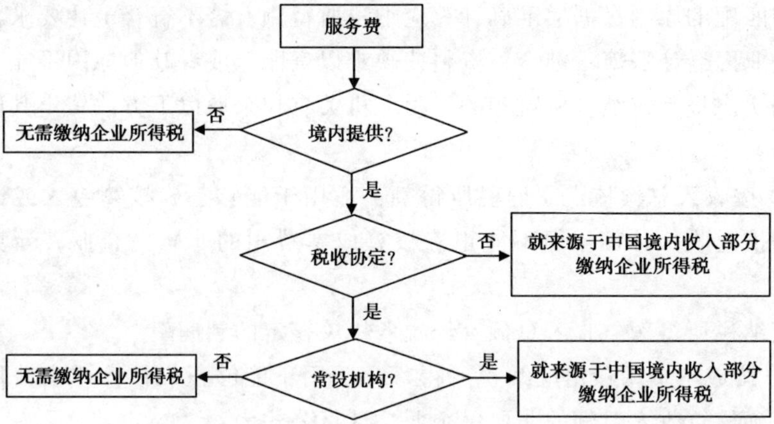

图 13－1　服务费涉及的企业所得税纳税义务

在国税发【2010】19号颁布之前的大多数案例中，针对有企业所得税纳税义务需要计算境内外服务比例的企业，中国税务机关依据《国家税务总局关于从事咨询业务的外商投资企业和外国企业税务处理问题的通知》(国税发【2000】82号）进行境内外服务比例的划分。该文规定对于境外咨询企业单独为中国客户提供咨询服务，同时发生在境内外的，其划分为中国境内的业务收入不应低于总收入的60%——即便其实际在境内提供的服务可能低于该比例。而国税发【2010】19号并未提及类似强制性的划分比例。依据国税发【2010】19号，现在非居民企业可以基于其就境内外服务的划分比例据实申报企业所得税应纳税所得额。但是，该文同时指出：税务机关若对其境内外收入划分的合理性和真实性有疑义的，可以要求非居民企业提供真实有效的证明，并根据工作量、工作时间、成本费用等因素合理划分其境内外收入。如非居民企业不能提供真实有效的证明，税务机关可视同其提供的服务全部发生在中国境内，确定其劳务收入并据以征收企业所得税。

（3）应纳税所得额的确定

国税发【2010】19号对收取服务费且具有企业所得税纳税义务的非居民企业提供了两种计算应纳税所得额的方法，即据实申报法与核定利润法。文中规定，选择据实计算申报应纳税所得额的非居民企业必须符合两个要求：①建立准确完整的会计账簿；②按照境内机构实际履行的功能与承担的风险相匹配的原则，据实准确计算应纳税所得额。若不符合上述要求，如非居民企业因会计账簿不健全，资料残缺难以查账，或者其他原因不能准确计算并据实申报其应纳税所得额的，税务机关有权采取以下方法核定其应纳税所得额：

• 按收入总额核定应纳税所得额：适用于能够正确核算收入或通过合理方法推定收入总额，但不能正确核算成本费用的非居民企业，计算公式为：

应纳税所得额 = 收入总额 × 经税务机关核定的利润率

• 按成本费用核定应纳税所得额：适用于能够正确核算成本费用，但不能正确核算收入总额的非居民企业，计算公式为：

应纳税所得额 = 成本费用总额 ÷（1 - 经税务机关核定的利润率）× 经税务机关核定的利润率

• 按经费支出换算收入核定应纳税所得额：适用于能够正确核算经费支出总额，但不能正确核算收入总额和成本费用的非居民企业，计算公式为：

应纳税所得额 = 经费支出总额 ÷（1 - 经税务机关核定的利润率 - 营业税税率）× 经税务机关核定的利润率

在核定利润法下，国税发【2010】19 号针对非居民企业提供的不同服务类型设定了标准核定利润率范围：

• 从事承包工程作业、设计和咨询劳务的，利润率为 15%—30%；

• 从事管理服务的，利润率为 30%—50%；

• 从事其他劳务或劳务以外经营活动的，利润率不低于 15%。

国税发【2010】19 号还规定各省、自治区、直辖市和计划单列市国家税务局和地方税务局可按照上述核定利润率范围决定核定利润率。更为重要的是，税务机关有根据认为非居民企业的实际利润率明显高于上述标准的，可以按照比上述标准更高的利润率核定其应纳税所得额。

2. 转让定价考虑

对外支付的筹划中，企业在向税务局申报时，税务局不仅会关心上述营业税与企业所得税问题，还会从转让定价的角度对该服务交易进行严格的考察。一般而言，税务当局会关心以下问题：

• 相关劳务是否真实提供；

- 该服务是否为国内企业带来经济及商业价值；
- 提供服务的性质；
- 在可比条件下，独立企业是否愿为该服务支付费用；
- 依据独立交易定价原则，关联企业间从税收角度该确认多少服务费，如果使用成本加成方法，相关的成本和加成率如何确定。

与之相呼应地，企业需要在合同的准备、服务内容的界定、转让定价方法的确定等各方面做好应对措施。例如，根据《所得税法》，中国居民企业向关联方支付的管理费不能税前扣除。在实际操作中，一些税务局官员可能将总部分摊的服务费或含有“管理”内容的服务费与管理费相关联，从而不允许整笔服务费在税前扣除。再如，对于企业确立的服务相关的成本计算，在实务操作中税务局可能会要求企业提供一份专项审计报告以证明其准确性。而为证明企业在关联交易中使用了合理的加成率，可能需要准备相应的可比性分析。服务费的定价方法可参考第四章中的相关描述，即依据服务交易选择适当的转让定价方法。

此外，亏损企业的服务费支付更需要审慎考虑。即使对外付汇成功，企业仍可能面临日后的转让定价调查。此时，企业可能需要准备相关转让定价报告来分析服务交易的功能、风险状况，并进行基准定位分析以证明所使用的转让定价方法的合理性。

3. 对外付汇程序

2013 年 7 月 9 日，国家税务总局和国家外汇管理局联合发布了国家税务总局、国家外汇管理局公告【2013】40 号（以下简称“40 号公告”），旨在便利服务贸易项目的对外付汇程序。在简化的对外付汇程序下，企业无需取得《税务证明》即可对外付汇。因此，境内支付方可以选择在对外支付之前或之后申报纳税。

对外付汇时需要提供的资料有付汇申请书、劳务合同或协议、对外支付税务备案表、发票或支付通知以及外汇指定银行要求提供的其他资料。境内机构和个人向境外单笔支付等值 5 万美元以上（不含等值 5 万美元）的服务贸易项下的外汇资金时，需要到主管税务机关进行备案。境内机构和个人向境外单笔支付等值 5 万美元以下的服务贸易项下的外汇资金时，无需备案，可以在支付完毕后再办理相关的税务申报。

境内机构和个人在办理对外支付税务备案时，应向主管税务机关提交加盖公章的合同（协议）或相关交易凭证复印件（外文文本应同时附送中文译本），并填报《服务贸易等项目对外支付税务备案表》。同一笔合同需要多次对外支付的，备案人须在每次付汇前办理税务备案手续，但只需在首次付汇备案时提交合同（协议）或相关交易凭证复印件。主管税务机关收到以上文件并确认资料齐全完整，就应当场在备案表上盖章。

与原先的流程不同，税务机关无需当场审查文件，进行税收核定。境内支付方可持盖章后的备案表和相关外汇法规规定的其他材料至指定银行完成对外支付。值得注意的是，简化对外付汇程序并不意味着放宽对这一领域的税收管理，相反，中国税务机关仍将继续严格审核对外付汇。根据40号公告的规定，主管税务机关在收到备案表后的15个工作日内将对备案人提交的材料进行详细审查，并可能会要求其进一步提供相关信息。因此，在新的机制下，税务机关只是把由审批、核准工作为主的事前管理转变为监管、审查为主的事后管理。在简化机制下，境内支付方可能面临更大的挑战，如对外支付后产生的额外税负由谁来承担，税收协定优惠待遇在对外支付后无法得到批准的风险由谁来承担等。鉴于40号公告刚刚出台，在实际操作层面仍需以各地税务机关规定的流程为准，因而建议境内支付方和境外收款方与主管税务机关事先沟通，以了解他们对税收核定的看法。在可能的情况下，先履行境内的纳税义务，再进行对外支付，以避免事后的争议。

二、特许权使用费

1. 特许权使用费的税负

与特许权使用费相关的税负也是营业税与企业所得税。为明确在国际税收协定与税收安排中特许权使用费的适用范围，国税函【2009】507号与国税函【2010】46号进一步明确了与特许权使用费有关的一系列执行问题。其中较为关键的是：其一，特许权使用费适用范围的界定；其二，专有技术转让或许可使用过程中涉及服务时，相应服务费的税务处理。

（1）特许权使用费适用范围

国税函【2009】507号对特许权使用费的适用范围与OECD的相关条款正逐渐趋同，但在某些方面则站在更为宽容的立场。

我国对于特许权使用费较为宽泛的概念界定中包括使用工业、商业、科学设备收取的款项、专有技术（即有关工业、商业或科学经验的情报）的许可使用费，但不包括使用不动产所得。

其中，国税函【2009】507号明确专有技术一般是指进行某项产品的生产或工序复制所必需的、未曾公开的、具有专有技术性质的信息或资料。具体而言，专有技术有关的特许权使用费情形是指技术许可方同意将其未公开之技术许可给另一方，使另一方能自由使用，技术许可方通常不亲自参与技术受让方对被许可技术的具体实施，并且不保证实施的结果。与此同时，国税函【2009】507号指出除了已经存在的专有技术外，应技术受让方的需求而研发后许可使用，并在合同中列有保密等使用限制的技术，也属于可适用于特许权使用费条款的范围。

（2）与服务费的区别

国税函【2009】507号针对企税双方经常产生争议的技术服务的界定作出了明确阐述。服务提供中涉及专有知识和技术的，应分情况考虑相关所得是否属于特许权使用费：

• 在服务合同中，若服务提供方（非居民企业）提供服务过程中使用了某些专门知识和技术，但并不转让或许可这些技术，则相应服务费不属于特许权使用费范围。

• 若服务提供方提供服务形成的成果属于特许权使用费定义范围，且服务提供方仍保有该项成果的所有权，服务接受方对此成果仅有使用权，则相应服务费适用特许权使用费条款之规定。

对于专有技术的转让或许可使用权过程中涉及技术提供方派遣人员为该项技术的使用提供有关支持、指导等服务并收取服务费的情况，国税函【2009】507号以及补充的国税函【2010】46号对此类服务费如何进行纳税也作出了明确规定，指出应区分下述两种情况考量服务所得的性质：

• 若上述人员的服务未构成常设机构，则服务收入无论是单独收取还是包括在技术价款中，均应视为特许权使用费，适用税收协定特许权使用费条款的规定。

• 若上述人员的服务已构成常设机构，则对归属于常设机构部分的服务收入应执行协定第七条营业利润条款的规定，对提供服务的人员执行协定非独立个人劳务条款的相关规定。若纳税人不能准确计算应归属常设机构的营业利润，则税务机关可根据税收协定常设机构利润归属原则予以确定。

除了上述规定以外，国税函【2009】507号亦专门列举了下述四类不属于特许权使用费的款项或报酬：

- 单纯货物贸易项下作为售后服务的报酬；
- 产品保证期内卖方为买方提供服务所取得的报酬；
- 专门从事工程、管理、咨询等专业服务的机构或个人提供的相关服务所取得的款项；
- 国家税务总局规定的其他类似报酬。

通常而论，上述所得应作为劳务所得，适用营业利润条款之规定。

(3) 税务处理

国内企业对外支付特许权使用费，国外企业的相关税负包括营业税和预提所得税。

其中，营业税税率为5%。此外，根据《财政部、国家税务总局关于贯彻落实〈中共中央、国务院关于加强技术创新，发展高科技，实现产业化的决定〉有关税收问题的通知》（财税字【1999】273号），“对单位和个人（包括外商投资企业、外商投资设立的研究开发中心、外国企业和外籍个人）从事技术转让、技术开发业务和与之相关的技术咨询、技术服务业务取得的收入，免征营业税。”且与技术转让（开发）相关的技术咨询以及技术服务业务的价款和技术转让（开发）的价款是开在一张发票上的。另根据《国家税务总局关于明确外国企业和外籍个人技术转让收入免征营业税范围问题的通知》（国税发【2000】166号），技术合同中的商标使用费或类似性质的收入，不属于上述财税字【1999】273号规定的免征营业税范围。

预提所得税税率为10%。针对签订税收协定的国家和区域，在取得税务局批准的情况下，可以按照税收协定中的其他优惠税率征收预提所得税，例如与香港的税收安排中规定，税率可降为7%。

此外根据《中华人民共和国海关审定进出口货物完税价格办法》（海关总署第148号令），“以成交价格为基础审查确定进口货物的完税价格时，未包括在该货物实付、应付价格中的下列费用或者价值应当计入完税价格。”如果进口货物符合下列条件之一，该特许权使用费还将征收关税和进口增值税。

- 含有专利或者专有技术的；
- 用专利方法或者专有技术生产的；

- 为实施专利或者专有技术而专门设计或者制造的。

2. 转让定价考虑

针对于特许权使用费，主要的转让定价考虑是如何向税务局证明其特许权使用费费率的合理性。如本书第四章所述，企业可以考虑使用可比非受控价格法或交易净利润法加以评估和证明。

在可比非受控价格法下，选择以交易为基础进行可比性分析。在具体操作上，通过使用数据库搜索可比交易合同（特许权使用费合同），并比较可比合同的四分位区间和企业采用的费率来确定其是否符合独立交易原则。合同选择的范围通常基于全球范围。这种方法较为直观，而其弊端在于：

- 数据库中可能没有足够的可比交易合同；
- 由于中国税务当局较少使用类似特许权使用费数据库，主管税务局可能对用于特许权使用费搜索的数据库提出异议；
- 主管税务局将仍然关注特许权使用费支付之后遗留在中国的利润率。

使用交易净利润法则是以企业利润为基础进行可比性分析，测试企业支付特许权使用费之后的整体利润率。例如，国内某集成电路生产企业A向其母公司就其提供给A使用的核心生产技术支付特许权使用费，计算方法为A获取第三方收入的3%。在论证其特许权使用费定价符合独立交易原则时，使用数据库搜索从事集成电路生产业务的中国和亚太可比公司，并发现可比企业的合理利润区间为3%—8%，中位数5%。假设A公司的第三方销售业务中除了该特许权使用费之外无其他关联交易，同时该第三方销售业务在支付特许权使用费后的利润率为6%，位于上述区间之内，那么企业可以间接证明其对特许权使用费的转让定价是合理的。可见这是一种间接证明的方法，其局限性在于：从理论上讲，即使被测试方的利润水平高于可比公司的利润区间，也很难轻易判定特许权使用费符合独立交易原则，尤其是在当被测试方还参与其他关联交易的情况下。在实务中使用这一方法的好处在于强调企业的整体利润水平，这与大多数税务局的关注点较为一致。例如，同样情况下，A企业的第三方业务在支付特许权使用费后的利润为2%，或者是亏损，那么得出的结论可能是其特许权使用费定价不合理。在转让定价调查实务中，的确有类似的案例，即某些税局要求企业在特许权使用费支付后仍保留合理的利润。

值得欣喜的是，国家税务总局对特许权使用费正采取更为开明的方式。

国税函【2009】507号提出："技术许可方通常不亲自参与技术受让方对被许可技术的具体实施，并且不保证实施的结果。"上述规定表明国家税务总局在严查企业利用转让定价方式（如特许权使用费支付）转移利润的同时，也对企业可能出于合理商业目的接受技术许可并发生亏损的情况表示认可。专有技术许可方不能保证该专有技术必定能使技术受让企业获得经济利益，企业在接受专有技术后，往往可能会因多种因素的影响而出现亏损。

3. 对外付汇程序

特许权使用费需要向商务部进行合同登记。特许权使用费在进行付汇时与服务费在基本程序上是一致的，5万美元以上的需要先行备案。对外付汇时需要提供的资料有付汇申请书、转让/许可合同或协议、对外支付税务备案表、合同登记的批复和登记证书、发票或支付通知以及其他要求提供的资料。与原来的流程相比，省去了企业提供《税务证明》的步骤，转而替换成备案。其余与40号文规定的服务费程序保持一致。

三、股息

1. 股息的税负

（1）股息支付的前提条件

股息红利支付前需要确定是否具备其支付的前提条件，主要有：

- 注册资本金足额到位；
- 企业弥补以前年度亏损后仍有盈余；
- 法定准备金已经提取；
- 相关所得税已经缴纳；
- 将以前年度股息红利汇出时，一般还需要相关年度的审计报告。

（2）股息的税负

《所得税法》第二十六条的规定，"符合条件的居民企业之间的股息、红利等权益性投资收益"以及"在中国境内设立机构、场所的非居民企业从居民企业取得与该机构、场所有实际联系的股息、红利等权益性投资收益"为免税收入。又根据《国家税务总局关于境外注册中资控股企业依据实际管理机构标准认定为居民企业有关问题的通知》（国税发【2009】82号）的相关规定，经国家税务总局确认的非境内注册居民企业从中国境内其他居民企业取得的股息、红利等权益性投资收益，也可以按照《所得税法》第二十六条的上述规定作为免税收入。但该作为免税收入的权益性投资收益不包括连续持有居民企业公开发行并上市流通的股票不足12个月取得的投资收益。

非居民企业从居民企业分得的股息红利等权益性投资收益，根据《所得税法实施条例》第七条第四款的规定，必须按照分配所得的企业所在地确定。属于来源于中国境内的所得，应当征收预提所得税，税率为10%（具体按税收协定或安排而定）。因股息红利所得为税后利润，实际税率为32.5%（100%×25%+75%×10%）。

（3）纳税义务发生时间

纳税义务发生时间为被投资方作出利润分配决定的日期，此处需关注“支付”及“到期应支付”的概念。根据《所得税法》的规定，企业履行代扣代缴股息所得税义务并不仅限于实际支付时。对于有些企业虽然并未实际汇出股息，但按照权责发生制原则应当计入相关项目的应付股息部分，即使未实际支付也应在实际计入某一项目时代扣代缴所得税，而且在此处的支付不仅仅包括对外实际以外汇支付的方式，同时也包括权益的兑换支付。

（4）优惠税率的使用

与特许权使用费类似，在取得税务局批准的情况下，可以按照税收协定中的其他优惠税率缴纳企业所得税。例如，与新加坡的税收协定中规定，如果股息受益所有人是缔约国另一方居民，则所征税款：

- 在受益所有人是公司（合伙企业除外），并直接拥有支付股息公司至少25%资本的情况下，不应超过股息总额的5%；
- 在其他情况下，不应超过股息总额的10%。

2009年2月22日，国家税务总局颁布了国税函【2009】81号，明确了中国与其他国家（地区）签订的税收协定中，有关股息预提所得税待遇的执行问题。其中：

“二、按照税收协定股息条款规定，中国居民公司向税收协定缔约对方税收居民支付股息，且该对方税收居民（或股息收取人）是该股息的受益所有人，则该对方税收居民取得的该项股息可享受税收协定待遇，即按税收协定规定的税率计算其在中国应缴纳的所得税。如果税收协定规定的税率高于中国国内税收法律规定的税率，则纳税人仍可按中国国内税收法律规定纳税。

纳税人需要享受上款规定的税收协定待遇的，应同时符合以下条件：

- 可享受税收协定待遇的纳税人应是税收协定缔约对方税收居民；
- 可享受税收协定待遇的纳税人应是相关股息的受益所有人；
- 可享受税收协定待遇的股息应是按照中国国内税收法律规定确定的股息、红利等权益性投资收益；
- 国家税务总局规定的其他条件。

三、根据有关税收协定股息条款规定，凡税收协定缔约对方税收居民直接拥有支付股息的中国居民公司一定比例以上资本（一般为25%或10%）的，该对方税收居民取得的股息可按税收协定规定税率征税。该对方税收居民需要享受该税收协定待遇的，应同时符合以下条件：

- 取得股息的该对方税收居民根据税收协定规定应限于公司；
- 在该中国居民公司的全部所有者权益和有表决权股份中，该对方税收居民直接拥有的比例均符合规定比例；
- 该对方税收居民直接拥有该中国居民公司的资本比例，在取得股息前连续12个月以内任何时候均符合税收协定规定的比例。"

同时，国税函【2009】81号第五款对股息收取人或扣缴义务人提出了较为繁重的资料要求，且如果股息收取人进行以获取优惠的税收地位为主要目的的交易或安排，该文第四款则赋予了中国内地主管税务机关作出特别调整的权利（例如不理会交易的法律形式，拒绝给予其优惠待遇）。

（5）特殊类型的股息对外支付

对于比较特殊的几种对外支付股息情况，国家税务总局也相继出台了相关文件予以明确，这些特殊情况主要有以下几种：

第一，向境外H股非居民企业分配股息。按照2008年11月6日发布的《国家税务总局关于中国居民企业向境外H股非居民企业股东派发股息代扣代缴企业所得税有关问题的通知》（国税函【2008】897号）规定，中国居民企业向境外H股非居民企业股东派发2008年及以后年度股息时，统一按10%的税率代扣代缴企业所得税。非居民企业股东在获得股息之后，可以自行或通过委托代理人或代扣代缴义务人，向主管税务机关提出享受税收协定（安排）待遇的申请，提供证明自己为符合税收协定（安排）规定的实际受益所有人的资料。主管税务机关审核无误后，应就已征税款和根据税收协定（安排）规定税率计算的应纳税款的差额予以退税。

第二，向合格的境外机构投资者（QFII）支付股息。按照2009年1月23日发布的《国家税务总局关于中国居民企业向QFII支付股息、红利、利息代扣代缴企业所得税有关问题的通知》（国税函【2009】47号）规定，QFII取得来源于中国境内的股息、红利，应当按照《企业所得税法》规定缴纳10%的企业所得税，由派发股息、红利的企业代扣代缴。QFII取得股息、红利，需要享受税收协定（安排）待遇的，可向主管税务机关提出申请，主管税务机关审核无误后按照税收协定的规定执行。涉及退税的，应及时予以办理。

第三，向海外B股分配股息。按照2009年7月24日发布的《国家税务总局关于非居民企业取得B股等股票股息征收企业所得税问题的批复》（国税函【2009】394号）规定，在中国境内外公开发行、上市股票（A股、B股和海外股）的中国居民企业，在向非居民企业股东派发2008年及以后年度股息时，应统一按10%的税率代扣代缴企业所得税。非居民企业股东需要享受税收协定待遇的，依照执行税收协定的有关规定办理。

第四，2008年以后分配2008以前年度的利润。根据《中华人民共和国外商投资企业所得税法》第十九条："外国投资者从外商投资企业取得的利润，免征所得税"；之后，2008年施行的《所得税法》已取消该规定。针对在2008年1月1日之前外商投资企业形成的累积未分配利润，在2008年以后分配给外国投资者的，根据《财政部、国家税务总局关于企业所得税若干优惠政策的通知》（财税【2008】1号）可以免征预提所得税，"2008年及以后年度外商投资企业新增利润分配给外国投资者的，依法缴纳预提所得税。"

2. 对外支付程序

在对外支付股息、红利前，必须向外汇指定银行提供并经审核合格的材料有：书面申请，外商投资企业外汇登记证，董事会利润或股息分配的决议书，对外支付税务备案表及税务申报单或税务主管部门出具的减免税证明文件，由会计师事务所出具的本年度利润或股息、红利情况的审计报告，会计师事务所提供的验资报告，外汇局或付汇指定银行要求提供的其他材料。外商投资企业或境外发行股票企业需将以前年度利润或股息、红利汇出境外的，除提供上款所述材料外，还需委托会计师事务所对其利润或股息、红利发生年度的资金情况进行审计，并向银行出具审计报告。

第二节 高新技术企业

由于企业所得税改革之后，取消了先前的许多税收优惠，与高新技术企业相关的税收优惠成为保留的为数不多的优惠政策之一。因而，高新技术企业申请也成为目前使用较多的税收筹划方法。

由于高新技术企业需要拥有核心技术，因此企业在获得高新技术企业资格前如何获得相关的无形资产、企业在申请高新技术企业后其功能和利润如何匹配等转让定价问题也需要企业在税务筹划过程中予以考虑和解决。

一、高新技术企业的界定标准

在众多企业考虑申请或延续高新技术企业身份的同时，国家对高新技术企业认定的要求也更加严格了。根据2008年4月科技部、财政部与国家税务总局联合发布的《高新技术企业认定管理办法》（国科发火【2008】172号）第二条规定，高新技术企业是指在国家重点支持的高新技术领域内，持续进行研究开发与技术成果转化，形成企业核心自主知识产权，并以此为基础开展经营活动，在中国境内（不包括港、澳、台地区）注册一年以上的居民企业。申请高新技术企业，需要满足诸多要求。依据国科发火【2008】172号的第十条规定，需要同时满足六个条件：

• 在中国境内（不含港、澳、台地区）注册的企业，近三年内通过自主研发、受让、受赠、并购等方式，或通过五年以上的独占许可方式，对其主要产品（服务）的核心技术拥有自主知识产权。

• 产品（服务）属于《国家重点支持的高新技术领域》规定的范围。

• 具有大学专科以上学历的科技人员占企业当年职工总数的30%以上，其中研发人员占企业当年职工总数的10%以上。

• 企业为获得科学技术（不包括人文、社会科学）新知识，创造性运用科学技术新知识，或实质性改进技术、产品（服务）而持续进行了研究开发活动，且近三个会计年度的研究开发费用总额占销售收入总额的比例符合如下要求：①最近一年销售收入小于5000万元的企业，比例不低于6%；②最近一年销售收入在5000万元至20000万元的企业，比例不低于4%；③最近一年销售收入在20000万元以上的企业，比例不低于3%。其中，企业在中国境内发生的研究开发费用总额占全部研究开发费用总额的比例不低于60%。企业注册成立时间不足三年的，按实际经营年限计算。

- 高新技术产品（服务）收入占企业当年总收入的60%以上。
- 企业研究开发组织管理水平、科技成果转化能力、自主知识产权数量、销售与总资产成长性等指标符合《高新技术企业认定管理工作指引》（另行制定，下文将具体提及）的要求。

二、高新技术企业的税收优惠

高新技术企业能够享受15%的企业所得税优惠税率。对企业为开发新技术、新产品、新工艺发生的研究开发费用，未形成无形资产计入当期损益的，在按照规定据实扣除的基础上，按照研究开发费用的50%加计扣除；形成无形资产的，按照无形资产成本的150%摊销。对企业一个纳税年度内的技术转让所得不超过500万元的部分，免征企业所得税；超过500万元的部分，减半征收企业所得税。对经济特区和上海浦东新区内，在2008年1月1日之后完成登记的国家需要重点扶持的高新技术企业，在经济特区和浦东新区内取得的所得，自取得第一笔生产经营收入所属的纳税年度起，按25%的税率实行"两免三减半"的过渡性优惠政策。

三、转让定价问题

1. 无形资产获得过程中的转让定价问题

在高新技术企业认定的过程中，知识产权无疑是其核心内容。国家为明确高新技术企业的申请流程以及各部门的工作职责，科技部、财政部与国家税务总局又于2008年7月联合发布了《高新技术企业认定管理工作指引》（国科发火【2008】362号），其中对高新技术企业的认定条件进行了更具体的阐述与解释。首先，规定了国科发火【2008】172号中的核心自主知识产权包括：专利、软件著作权、集成电路布图设计专有权、植物新品种；专利又包括发明、实用新型，以及非简单改变产品图案和形状的外观设计（主要是指：运用科学和工程技术的方法，经过研究与开发过程得到的外观设计）。其次，提出了独占许可的概念，指在全球范围内技术接受方对协议约定的知识产权（专利、软件著作权、集成电路布图设计专有权、植物新品种等）享有五年以上排他的使用权，在此期间内技术供应方和任何第三方都不得使用该项技术。高新技术企业认定所指的核心自主知识产权须在中国境内注册，或享有五年以上的全球范围内独占许可权利（高新技术企业的有效期应在五年以上的独占许可期内），并在中国法律的有效保护期内。

在实际操作中，国内生产型外资企业往往承担生产功能，在研发上的投入和产出相对较小，很少有公司通过自身研发实现对其主要产品（服务）的核心技术拥有自主知识产权，同时满足相关的高新技术产品（服务）收入占企业当年总收入的60%以上。那么，企业可能需要考虑通过无形资产转让或独占许可的方式达到相关要求。与此相关，集团可能需要考量：

- 是否愿意将相关的无形资产转让或者独占许可给国内企业；
- 如果愿意，如何定价。

针对上述问题，企业不仅需要进一步衡量知识产权的保护、集团整体的战略等问题，还需要整体衡量国外和国内企业的盈利状况、可能的定价政策及其税务影响。

近几年，由于金融危机的影响，许多国外母公司产生大额亏损。考虑到中国针对高新技术企业的优惠政策，这些母公司也愿意将知识产权等无形资产转移至国内子公司。一方面，转让知识产权等无形资产可以让母公司获得收益，从而起到利用其累计亏损的目的；另一方面，转让后在中国可享受的税收优惠更可以使集团整体税负降低。一般来讲，母公司转让知识产权时，其估值较小的话，相对应的税收也较少。而在金融危机的大市场环境下，知识产权的评估价值达到了历史上比较低的水平，因此母公司转让知识产权涉及的税负会相对较低。如果母公司存在亏损或累计亏损，无形资产估值即使较高也可以更好地利用其累计亏损，从而实现集团整体税收的优化。

值得注意的是，在无形资产被越来越多地转移至税收优惠国家的形势下，许多国家也在采取立法措施，如制定新的成本分摊法规等来抑制这种现象，注重知识产权转移中的商业实质等。法规的日益严格不仅加重了企业在知识产权转让过程中的成本，而且增加了企业面临税务局调整转让收入的可能性。加之大多数情况下，税务部门可能对企业知识产权的转让价值产生分歧，因此，企业可能需要建立知识产权价值评估文档。与此同时，随着税务局越发重视知识产权转移的商业合理性，企业也需要明确自身的整体战略，在转移前做好详细的商业与集团战略分析。此外，在中国该知识产权的保护也会成为一定的问题，相比美国等西方发达国家，中国知识产权保护相关法规仍未完善，因此，集团转移知识产权时还需要慎重考虑知识产权的保护问题。

2. 企业在申请高新技术企业后其功能和利润如何匹配

从中国企业的角度来讲，国家税务总局在给予高新技术企业优惠政策的同时，对其收益也相当关注。某些地区明确指出，由于高新技术企业承担了更多的研发功能，并拥有相关无形资产，其利润相较于一般的生产企业也应提高。因此，企业还需要考虑到当知识产权转至中国后，如何制定恰当的转让定价策略，以确保国内公司在中国的转让定价的合规性。

例如，有一家医药生产企业 A，只拥有简单的生产功能，其利润率为 3%—5%。A 公司通过无形资产转让、加强自身研发职能等方法成功申请成为高新技术企业后，A 既拥有了知识产权等无形资产，又增加了研发功能。因此，税务局对其的期望利润也相应提高了，期望利润率将远远高于 5%。

本章主要介绍了转让定价在对外付汇与高新技术企业方面的税务实践中的应用。在实务上，转让定价扮演的角色不仅限于此，涉及转让定价考虑的税务实践还很多，例如供应链重组、兼并收购等等。凡是企业发生关联交易或关联交易中涉及企业的功能、风险、资产发生变化，就需要考虑转让定价的问题。

缩略表

全称	简称
经济合作与发展组织（Organization for Economic Co - operation and Development）	OECD
1995年《跨国企业与税务机关转让定价指南》（Transfer Pricing Guidelines for Multinational Enterprises and Tax Administrations）	《OECD转让定价指南》
《国家税务总局关于印发〈关联企业间业务往来税务管理规程〉的通知》（国税发【1998】59号）	国税发【1998】59号
2010年修订版《OECD转让定价指南》	《2010年OECD转让定价指南修订版》
《国家税务总局关于印发〈特别纳税调整实施办法（试行）〉的通知》（国税发【2009】2号）	国税发【2009】2号/2号文
《中华人民共和国外商投资企业和外国企业所得税法》（主席令【1991】第045号）	《外商投资企业所得税法》
《中华人民共和国外商投资企业和外国企业所得税法实施细则》（国务院令【1991】第085号）	《外商投资企业所得税法实施细则》
中国国家税务总局	国税总局
《国家税务局关于关联企业间业务往来税务管理实施办法》（国税发【1992】237号）	国税发【1992】237号
《国家税务总局关于修订〈关联企业间业务往来税务管理规程〉的通知》（国税发【2004】143号）	国税发【2004】143号
《国家税务总局关于印发〈关联企业间业务往来预约定价实施规则〉（试行）》（国税发【2004】118号）	国税发【2004】118号
《中华人民共和国企业所得税法》（主席令【2007】第63号）	《所得税法》
《国家税务总局关于2009年反避税工作情况的通报》（国税函【2010】84号）	国税函【2010】84号

续表

全 称	简 称
《国家税务总局关于2011年反避税工作情况的通报》（国税函【2012】111号）	国税函【2012】111号
1963年OECD《关于避免对所得和资本双重征税的协定范本》（Model Convention for the Avoidance of Double Taxation with Respect to Taxes on Income and on Capital）	《1963年OECD协定范本草案》
联合国《关于发达国家与发展中国家间避免双重征税的协定范本》（Model Double Taxation Convention between Development and Developed Countries）	《联合国范本》
1977年OECD《关于避免对所得和资本双重征税的协定范本》	《1977年OECD协定范本》
税基侵蚀和利润转移	BEPS
中国香港《税务条例释义及执行指引第46号》	DIPN 46
中国香港《税务条例释义及执行指引第48号——预约定价协议》	DIPN 48
《国家税务总局关于进一步加强转让定价税收管理工作的通知》（国税发【1998】25号）	国税发【1998】25号
《中华人民共和国税收征收管理法》（主席令【2001】第049号）	《征管法》
《中华人民共和国税收征收管理法实施细则》（国务院令【2002】362号）	《征管法实施细则》
《国家税务总局关于外商投资性公司对其子公司提供服务有关税务处理问题的通知》（国税发【2002】128号）	国税发【2002】128号
《国家税务总局关于中国居民（国民）申请启动税务相互协商程序暂行办法》（国税发【2005】115号）	国税发【2005】115号
《国家税务总局关于调查承担单一生产功能外商投资企业和外国企业纳税情况的通知》（国税函【2007】236号）	国税函【2007】236号
《中华人民共和国企业所得税法实施条例》（国务院令【2007】第512号）	《所得税法实施条例》

续表

全　称	简　称
《国家税务总局关于加强转让定价调查分析的通知》（国税函【2007】363号）	国税函【2007】363号
《国家税务总局关于2010年反避税工作情况的通报》（国税函【2011】167号）	国税函【2011】167号
《国家税务总局关于母子公司间提供服务支付费用有关企业所得税处理问题的通知》（国税发【2008】86号）	国税发【2008】86号
《关于印发〈中华人民共和国企业年度关联业务往来报告表〉的通知》（国税发【2008】114号）	国税发【2008】114号
《国家税务总局关于简化判定中国居民股东控制外国企业所在国实际税负的通知》（国税函【2009】37号）	国税函【2009】37号
《国家税务总局关于加强转让定价跟踪管理有关问题的通知》（国税函【2009】188号）	国税函【2009】188号
《国家税务总局关于加强税种征管促进堵漏征收的若干意见》（国税发【2009】85号）	国税发【2009】85号
《国家税务总局关于强化跨境关联交易监控和调查的通知》（国税函【2009】363号）	国税函【2009】363号
《国家税务总局关于如何理解和认定税收协定中“受益所有人”的通知》（国税函【2009】601号）	国税函【2009】601号
《国家税务总局关于加强非居民企业股权转让所得企业所得税管理的通知》（国税函【2009】698号）	国税函【2009】698号
《国家税务总局关于开展同期资料检查的通知》（国税函【2010】323号）	国税函【2010】323号
《中国预约定价安排年度报告（2009）》	2009年预约定价年度报告
《国家税务总局关于执行中英等双边税收协定技术服务费条款有关问题的公告》（国家税务总局公告2011年第19号）	国税总局公告2011年第19号
《特别纳税调整内部工作规程（试行）》的通知（国税发【2012】13号）	国税发【2012】13号

续表

全 称	简 称
《关于印发〈特别纳税调整重大案件会审工作规程【试行】〉的通知》（国税发【2012】16号）	国税发【2012】16号
《国家税务总局关于加强国际税收管理体系建设的意见》（国税发【2012】41号）	国税发【2012】41号
《中国预约定价安排年度报告（2010）》	2010年预约定价年度报告
《中国预约定价安排年度报告（2011）》	2011年预约定价年度报告
《中国预约定价安排年度报告（2012）》	2012年预约定价年度报告
《发展中国家转让定价操作手册》讨论稿	《联合国手册讨论稿》
《关于企业重组业务企业所得税处理若干问题的通知》（财税【2009】59号）	财税【2009】59号
《国家税务总局关于发布〈企业重组业务企业所得税管理办法〉的公告》（国家税务总局公告【2010】4号）	国家税务总局公告【2010】4号
美国《所得税不确定性会计处理方法》（Accounting for Uncertainty in Income Taxes）	FIN 48
《国家税务总局关于转让定价税收管理工作中资本性调整问题的通知》（国税函【2005】745号）	国税函【2005】745号
《国家税务总局关于关联企业间业务往来转让定价税收管理有关问题的通知》（国税函【2006】901号）	国税函【2006】901号
《国家税务总局关于加强企业所得税管理的意见》（国税发【2008】88号）	国税发【2008】88号
《国家税务总局关于2005年度反避税工作的通知》（国税函【2005】239号）	国税函【2005】239号
《国家税务总局关于印发〈中华人民共和国企业所得税年度纳税申报表〉的通知》（国税发【2008】101号）	国税发【2008】101号
《国家税务总局关于预约定价工作有关问题的通知》（国税函【2005】1172号）	国税函【2005】1172号
《关于企业关联方利息支出税前扣除标准有关税收政策问题的通知》（财税【2008】121号）	财税【2008】121号

续表

全　　称	简　称
《关于企业向自然人借款的利息支出企业所得税税前扣除问题的通知》（国税函【2009】777 号）	国税函【2009】777 号
《国家税务总局关于执行税收协定股息条款有关问题的通知》（国税函【2009】81 号）	国税函【2009】81 号
《国家税务总局关于执行税收协定特许权使用费条款有关问题的通知》（国税函【2009】507 号）	国税函【2009】507 号
《国家税务总局关于税收协定有关条款执行问题的通知》（国税函【2010】46 号）	国税函【2010】46 号
《国家税务总局关于印发〈中华人民共和国政府和新加坡共和国政府关于对所得避免双重征税和防止偷漏税的协定〉及议定书条文解释的通知》（国税发【2010】75 号）	国税发【2010】75 号
《国家税务总局关于进一步加强反避税工作的通知》（国税发【2004】70 号）	国税发【2004】70 号
《国家税务总局关于加强白酒消费税征收管理的通知》（国税函【2009】380 号）	国税函【2009】380 号
《国家税务总局关于 2008 年反避税工作情况的通报》（国税函【2009】106 号）	国税函【2009】106 号
《营业税改征增值税试点方案》（财税【2011】110 号）	财税【2011】110 号
《在上海市开展交通运输业和部分现代服务业营业税改征增值税试点》（财税【2011】111 号）	财税【2011】111 号
《关于在北京等 8 省市开展交通运输业和部分现代服务业营业税改征增值税试点的通知》（财税【2012】71 号）	财税【2012】71 号
《关于在全国开展交通运输业和部分现代服务业营业税改征增值税试点税收政策的通知》（财税【2013】37 号）	财税【2013】37 号
《非居民企业所得税核定征收管理办法》（国税发【2010】19 号）	国税发【2010】19 号
《关于服务贸易等项目对外支付税务备案有关问题的公告》（国家税务总局　国家外汇管理局公告 2013 年第 40 号）	40 号公告

续表

全 称	简 称
《国家税务总局关于从事咨询业务的外商投资企业和外国企业税务处理问题的通知》（国税发【2000】82号）	国税发【2000】82号
《财政部、国家税务总局关于贯彻落实〈中共中央、国务院关于加强技术创新，发展高科技，实现产业化的决定〉有关税收问题的通知》（财税字【1999】273号）	财税字【1999】273号
《国家税务总局关于明确外国企业和外籍个人技术转让收入免征营业税范围问题的通知》（国税发【2000】166号）	国税发【2000】166号
《中华人民共和国海关审定进出口货物完税价格办法》（海关总署第148号令）	海关总署第148号令
《国家税务总局关于境外注册中资控股企业依据实际管理机构标准认定为居民企业有关问题的通知》（国税发【2009】82号）	国税发【2009】82号
《国家税务总局关于下发协定股息税率情况一览表的通知》（国税函【2008】112号）	国税函【2008】112号
《国家税务总局关于中国居民企业向境外H股非居民企业股东派发股息代扣代缴企业所得税有关问题的通知》（国税函【2008】897号）	国税函【2008】897号
《国家税务总局关于中国居民企业向QFII支付股息、红利、利息代扣代缴企业所得税有关问题的通知》（国税函【2009】47号）	国税函【2009】47号
《国家税务总局关于非居民企业取得B股等股票股息征收企业所得税问题的批复》（国税函【2009】394号）	国税函【2009】394号
《财政部、国家税务总局关于企业所得税若干优惠政策的通知》（财税【2008】1号）	财税【2008】1号
《高新技术企业认定管理办法》（国科发火【2008】172号）	国科发火【2008】172号
《高新技术企业认定管理工作指引》（国科发火【2008】362号）	国科发火【2008】362号

附件

附件 1. 企业年度关联业务往来报告表

关联关系表（表一）

关联方名称	纳税人识别号	国家（地区）	地　址	法定代表人	关联关系类型

经办人（签章）：　　　　法定代表人（签章）：

关联交易汇总表（表二）

1. 本年度是否按要求准备同期资料：是□　否□；2. 本年度免除准备同期资料□；3. 本年度是否签订成本分摊协议：是□　否□

金额单位：人民币元（列至角分）

交易类型	交易总金额	关联交易		境外关联交易			境内关联交易		
		金　额	比例%	金　额	比例%	比例%	金　额	比例%	比例%
	1	2 = 4 + 7	3 = 2/1	4	5 = 4/1	6 = 4/2	7	8 = 7/1	9 = 7/2
材料（商品）购入									
商品（材料）销售									
劳务收入									
劳务支出									
受让无形资产									
出让无形资产									
受让固定资产									
出让固定资产									
融资应计利息收入	—		—		—			—	
融资应计利息支出	—		—		—			—	
其　他									
合　计			—		—			—	

经办人（签章）：　　　　法定代表人（签章）：

购销表（表三）

金额单位：人民币元（列至角分）

一、总购销

材料（商品）购入			金　额	商品（材料）销售			金　额
购入总额 1 = 2 + 5				销售总额 8 = 9 + 12			
其中	进口购入 2 = 3 + 4			其中	出口销售 9 = 10 + 11		
	其中	非关联进口 3			其中	非关联出口 10	
		关联进口 4				关联出口 11	
	国内购入 5 = 6 + 7				国内销售 12 = 13 + 14		
	其中	非关联购入 6			其中	非关联销售 13	
		关联购入 7				关联销售 14	

二、按出口贸易方式分类的出口销售收入

来料加工	关联金额	非关联金额	其他贸易方式	关联金额	非关联金额

三、占出口销售总额 10% 以上的境外销售对象及其交易

境外关联方名称	国家（地区）	交易金额	定价方法	备注
境外非关联方名称	国家（地区）	交易金额	定价方法	备注
			—	
			—	
			—	

四、占进口采购总额 10% 以上的境外采购对象及其交易

境外关联方名称	国家（地区）	交易金额	定价方法	备注
境外非关联方名称	国家（地区）	交易金额	定价方法	备注
			—	
			—	
			—	

经办人（签章）：　　　　　　　　法定代表人（签章）：

劳务表（表四）

金额单位：人民币元（列至角分）

<table>
<tr><td colspan="8">一、总劳务收益</td></tr>
<tr><td colspan="3">劳务收入</td><td>金 额</td><td colspan="3">劳务支出</td><td>金 额</td></tr>
<tr><td colspan="3">劳务收入 1 = 2 + 5</td><td></td><td colspan="3">劳务支出 8 = 9 + 12</td><td></td></tr>
<tr><td rowspan="6">其中</td><td colspan="2">境外劳务收入 2 = 3 + 4</td><td></td><td rowspan="6">其中</td><td colspan="2">境外劳务支出 9 = 10 + 11</td><td></td></tr>
<tr><td rowspan="2">其中</td><td>非关联劳务收入 3</td><td></td><td rowspan="2">其中</td><td>非关联劳务支出 10</td><td></td></tr>
<tr><td>关联劳务收入 4</td><td></td><td>关联劳务支出 11</td><td></td></tr>
<tr><td colspan="2">境内劳务收入 5 = 6 + 7</td><td></td><td colspan="2">境内劳务支出 12 = 13 + 14</td><td></td></tr>
<tr><td rowspan="2">其中</td><td>非关联劳务收入 6</td><td></td><td rowspan="2">其中</td><td>非关联劳务支出 13</td><td></td></tr>
<tr><td>关联劳务收入 7</td><td></td><td>关联劳务支出 14</td><td></td></tr>
</table>

二、境外劳务收入额占劳务收入总额10%以上的境外交易对象及其交易

境外关联方名称	国家（地区）	交易金额	定价方法	备注
境外非关联方名称	国家（地区）	交易金额	定价方法	备注
			—	
			—	
			—	
			—	

三、境外劳务支出额占劳务支出总额10%以上的境外交易对象及其交易

境外关联方名称	国家（地区）	交易金额	定价方法	备注
境外非关联方名称	国家（地区）	交易金额	定价方法	备注
			—	
			—	
			—	

经办人（签章）： 法定代表人（签章）：

无形资产表（表五）

金额单位：人民币元（列至角分）

项目		受让					出让				
		总交易金额	从境外受让无形资产		从境内受让无形资产		总交易金额	向境外出让无形资产		向境内出让无形资产	
			关联交易金额	非关联交易金额	关联交易金额	非关联交易金额		关联交易金额	非关联交易金额	关联交易金额	非关联交易金额
		1 = 2 + 3 + 4 + 5	2	3	4	5	6 = 7 + 8 + 9 + 10	7	8	9	10
使用权	土地使用权										
	专利权										
	非专利技术										
	商标权										
	著作权										
	其他										
	合计										
所有权	专利权										
	非专利技术										
	商标权										
	著作权										
	其他										
	合计										
总计											

经办人（签章）：　　　　法定代表人（签章）：

固定资产表（表六）

金额单位：人民币元（列至角分）

项目		受让					出让				
		总交易金额	从境外受让固定资产		从境内受让固定资产		总交易金额	向境外出让固定资产		向境内出让固定资产	
			关联交易金额	非关联交易金额	关联交易金额	非关联交易金额		关联交易金额	非关联交易金额	关联交易金额	非关联交易金额
		1 = 2 + 3 + 4 + 5	2	3	4	5	6 = 7 + 8 + 9 + 10	7	8	9	10
使用权	房屋、建筑物										
	飞机、火车、轮船、机器、机械和其他生产设备										
	与生产经营活动有关的器具、工具、家具等										
	飞机、火车、轮船以外的运输工具										
	电子设备										
	其他										
	合　计										
所有权	房屋、建筑物										
	飞机、火车、轮船、机器、机械和其他生产设备										
	与生产经营活动有关的器具、工具、家具等										
	飞机、火车、轮船以外的运输工具										
	电子设备										
	其他										
	合　计										
总　计											

经办人（签章）：　　　　法定代表人（签章）：

融通资金表（表七）

企业从其关联方接受的债权性投资与企业接受的权益性投资的比例：　　金额单位：人民币元（列至角分）

	境外关联方名称	国家（地区）	币种	融资金额		利率	融资起止时间	应计利息支出	应计利息收入	担保方名称	担保费	担保费率
				融入金额	融出金额							
定期融资												
其他	—	—	—		—	—	—		—	—		—
合计	—	—	—	—		—	—	—		—		—
合计		—	—			—	—			—		—
	境内关联方名称	国家（地区）	币种	融资金额		利率	融资起止时间	应计利息支出	应计利息收入	担保方名称	担保费	担保费率
				融入金额	融出金额							
定期融资												
其他	—	—	—		—	—	—		—	—		—
合计	—	—	—	—		—	—	—		—		—
合计		—	—			—	—			—		—
总计		—	—			—	—			—		—

经办人（签章）：　　　　法定代表人（签章）：

对外投资情况表（表八）

金额单位：人民币元（列至角分）

一、企业基本信息			
企业名称		纳税人识别号	
注册地址		法定代表人	
二、被投资外国企业基本信息			
企业名称		纳税人识别号	
注册地址		法定代表人	
主要经营地址		成立时间	
法定代表人居住地址		记账本位货币	
主营业务范围		对人民币汇率	
		纳税年度起止	

被投资外国企业总股份信息		企业持有被投资外国企业股份信息			
总股份量	起止时间	股份种类	起止时间	持股数量	持股比例（%）
1	2	3	4	5	6 = 5/1

三、被投资外国企业是否在国家税务总局指定的非低税率国家（地区）是□　　否□

四、被投资外国企业年度利润是否不高于500万元人民币　是□　　否□

五、被投资外国企业年度企业所得税税负信息

应纳税所得额	实际缴纳所得税	税后利润额	实际税负比率（%）	被投资企业法定所得税率
7	8	9 = 7 − 8	10 = 8/7	11

续表

六、被投资外国企业全部股东信息					
股东名称	国家（地区）	纳税人识别号	持股种类	起止时间	占全部股份比例（%）

七、被投资外国企业年度损益表		八、被投资外国企业资产负债表	
项　　目	金额	项　　目	金额
收入总额		现金	
成本		应收账款	
毛利润		存货	
股息、红利收入		其他流动资产	
利息收入		向股东或其他关联方贷款	
租金、特许权使用费收入		对附属机构投资	
财产转让收益（损失）		其他投资	
其他收入		建筑物及其他可折旧财产	
扣减补偿支出		土地	
租金、特许权使用总支出		无形资产	
利息支出		其他财产	
折旧		总资产	
税金		应付账款	
其他扣除		其他流动负债	
年度利润总额		股东或其他关联方贷款	
		其他负债	
		股本	
		未分配利润	
		总负债	

九、企业从被投资外国企业分得的股息情况		
本年度应分配股息额	本年度实际分配股息额	比例（%）
12	13	14 = 13/12

经办人（签章）：　　　　　　　　　　法定代表人（签章）：

对外支付款项情况表（表九）

金额单位：人民币元（列至角分）

项　　目	本年度向境外支付款项金额	其中：向境外关联企业支付款项金额	已扣缴企业所得税金额	是否享受税收协定优惠
1. 股息、红利				
2. 利息				
3. 租金				
4. 特许权使用费				
其中：商标费				
技术使用费				
5. 财产转让支出				
6. 佣金				
7. 设计费				
8. 咨询费				
9. 培训费				
10. 管理服务费				
11. 承包工程款				
12. 建筑安装款				
13. 文体演出款				
14. 认证、检测费				
15. 市场拓展费				
16. 售后服务费				
17. 其他				
其中：____				
合　　计				

经办人（签章）：　　　　　　　　　　法定代表人（签章）：

附件2. 企业功能风险分析表

A企业名称（公章）： 纳税人识别号：

B1企业名称： B2企业名称：

分类	调查项目	A企业	B1企业	B2企业
一、研发	（一）核心技术研发			
	1. 是否有关联企业代研发			
	2. 是否委托第三方代研发			
	3. 谁拥有研发所有权			
	4. 谁拥有研发共享权			
	5. 研发费用由谁来负担			
	6. 研发有无实质性成果			
	7. 预期收益分配给谁			
	8. 与关联方有无许可协议			
	9. 与第三方有无许可协议			
	10. 有无成本分摊协议			
	11. 有无申请专利			
	12. 谁承担研发风险			
	13. 谁在研发中处于较高地位			
	14. 是否为独一无二的无形资产			
	15. 研发活动是否能获得竞争优势			
	（二）生产和工艺设计			
	1. 在设计中有无自主能力			
	2. 谁设计产品			
	3. 技术归谁所有			
	4. 谁开发了原有工艺			
	5. 设计费用谁来负担			
	6. 设计有无实质性成果			
	7. 预期收益分配给谁			

续表

分类	调查项目	A 企业	B1 企业	B2 企业
一、研发	8. 与关联方有无许可协议			
	9. 与第三方有无许可协议			
	10. 有无成本分摊协议			
	11. 有无申请专利			
	12. 谁承担设计风险			
	13. 对产品的设计及修订有无投入			
	14. 是否为独一无二的无形资产			
	（三）包装和标签			
	1. 是否有关联企业代包装			
	2. 是否委托第三方代包装			
	3. 包装费用谁来负担			
	4. 有无成本分摊协议			
	5. 有无申请专利			
	6. 有无完全自主权			
	7. 谁承担包装风险			
	8. 与关联方有无许可协议			
	9. 与第三方有无许可协议			
	（四）质量控制			
	1. 谁决定质量控制形式			
	2. 谁决定最终产品的质量标准和程序			
	3. 谁负责质量控制			
	4. 谁提供质量控制技术和设备			
	5. 费用谁来负担			
	6. 有无成本分摊协议			
	7. 有无申请专利			
	8. 与关联方有无许可协议			
	9. 与第三方有无许可协议			
	10. 谁承担质量控制风险			

续表

分类	调查项目	A 企业	B1 企业	B2 企业
二、生产	（一）采购			
	1. 谁安排采购计划			
	2. 谁行使采购功能			
	3. 采购费用谁负担			
	4. 采购决定是否需要关联企业批准			
	5. 是否向关联企业采购			
	6. 是否向第三方采购			
	7. 谁承担市场风险（原材料价格波动）			
	（二）生产设备和计划			
	1. 谁采购生产设备			
	2. 谁维修生产设备			
	3. 采购费用谁负担			
	4. 谁制定生产计划			
	5. 是否向关联企业采购设备			
	6. 是否向第三方采购设备			
	7. 是否仅为加工组装功能			
	8. 谁承担生产风险			
	9. 谁承担投资、设备等损失的风险			
	（三）质量控制			
	1. 谁决定质量控制形式			
	2. 谁决定最终产品的质量标准和程序			
	3. 谁负责质量控制			
	4. 谁提供质量控制技术和设备			
	5. 费用谁来负担			
	6. 有无成本分摊协议			
	7. 有无申请专利			
	8. 谁承担质量控制风险			

续表

分类	调查项目	A 企业	B1 企业	B2 企业
二、生产	（四）存货			
	1. 存货存放在哪个企业			
	2. 谁控制存货水平 ·			
	3. 谁决定如何控制存货水平			
	4. 谁承担存货费用			
	5. 谁承担存货风险			
	（五）运输			
	1. 谁安排产品的运输			
	2. 谁支付运输费用			
	3. 谁承担运输风险			
三、营销	（一）营销策略			
	1. 谁进行市场调查			
	2. 谁制定营销策略			
	3. 谁具体负责营销			
	4. 谁承担营销风险			
	（二）营销手段			
	1. 谁决定采用何种营销手段			
	2. 谁支付营销费用			
	（三）商标和商誉			
	1. 商标和商誉的专利权归谁			
	2. 商标和商誉的使用权归谁			
	3. 有无商标商誉使用协议			
	4. 是否收取或支付特许权使用费			
	5. 谁决定特许权使用费的内容，比例			
	6. 谁承担相应风险			

续表

分类	调查项目	A 企业	B1 企业	B2 企业
四、销售和分销	（一）销售和分销			
	1. 谁制定销售计划			
	2. 销售费用谁承担			
	3. 产品关联销售给谁			
	4. 谁收到订单			
	5. 谁开具发票			
	6. 谁承担市场风险（产成品价格波动）			
	（二）存货			
	1. 存货存放在哪个企业			
	2. 谁控制存货水平			
	3. 谁承担存货费用			
	4. 谁承担存货风险			
	（三）运输			
	1. 谁安排产品的运输			
	2. 谁支付运输费用			
	3. 谁承担运输风险			
	（四）安装与售后服务			
	1. 谁提供售后服务			
	2. 谁承担服务费用			
	3. 谁承担风险			
五、管理和其他服务	（一）一般管理			
	1. 是否存在完整的管理功能			
	2. 是否承担管理费用			
	3. 是否承担管理风险			
	（二）定价政策			
	1. 谁决定产品定价			

续表

分类	调查项目	A 企业	B1 企业	B2 企业
五、管理和其他服务	2. 谁决定定价政策			
	3. 谁承担风险			
	（三）融资			
	1. 向谁借款			
	2. 是否支付利息			
	3. 向谁贷款			
	4. 是否收取利息			
	5. 融资费用谁承担			
	6. 有无借贷协议			
	7. 谁承担财务风险（汇率和利率波动的风险）			
	8. 谁承担信用风险			
	（四）人事			
	1. 是否向关联企业借调人员			
	2. 借调人员工资由谁支付			
	3. 是否提供或者接受培训			
	4. 培训费用谁承担			
	（五）财产使用租赁			
	1. 有无财产租赁			
	2. 谁承担租赁费用			
	3. 谁承担风险			

企业负责人签名：　　　　　　　　　　　　　　填表日期：

附件 3. 企业年度关联交易财务状况分析表

企业名称（公章）： 纳税人识别号：

金额单位：人民币元

项目	××××年				
	境外关联交易	境内关联交易	境外非关联交易	境内非关联交易	总计
(1) 主营业务收入					
(2) 主营业务成本					
(3) 主营业务税金及附加					
(4) 主营业务利润 = (1) - (2) - (3)					
(5) 主营业务利润率 = (4) / (1)					
(6) 营业费用					
(7) 管理费用					
(8) 息税前利润 = (4) - (6) - (7)					
(9) 息税前利润率 = (8) / (1)					
(10) 财务费用					
(11) 营业利润 = (8) - (10)					
(12) 营业利润率 = (11) / (1)					
(13) 其他业务利润					
(14) 投资收益					
(15) 补贴收入					
(16) 营业外收入					
(17) 营业外支出					
(18) 利润总额 = (11) + (13) + (14) + (15) + (16) - (17)					
(19) 总利润率 = (18) / (1)					
支付关联企业费用情况					
(20) 支付境外关联企业劳务费		—	—	—	
(21) 支付境内关联企业劳务费	—		—	—	
(22) 支付境外关联企业技术使用费		—	—	—	
(23) 支付境内关联企业技术使用费	—		—	—	
(24) 支付境外关联企业商标费		—	—	—	
(25) 支付境内关联企业商标费	—		—	—	
(26) 支付境外关联企业其他费用		—	—	—	
(27) 支付境内关联企业其他费用	—		—	—	
支付关联企业费用合计			—	—	

企业负责人签名： 填表日期：

附件 4. 企业可比性因素分析表

A 企业名称（公章）：　　　　纳税人识别号：

B1 企业名称：　　　　B2 企业名称：

可比因素	分类	调查项目	A 企业	B1 企业	B2 企业
一、交易资产或劳务特征	(一) 有形资产的转让	1. 产品的物理特性			
		(1) 产品类目			
		(2) 产品有何特殊性以区别于其他同类产品			
		2. 质量和可靠性			
		(1) 产品质量如何			
		(2) 面向何种消费人群			
		3. 可获得性和供应量			
		(1) 产品生产量多大			
		(2) 不同供货量对可比性有无实质性影响，如有能否消除			
	(二) 劳务的提供	1. 劳务的性质			
		(1) 提供何种劳务			
		(2) 有无协议			
		(3) 费用谁来承担			
		2. 劳务的范围			
		(1) 参加劳务分摊协议的成员都有谁			
		(2) 协议中费用如何分摊			
		(3) 实际费用如何分摊			
	(三) 无形资产的转让	1. 交易形式（如使用权许可或销售）			
		2. 资产类型（如专利权、商标或专有技术）			
		3. 保护期限和程度			
		4. 使用该资产的预期收益			

续表

可比因素	分类	调查项目	A企业	B1企业	B2企业
二、功能风险分析	(一)研发	1. 核心技术研发			
		（1）进行哪些研发			
		（2）是否有关联企业代研发			
		（3）是否委托第三方代研发			
		（4）研发费用谁来负担			
		（5）研发有无实质性成果，预期收益如何			
		（6）有无成本分摊协议			
		（7）有无申请专利			
		（8）谁承担研发风险			
		2. 生产和工艺设计			
		（1）进行哪些设计			
		（2）谁设计产品			
		（3）技术归谁所有			
		（4）谁开发了原有工艺			
		（5）设计费用谁来负担			
		（6）设计有无实质性成果，预期收益如何			
		（7）有无成本分摊协议			
		（8）有无申请专利			
		（9）谁承担设计风险			
		3. 包装和标签			
		（1）进行哪些包装			
		（2）是否有关联企业代包装			
		（3）是否委托第三方代包装			
		（4）包装费用谁来负担			
		（5）有无成本分摊协议			
		（6）有无申请专利			

续表

可比因素	分类	调查项目	A企业	B1企业	B2企业
二、功能风险分析	(一)研发	(7) 有无完全自主权			
		(8) 谁承担包装风险			
		4. 质量控制			
		(1) 质量控制形式是什么			
		(2) 谁决定最终产品的质量标准和程序			
		(3) 谁负责质量控制			
		(4) 谁提供质量控制技术和设备			
		(5) 费用谁来负担			
		(6) 有无成本分摊协议			
		(7) 有无申请专利			
		(8) 谁承担质量控制风险			
		5. 商标和商誉			
		(1) 什么样的商标和商誉			
		(2) 商标和商誉的专利权归谁			
		(3) 商标和商誉的使用权归谁			
		(4) 有无商标商誉使用协议			
		(5) 支付或者收取多少费用			
		(6) 是否收取或支付特许权使用费			
		(7) 特许权使用费的内容，比例			
		(8) 谁承担相应风险			
	(二)生产	1. 采购			
		(1) 采购了哪些材料或者半成品			
		(2) 向谁进行采购			
		(3) 谁安排采购计划			
		(4) 谁行使采购功能			
		(5) 采购费用谁负担			

续表

可比因素	分类	调查项目	A企业	B1企业	B2企业
二、功能风险分析	（二）生产	（6）采购决定是否需要关联企业批准			
		（7）谁承担市场风险（原材料价格波动）			
		2. 生产			
		（1）谁采购生产设备			
		（2）谁维修生产设备			
		（3）向谁采购生产设备			
		（4）采购费用谁负担			
		（5）谁制定生产计划			
		（6）生产类型是什么			
		（7）是否仅为加工组装功能			
		（8）谁承担生产风险			
		（9）谁承担投资、设备等损失的风险			
		3. 存货			
		（1）存货存放在哪里			
		（2）谁控制存货水平			
		（3）如何控制存货水平			
		（4）谁承担存货费用			
		（5）谁承担存货风险			
		4. 运输			
		（1）谁安排产品的运输			
		（2）谁支付运输费用			
		（3）谁承担运输风险			
	（三）营销	1. 营销策略			
		（1）谁进行市场调查			
		（2）谁制定营销策略			

续表

可比因素	分类	调查项目	A企业	B1企业	B2企业
二、功能风险分析	（三）营销	（3）有哪些竞争对手			
		（4）谁具体负责营销			
		（5）谁承担营销风险			
		2. 营销手段			
		（1）采用何种营销手段			
		（2）谁支付营销费用			
	（四）销售和分销	1. 销售和分销			
		（1）销售商类型、权限			
		（2）谁制定销售计划			
		（3）销售费用谁承担			
		（4）产品销售给谁			
		（5）谁收到订单			
		（6）谁开具发票			
		（7）谁承担市场风险（产成品价格波动）			
		2. 售后服务			
		（1）谁提供售后服务			
		（2）谁承担服务费用			
		（3）谁承担风险			
	（五）管理和其他服务	1. 一般管理			
		（1）是否存在完整的管理功能			
		（2）是否承担管理费用			
		（3）是否承担管理风险			
		2. 定价政策			
		（1）产品销售如何定价			
		（2）谁决定产品定价			
		（3）定价政策是什么			

续表

可比因素	分类	调查项目	A企业	B1企业	B2企业
二、功能风险分析	（五）管理和其他服务	（4）谁承担风险			
		3. 融资			
		（1）从哪里融资，是否支付利息			
		（2）向谁提供贷款，是否收取利息			
		（3）融资费用谁承担			
		（4）有无借贷协议			
		（5）谁承担财务风险（汇率和利率波动的风险）			
		（6）谁承担信用风险			
		4. 人事			
		（1）是否向关联企业借调人员			
		（2）借调人员工资如何支付			
		（3）是否提供或者接受培训			
		（4）培训内容是什么			
		（5）培训费用谁承担			
		5. 财产使用租借			
		（1）有无财产租借			
		（2）收取多少费用			
		（3）谁承担风险			
三、合同条款		1. 书面合同条款是否与经济实质一致			
		2. 书面合同条款是否合理			
		3. 合同条款对可比分析是否有实质性影响，如有能否消除			
四、经济环境		1. 企业处于何种发展阶段			
		2. 产品处于何种发展阶段			
		3. 企业所处地理位置			
		4. 市场规模			

续表

可比因素	分类	调查项目	A企业	B1企业	B2企业
四、经济环境		5. 市场竞争程度（如垄断、寡头、完全竞争等）			
		6. 买卖双方相对竞争地位（有无讨价还价能力）			
		7. 替代商品或劳务的可获得性			
		8. 特定区域内的供求水平			
		9. 消费者购买力			
		10. 政府制定的市场规则的性质和范围（有无优惠政策）			
		11. 生产成本（包括土地、劳动力和资本成本）			
		12. 运输成本			
		13. 市场经营环节（零售或批发）			
		14. 交易日期及时间			
五、经营策略		1. 企业创新和新产品开发			
		2. 多元化经营程度			
		3. 风险规避			
		4. 对政治变动的评价			
		5. 对现有及计划实施的劳动法规的影响			
		6. 市场渗透计划			
		7. 其他影响企业日常经营的因素			

企业负责人签名：　　　　　　　　　　　　填表日期：

附件5. 预约定价安排（参照文本）

预约定价安排

（参照文本）

根据《中华人民共和国企业所得税法》及其实施条例和《中华人民共和国税收征收管理法》及其实施细则的有关规定，经________（企业）正式申请，________税务局审核批准，双方愿意签订本预约定价安排。

第一条 一般定义

在本安排中，除上下文另有解释的以外：

（一）“主管税务机关”是指________税务局。

（二）“纳税人”是指________（企业）。

第二条 安排的类型

本安排为单边预约定价安排。

第三条 适用范围

（一）税种范围：本安排适用所得税以及其他税种。

（二）关联企业间业务往来类型：本安排适用于纳税人与其关联方__________（企业）之间的________业务往来。

第四条 适用期间

本安排适用于________纳税年度，每一纳税年度为________。

第五条 关键假设

本安排选用的定价原则和计算方法是基于以下假设条件：

____

在执行期内，若上述假设条件发生变化，纳税人应在发生变化30日内向主管税务机关报告，双方视具体情况修订或终止本安排。

第六条　转让定价原则和计算方法

适用本安排的____________（企业）与其关联方之间业务往来的转让定价原则和计算方法应符合独立交易原则，具体的定价原则和计算方法依据为________。

第七条　年度报告

在安排有效执行期内，纳税人应在每纳税年度终了后五个月内提交安排执行情况的年度报告，并提交如下资料：

____

第八条　税务检查

本安排应列明主管税务机关对纳税人履行安排的情况实施审核、评估的内容和要求。

第九条　安排的效力

在本安排有效执行期内，纳税人只要遵守了安排所有条款及约定要求，主管税务机关应认可与其事先约定的有关定价事项。如果纳税人没有遵守安排，主管税务机关可视具体情况进行处理，或单方终止本安排。

第十条　安排的续签

本安排可连续续签但不能自动续签。如需续签，纳税人应在本安排期满前____月（日）内，向主管税务机关提交书面续签申请，并提供可靠的证明材料，说明原安排所述事实和相关环境没有发生实质性变化。主管税务机关接到续签申请后，经审核决定是否接受纳税人续签申请，如接受续签申请，则与纳税人进一步协商，完成安排的续签工作。

第十一条　争议的解决

如双方就本安排的实施和解释发生歧义，应先协商解决。经协商不能解决的，双方均可向上一级税务机关或国家税务总局申请协调。如果纳税人不能接受协调结果，应考虑修订或终止本安排。

第十二条　保密义务和责任

主管税务机关与纳税人在本安排的谈签及实施过程中获取的信息，双方均负有保密义务，并受到税法以及国家保密法有关条款的保护和制约。

第十三条　生效、修订与终止

本安排自双方法定代表人或其授权人签字盖章后生效。

由主管税务机关和纳税人的法定代表人或其授权代表

于_____年__月__日在_________签订本安排。

主管税务机关或纳税人修订或终止安排，均应书面通知对方。通知内容包括修订或终止时间及原因。

第十四条　消除双重征税

安排应列明消除双重征税的方法和内容。

第十五条　附　　则

本安排应当使用中文，一式两份，主管税务机关和纳税人各执一份，具有同等效力。如果一方将安排译成外国文字，且在解释上遇有分歧，应以中文文本为准。

____________税务局	____________（企业）
签名：　　日期：	签名：　　日期：
职务：　　盖章：	职务：　　盖章：

附件 6. 双边（多边）预约定价安排执行协议书（参照文本）

双边（多边）预约定价安排
执行协议书
（参照文本）

根据《中华人民共和国企业所得税法》及其实施条例和《中华人民共和国税收征收管理法》及其实施细则的有关规定，____________（企业）与____________税务局，双方愿意签订本执行协议书。从____年__月__日至____年__月__日，共同执行中华人民共和国国家税务总局与____________国（地区）税务主管当局，于____年__月__日签订的双边（多边）预约定价安排。

附：《双边（多边）预约定价安排》

____________税务局　　　　____________（企业）

签名：　日期：　　　　签名：　日期：

职务：　盖章：　　　　职务：　盖章：

高顿税务峰会
(Golden Tax Summit)

税务领域瞬息万变，防范风险众望所归。高顿税务峰会（GTS）致力于打造国内首个权威高端的财税经理税务分享交流平台。我们注重分享，提倡交流，并时时传播税务领域最新最热的知识和话题，全方位帮助财税经理人不断提升专业技能和胜任能力，同时推动税务领域的持续发展。

GTS 的宗旨：

GTS 作为专业税务领域分享交流的先驱组织，将汇聚政府官员、税务专家、知名跨国企业以及本土大中型上市公司的财税高级管理人员，持续打造集权威性、专业性、时效性及创造性于一体的高端税务分享交流平台，为中国财务经理人的分享交流，人脉拓展，合作共赢提供最丰富的资源和全方位的支持。GTS——让专业与权威无处不在！

GTS 的愿景：

GTS 是一个会员制的知识学习和经验分享的平台。我们将网罗税务领域最佳的实践案例与解决方案，挖掘税务管理核心价值，成为您专业税务分享交流的首选，带给您前所未有的新兴体验。

GTS 的价值构成：

高顿税务峰会（GTS）每年在上海、北京、深圳、广州等地举办近 20 场，旨在搭建企业税务同行之间、企业与政府之间沟通互动的桥梁，让您有更多的机会分享到来自不同行业、不同地区的税务同行们的专业经验，从最新财税政策动态到专业实践应用等多角度为企业税务筹划和风险防范保驾护航。

高端论坛：选取最新最热的税务话题，专业化打造包括中国税务总监高峰论坛、国际税务峰会在内的众多富有盛名的品牌年会。

专业税务会议：高度实用的专业会议，会议设计充分针对企业税务人员的专业发展需要，覆盖领域包括：中国企业海外并购涉税论坛、中国海关及涉税筹划论坛等。

国际性峰会：立足中国，放眼海外。国际性的税务峰会为您网罗全球范围内知名的税务专家、财税高官，助您扩展国际税务视野，推行国际税务筹划。

税务沙龙：在轻松互动的氛围中与税务同行之间交流税务管理的新趋势、新方法和新理念，分享最佳实践经验。

空中视频：无论您身处何地，无论您身在何时，GTS 采用最新的科技捕捉讲师授课的精髓，第一时间和您分享税务领域的瞬息万变。

实地考察：GTS 将带你走出国门，体验不同文化背景和税收政策下的税务管理方式，通过经验的分享交流，进一步提升您的国际税务领袖气质。

调研报告：依托独有的资源优势和高素质的研究团队定期推出专业税务调研报告汇聚业内信息和税务动态。

高顿税务峰会 2014 计划

年度	时间	峰会名称	性质
2014	1 月 11 日	Beps 报告 15 项行动建议解读（Salon）	沙龙
2014	1 月 18 日	自贸区最新政策解读（Forum）	会议
2014	2 月 12 日	物流行业圆桌交流会（Synergy）	交流圈
2014	2 月 22 日	Excel 与 PPT 在财税管理中的高效运用（Webinar）	网络
2014	3 月 7 日	企业所得税汇算清缴实务（Webinar）	网络
2014	3 月 21 日	第三届两岸三地转让定价高峰论坛（Conference）	会议
2014	3 月 25 日	税务稽查重点解析（流转税 & 所得税）（Salon）	沙龙
2014	4 月 18 日	税务争议预防与解决（Tel Conference）	电话
2014	4 月 24 日	房地产涉税案例分析（Webinar）	网络
2014	5 月 8 日	税务科技提升企业效率（Tel Conference）	电话
2014	5 月 23 日	第二届中国海关涉税筹划论坛（Forum）	会议
2014	6 月 12 日	个人所得涉税合规与派遣员工税务风险控制（Webinar）	网络
2014	6 月 20 日	制造行业圆桌交流会（Synergy）	交流圈
2014	7 月 18 日	上半年度最新税务法律法规解读与应用（Seminar）	会议
2014	7 月 24 日	企业税收优惠政策剖析（Tel Conference）	电话
2014	8 月 8 日	并购及重组涉税风险管理（Salon）	沙龙
2014	8 月 22 日	第三届国际税务峰会（Conference）	会议
2014	9 月 12 日	医药行业圆桌交流会（Synergy）	交流圈
2014	9 月 18 日	反避税重点与税收协定的合理运用（Webinar）	网络
2014	9 月 26 日	税务尽职调查（Tel Conference）	电话
2014	10 月 16 日	非居民企业税务管理及股权转让（Webinar）	网络
2014	10 月 24 日	下半年度最新税务法律法规解读与应用（Seminar）	会议
2014	11 月 14 日	出口退税焦点问题研讨会（Seminar）	会议
2014	11 月 25 日	外汇政策动态和税务规划建议（Webinar）	网络
2014	12 月 5 日	中国企业海外上市财税实践（Salon）	沙龙
2014	12 月 11—12 日	第四届中国税务总监高峰论坛（Conference）	会议